Peter Baumgartner/Sabine Payr
Lernen mit Software

Peter Baumgartner
Sabine Payr

Lernen mit
Software

STUDIENVerlag
Innsbruck–Wien–München

Die Deutsche Bibliothek - CIP-Einheitsaufnahme

Baumgartner, Peter:
Lernen mit Software / Peter Baumgartner ; Sabine Payr. - 2. Aufl. - Innsbruck ;
Wien ; München : Studien-Verl., 1999
   (Lernen mit interaktiven Medien ; Bd. 1)
   ISBN 3-7065-1444-3

Umschlaggestaltung: **STUDIEN**Verlag/Bernhard Klammer

Gedruckt auf umweltfreundlichem, chlor- und säurefrei gebleichtem Papier.

Inhaltsverzeichnis

5

Einleitung

Mehrere Jahre theoretische wie auch praktische Betätigung im Bereich des computerunterstützten Lernens haben uns immer wieder vor Augen geführt, daß sich auf diesem Gebiet zwei kompromißlose und zum Teil vorurteilsbehaftete beziehungsweise fachbornierte Positionen gegenüberstehen: einerseits eine sozialwissenschaftlich-pädagogische, sich oft selbst mit Etiketten wie „kritisch" oder „emanzipatorisch" bezeichnende Ausrichtung, die einem Einsatz des Computers zu Lehr- und Lernzwecken äußerst skeptisch gegenübersteht; andererseits eine pragmatisch-technische Sichtweise, die in das neue Medium meist naiv-euphorische beziehungsweise überzogene Hoffnungen setzt. Es entsteht daher oft der Eindruck, daß sich auf diesem Teilgebiet der Medienpädagogik zwei unversöhnliche Fronten gegenüberstehen – Pädagogik und Technik –, deren Ausgangslage und Zielsetzungen so unterschiedlich sind, daß ein Dialog scheinbar nur in den seltensten Fällen fruchtbar stattfinden kann.

Der Einsatz des Computers als Lernmedium ist unserer Auffassung nach ein genuin interdisziplinäres Gebiet der angewandten Forschung und Praxis. Interdisziplinärer Diskurs setzt jedoch ein Mindestmaß an inhaltlicher Kompetenz und fachlicher Annäherung voraus. Unserer Meinung nach ist die Ursache für den notwendigen, aber derzeit fehlenden interdisziplinären Dialog in programmatischen Schwächen der jeweiligen Positionen zu suchen.

Von *pädagogischer Seite* sind die vielfältigen Möglichkeiten, die sich heute durch den Einsatz des Computers als Unterrichtstechnologie ergeben, meist aus fehlender Sachkenntnis heraus bisher noch nicht genügend berücksichtigt worden. Noch immer herrscht eine Haltung vor, die unseres Erachtens durch drei (Vor)Urteile gekennzeichnet ist:

11

a) Der Computer wird unbegründet als Gegen- beziehungsweise Ersatz des Lehrers/der Lehrerin gesehen. Motto: „Der Computer kann den Lehrer nie ersetzen!"

b) In fehlender Sachkenntnis werden die neueren Entwicklungen auf dem Hard- und Software-Sektor ignoriert. Motto: „Der Computer kann nur nach dem behavioristischen Lernmodell stur abfragen, z.b. *multiple choice*, und ist daher für einen didaktisch anspruchsvollen Lernprozeß ungeeignet."

c) Die Gestaltung einer didaktisch sinnvollen Lehr- und Lernsituation wird durch die Verwendung des Computers pauschalierend ausgeschlossen. Motto: „Der Computer isoliert die Lernenden sozial. Die soziale Interaktion Mensch-Mensch wird durch den programmgesteuerten Dialog mit der Maschine ersetzt."

Von der *technisch-pragmatischen Seite* (d.h. von den Programmentwicklern und den Hard- und Softwarefirmen) werden diese Positionen nicht nur herausgefordert, sondern in vielen praktisch vorliegenden Anwendungsbeispielen didaktisch schlechter Lernsoftware auch verhärtet:

a) Einerseits werden die Möglichkeiten des Computereinsatzes oft maßlos überzogen und der Computer unkritisch und naiv als Allheilmittel dargestellt.

b) Andererseits wird die didaktische Seite oft sträflichst vernachlässigt, sodaß Lernprogramme meist nicht modernen didaktischen Anforderungen entsprechen und die (Vor)Urteile von PädagogInnen voll bestätigen.

c) Die Frage der Sofwareentwicklung wird oft isoliert von den Rahmenbedingungen der Organisation von Bildung betrachtet, sodaß beispielsweise viele der einschlägigen Forschungs- und Entwicklungsprojekte eine starke technologische Schlagseite haben und eher Technologie- denn Bildungsprojekte darstellen (Payr 1992).

Marktpolitische Firmenstrategien und die damit verbundenen Machtpositionen tun das ihre, um die Kassandra-Rufe der pädagogischen Seite in einer Art von *self-fulfilling prophecy*[1] scheinbar vollauf zu bestätigen. Außerdem zeigen die historischen Erfahrungen des „programmierten Unterrichts" aus den 50er und 60er Jahren, daß eine gesunde Skepsis gegenüber dem computerunterstützten Lernen ihre volle Berechtigung hat.

Die frühere „Mode" des programmierten Lernens basierte auf der theoretischen Annahme des Behaviorismus, wonach der Lernprozeß bloß ein kontinuierlicher Wechsel von Stimulus-Response (Reiz/Reaktion) ist.

---

1. Dieser Ausdruck stammt vom Soziologen Robert K. Merton (Merton 1973).

Die Art des Reizes bestimmt die Art der Reaktion. Es würde demnach genügen, den geeigneten Stimulus zu finden, um den Lernprozeß zu optimieren. Der Behaviorismus brachte umfangreiches Lernmaterial hervor, das man als „papierene Lernmaschinen" bezeichnen könnte: Ohne die damals noch technisch unausgereifte und zu teure Maschine Computer zu verwenden, wurden die Grundzüge von Computerprogrammen bereits für Lehr- und Lernmaterialien praktisch eingesetzt:

- Aufteilung des Stoffes in Einzelschritte mit einem starren und vordefinierten Lernziel (Algorithmisierung)
- Lineare (sequentielle) Abfolge der Lernschritte
- Sprünge (zur Berücksichtigung unterschiedlichen Vorwissens)
- Schleifen (etwa zur Wiederholung bei falschen Antworten)

Auch heute anzutreffende Courseware folgt oft diesem Muster des programmierten Lernens. Die Programme unterscheiden sich von der papierenen Lernmaschine nur insofern, als sie die Darstellungsmöglichkeiten des Bildschirms nutzen: Farbe, Grafik, eventuell Bewegung, außerdem die beliebige Wiederholbarkeit.

Damit ist das computergestützte Lernen sogar im Nachteil gegenüber dem programmierten Lernen „auf Papier": Die für das Selbststudium geschaffenen Materialien überlassen immerhin dem Lernenden selbst die Beurteilung seiner Antworten. Er entscheidet letztlich darüber, ob eine Abweichung von der vorgegebenen Norm einen Fehler bedeutet oder einfach eine persönliche Variante. Der Computer kann hingegen auch dazu verwendet werden, einen wesentlich stärkeren Zwang auszuüben: Seine „Verständnislosigkeit" für alle Antworten außer der einzigen als richtig definierten kann zum regelrechten Drill der Lernenden eingesetzt werden. Die (im Alltag oft stark angekratzte) Macht des Lehrers kann damit einen neuen Ausdruck finden.

Aus zweierlei Gründen hat sich unserer Ansicht nach die Situation seit den 60er Jahren jedoch wesentlich geändert:

- Einerseits wurden die theoretischen Schwächen des Behaviorismus auch praktisch sichtbar und durch andere Sichtweisen des Lernens abgelöst. Lernende werden nicht mehr als passive Behälter angesehen, in die Wissen durch geeignete Reizvorlagen möglichst effektiv und dauerhaft abgelagert werden soll, sondern sollen ihr Wissen aktiv und selbsttätig konstruieren.
- Andererseits hat die technische Entwicklung sowohl die Möglichkeiten des Computers potenziert als auch die Kosten soweit gesenkt, daß die Implementierung von didaktisch anspruchsvollen Programmen (z.B. Simulationen, Mikrowelten, Multimedia- und/oder Hyperme-

dia-Anwendungen) nicht nur möglich, sondern in zunehmendem Maße auch finanziell erschwinglich wird.

Unserer Meinung nach ist daher die Zeit reif für eine Integration der beiden scheinbar so unterschiedlichen Pole von Pädagogik und Technik. Solch eine Zusammenfassung darf jedoch nicht auf eine theoretische Grundlage verzichten und in Art einer prinzipienlosen Zusammenschau verschiedene Elemente beider Positionen eklektizistisch zusammenwürfeln. Im Gegenteil: Die gewünschte Integration kann nur erfolgreich sein, wenn sie von einer soliden theoretischen Basis ausgeht, auf deren Boden auch praktische Probleme diskutiert und einer Lösung zugeführt werden können.

Dieses Buch heißt „Lernen mit Software", weil wir damit mehrere für diese Integration wesentliche Momente charakterisieren wollen:

- „Lernen" als erster Teil des Titels soll die vorrangige Rolle einer sozialwissenschaftlichen (Lern-)Theorie ausdrücken, ohne die eine stabile Synthese unmöglich ist. Im ersten Buchdrittel stellen wir vom Begriffspaar *Wissen und Lernen* ausgehend die unserer Auffassung nach wichtigsten lerntheoretischen Grundlagen dar. Wir gehen davon aus, daß Lernen nicht bloß Merken und Reproduzieren von Faktenwissen ist. Zentral für unsere Überlegungen ist der Begriff des Experten beziehungsweise der Expertin, den wir als Leitvorstellung eines ganzheitlich zu betrachtenden Lernprozesses formulieren.

- Mit dem Begriff „Software" (und nicht etwa „Computer") als zweitem Teil des Buchtitels möchten wir ausdrücken, daß es nicht die spezifischen Eigenarten der Maschine selbst sind, es also keine Frage der Hardware ist, die für eine Untersuchung und Organisation des Lernprozesses von entscheidender Bedeutung ist. Unserer Auffassung nach ist es wesentlich, daß diese Hardewareorientierung durch eine Softwareorientierung abgelöst wird. Statt der Diskussion technischer Details muß die *Gestaltung von Software* pädagogisch untersucht werden. Im Gegensatz zur „klassischen" Maschine (z.B. Dreh-, Fräs- oder Bohrmaschine), deren Eigenschaften aus ihrem Aufbau und ihrer Konstruktionsweise erschlossen werden können, ist der Computer eine „transklassische" Maschine, also eine universelle Maschine, deren spezifischer Verwendungszweck nicht durch Hardware bestimmt wird (vgl. dazu ausführlich Bammé et al. 1983). Ein Computer kann – mit dem entsprechenden Programm – als Buchungsautomat, Spiel, Lernbehelf oder auch als Tötungsmaschine dienen. Wir werden uns im zweiten Buchdrittel daher weniger mit Fragen der Hardware beschäftigen (deren Beschreibung sowieso meist nicht das Papier wert ist, auf das sie gedruckt wird, weil sie beim Erscheinen des Buches durch die rasante technische Entwicklung bereits überholt ist), sondern unser Augenmerk auf die Charakteristika von (Lern- beziehungsweise Bildungs-)Software legen.

- Im dritten Buchteil versuchen wir exemplarisch aufzuzeigen, wie unsere theoretischen Erwägungen für die konkrete Bildungspraxis nutzbar gemacht werden können.

Eine ausführliche Fallstudie am Beispiel von Sprachlernsoftware wendet die von uns vertretenen theoretischen Grundlagen praktisch an und illustriert auch die von uns vorgeschlagene Vorgangsweise zur pädagogisch-didaktischen Evaluierung. Wir möchten mit diesem Buch eine Brücke zwischen Theorie und Praxis und zwischen Pädagogik und Technik schlagen. Gerade darin sehen wir die zentrale Lücke der heute am Markt befindlichen medienpädagogischen Bücher: Entweder sind sie überwiegend technisch orientiert und schweigen sich über die ihnen zugrunde liegenden theoretischen Ausgangspositionen aus, oder sie übertragen relativ allgemeine didaktische Grundsätze auf das Lernen mit dem Computer, ohne die spezifischen Rollen und Möglichkeiten dieses neuen Lernmediums entsprechend zu berücksichtigten.

Wir hoffen, daß sich dieses Buch als eine theoretische und praktische Hilfestellung bewährt und sich bei der Gestaltung qualitativ verbesserter Lernsituationen als brauchbar erweist. Kommentare, Kritiken und Anregungen richten Sie bitte an:

Peter Baumgartner/Sabine Payr
Institut für interdisziplinäre Forschung und Fortbildung (IFF)
der Universitäten Innsbruck, Klagenfurt und Wien
Abteilung Technik- und Wissenschaftsforschung
Sterneckstraße 15
A-9020 Klagenfurt
Fax: +43 463 2700 759

Teil I

Theorie

1

Wissen und Lernen

Es ist wohl intuitiv einsichtig, daß Lernen einen engen Zusammenhang mit Wissen hat. Wenn wir Lernen als einen aktiven Prozeß betrachten, so könnte Wissen als sein Ziel und Ergebnis verstanden werden. Allerdings – und gerade das wollen wir in diesem Kapitel aufzeigen – darf Wissen nicht bloß als statischer Bestand betrachtet werden. Wir verstehen Wissen vielmehr als ein komplexes, vernetztes und dynamisches System, dessen Struktur wir erforschen und verstehen müssen, um Schlußfolgerungen für Aufbau und Organisation des Lernprozesses gewinnen zu können.

Unserer Auffassung nach bedeuten strukturell verschiedene Wissensformen, daß es unterschiedliche Ziele der Wissensvermittlung (Lernziele) gibt. Lernen ist eben nicht gleich lernen, sondern von der Frage „Was soll gelernt werden?" abhängig und daher entsprechend differenziert zu betrachten. Damit meinen wir aber nicht den eher trivialen Aspekt der Lerninhalte (z.b. Französisch, Elektrotechnik, Maschinschreiben usw.), sondern die höher gelegene Ebene der Wissens*strukturen*. Entsprechend der Piaget'schen Theorie, die Stufen der kognitiven Entwicklung unterscheidet, die nicht durch Inhalte, sondern durch strukturell beschriebene Niveaus des Lernvermögens gekennzeichnet sind, wollen auch wir die Frage nach dem „Was?" primär als eine Frage nach der Wissensstruktur ansehen (Piaget 1991, Furth 1981). Dementsprechend können die von uns in diesem Buch getroffenen Aussagen für alle möglichen Wissens- und Fachgebiete nutzbringend verwendet werden.

Eine oft undifferenzierte Betrachtungsweise des Lernprozesses ist unserer Auffassung nach eine der Ursachen für den Glaubenskrieg verschiedener pädagogischer Richtungen. Je nachdem, welche Wissensstruktur gerade betont wird und in den Mittelpunkt pädagogischer Bemühungen gerückt wird, werden entsprechende Lehr- und Lernstrategien nicht nur be-

19

vorzugt angewendet, sondern leider oft auch als der „einzig wahre Weg" übergeneralisiert.

Obwohl sich aus der Beschreibung qualitativ unterschiedlicher Wissensstrukturen auch schon bestimmte – besser oder weniger geeignete – Formen der Wissensvermittlung ergeben, wollen wir die dazugehörigen didaktischen Fragen erst im dritten Kapitel des Buches (S. 77ff.) näher betrachten. In diesem Kapitel beschränken wir uns auf einige Besonderheiten sprachlich darstellbaren Wissens und hoffen damit auch gleichzeitig zu zeigen, daß sprachlich formulierbares Wissen zwar eine wichtige, aber nicht die einzige Form unseres Wissens darstellt.

1.1 Faktenwissen und prozedurales Wissen

Die erste Unterscheidung, die wir hier in Anlehnung an den englischen Philosophen Gilbert Ryle (1900 – 1976) skizzieren wollen, ist die zwischen „wissen, daß" und „wissen, wie" (*knowing that* und *knowing how*). In seinem Hauptwerk *Der Begriff des Geistes* (Ryle 1969) kritisiert Ryle die sogenannte „intellektualistische Legende" (a.a.O., S. 32) mit der Feststellung, daß es zwischen Intelligenz und Wissen zwar Zusammenhänge gibt, daß beide Begriffe aber nicht ein und dasselbe bezeichnen. Jemand, der intelligent und witzig argumentiert, kann ein schlechtes Tatsachengedächtnis haben. Für Ryle stellt Intelligenz eine Art allgemeines geistiges Verhalten dar, wovon Wissen nur einen Teilbereich abdeckt. Er zählt eine Reihe von Begriffen auf, die wir für die Bezeichnung von intelligentem Verhalten verwenden (wie klug, vernünftig, weise) und deren Verwendung völlig unabhängig davon ist, ob die betreffende Person ein großes Faktenwissen hat oder nicht.

Ob jemand Wissen besitzt und daher die richtige Antwort hat oder ob jemand intelligent ist und die richtige Antwort findet, sind danach zwei verschiedene Dinge. Diese von Ryle getroffene Unterscheidung von *knowing that* und *knowing how* wird heute in der modernen Kognitionswissenschaft als deklaratives und prozedurales Wissen geführt (vgl. z.B. Stillings et al. 1987, S. 19).

1.1.1 Deklaratives Wissen („Wissen, daß")

Unter deklarativem Wissen wird statisches Wissen, also eine Art Faktenwissen verstanden. Diese Art von Wissen kann durch zwei grundsätzlich verschiedene Formen dargestellt oder – um einen kognitionswissenschaftlichen Fachausdruck zu gebrauchen – repräsentiert werden: entweder als

Inhalt einer sprachlichen Äußerung (= Proposition) oder mittels einer bildlichen Darstellung. Ein Beispiel für die propositionale Repräsentation wäre: „Wien ist die Hauptstadt von Österreich". Der gleiche Inhalt könnte jedoch durch eine Landkarte auch bildlich repräsentiert werden. So sind auf einer Landkarte viele Propositionen („Wien liegt nördlicher als Klagenfurt", „Wien ist größer als Klagenfurt" ...) dargestellt, aber anders kodiert worden.

Die „Gretchen"-Frage, wie deklaratives Wissen in unserem Hirn tatsächlich „kodiert" ist (propositional oder bildlich), hat für die optimale Organisation des Lernprozesses große Auswirkungen. Je nachdem wie sie entschieden wird, würden Lehrstragien sprachliche oder verstärkt bildliche Komponenten bevorzugen. Leider ist diese Frage derzeit empirisch noch nicht entschieden und wissenschaftlich daher noch heftig umstritten. Offen ist auch noch, ob diese beiden Formen der Wissensrepräsentation vielleicht gleichwertig, das heißt ineinander überführbar sind.[2]

In unserem Zusammenhang ist es hier zunächst einmal wichtig festzuhalten, daß die sprachliche Übermittlung beziehungsweise Aneignung von deklarativem Wissen historisch vorherrschend war und dies zum Teil noch immer ist. Wir vertreten in diesem Buch jedoch die These, daß beide Kodierungsarten für den Lernprozeß wichtig sind und werden noch ausführlich zeigen (vgl. *Kapitel 1.3*, S. 30ff.), wie verhängnisvoll diese Überbetonung der propositionalen Repräsentation von deklarativem Wissen ist. Zwar kommt einem sprachlichen Lehr- und Lernprozeß eine wichtige Funktion zu, doch muß er – angesichts unserer Auffassung von einer komplexen Wissensstruktur mit großen nicht-propositionalen Teilen – in seiner Bedeutung stark relativiert werden.

Trotz divergierender Auffassungen über die Art der Kodierung von deklarativem Wissen stimmen die meisten Kognitionspsychologen überein, daß propositionales Wissen nicht als einzelnes, isoliertes Faktum existiert, sondern in ein Netzwerk interdependenter, sich gegenseitig stützender Fakten eingebunden ist (vgl. z.B. Anderson 1988, Fortmüller 1991). Die Kognitionspsychologie stellt sich heute diese Art von Wissen als eine Struktur von Knoten vor, die durch Verbindungen in bestimmten Relationen zueinander stehen.

---

2. Vgl. die Diskussion zum Charakter von geistigen Bildern (*mental imagery debate*) in Block 1981.

1.1.2 Prozedurales Wissen („Wissen, wie")

Prozedurales Wissen hingegen ist im Unterschied zum reinen Faktenwissen, *daß* etwas der Fall ist, dynamisches Wissen. Es ist ein Wissen, *wie* mit einer bestimmen Prozedur beziehungsweise einem bestimmten Verarbeitungsprozeß ein gewünschtes Ergebnis erreicht werden kann. Ein Beispiel aus dem Alltag sind die Kurzanleitungen in öffentlichen Telefonzellen, die etwa so lauten: Hörer abnehmen, Geldmünze(n) einwerfen, Freizeichen abwarten, gewünschte Nummer wählen, Verbindung abwarten, Zahlknopf drücken, sprechen.

Charakteristisch für prozedurale Verfahrensweisen sind drei Merkmale:

- Zielgerichtetheit
- Zerlegung des Gesamtzieles in Teilziele
- Wahl und Beschreibung der für die Umsetzung der Teilziele notwendigen Operationen (Handlungen)

Entsprechend der Ryle'schen Auffassung ist die Fähigkeit, Probleme zu lösen (*knowing how* oder prozedurales Wissen) die eigentliche für unsere Intelligenz zuständige Geistestätigkeit. Nicht das Reproduzieren von bereits gelerntem Wissen, sondern das selbständige Produzieren neuen Wissens ist intelligent. Nach dieser durchaus noch heute gültigen Auffassung wird im allgemeinen das *knowing how* als der Kern des geistigen Verhaltens betrachtet. Wir geben der Fähigkeit, Problemstellungen selbständig lösen zu können, einen weit höheren Stellenwert als dem „gepaukten" Wissen, das versucht, für jede einzelne Fragestellung eine bereits fertige Antwort parat zu haben. Danach wird Intelligenz als die Fähigkeit verstanden, Wissen von wahren Propositionen generieren zu können. Als Modell dafür gilt das Theoretisieren in der Mathematik und in den Naturwissenschaften.

Selbst wenn sich jede einzelne Anweisung der Prozedur auf deklaratives Wissen rückführen ließe, ist prozedurales Wissen nicht durch eine Serie von propositionalen Sätzen ersetzbar. Es gilt hier der Grundatz aus der Gestaltpsychologie, daß das Ganze mehr als die Summe der Einzelteile ist: In der Prozedur drückt sich nämlich in der Reihenfolge der auszuführenden Anweisungen ein Wissen aus, das in der bloßen – wenn auch kompletten – Anhäufung der Deklarationen nicht enthalten ist.

1.1.3 Veränderung von Wissen

Deklaratives Wissen stellt nach dieser Auffassung bloß eine Art statischen Bestand dar. Wohl kann sich auch diese Wissensart ändern und ist daher in gewisser Weise natürlich ebenfalls einem (mehr oder weniger) dynamischen Wandel unterzogen. Unser Wissen beispielsweise über die Sowjetunion hat sich durch die jüngste Entwicklung (Gemeinschaft Unabhängiger Staaten) gewandelt. Doch hat es für diese Änderungen eines externen Anstoßes bedurft, indem wir von den neuen Verhältnissen in irgendeiner Form Kenntnis erhalten haben (neue Fakten gelernt haben). In gewisser Weise haben wir dieses „alte" Wissen jedoch noch, nur hat es einen anderen Stellenwert bekommen, hat sich von aktuellem zu historischem Wissen gewandelt. Auch deklaratives Wissen verändert sich, doch geschieht dies nicht aus sich selbst heraus, aus einer eigenen inneren Dynamik, sondern wird durch Einbindung ehemals externer Faktoren verursacht. Während prozedurales Wissen in der Lage ist, endogene Veränderungen der Wissensstruktur herbeizuführen, ist dies bei statischem Wissen nur exogen möglich. Wir können dabei verschiedene mögliche Formen der Veränderung von Wissen unterscheiden:

• Durch Erfahrung nehmen wir neue Fakten in unser Wissenssystem auf, wodurch es größer und komplexer wird. Wir haben beispielsweise als Kleinkind noch nicht gewußt, daß es eine australische Stadt namens Sydney gibt.

• Neues Wissen ersetzt altes (falsches?) Wissen: Wenn uns jemand Sydney auf der Landkarte zeigt, dann lassen wir uns von unserem Irrtum, daß beispielsweise Sydney in Frankreich liegt, überzeugen. Eine gewisse Zeit werden wir sogar noch beide Wissensinhalte präsent haben (etwa in der Form: „Früher haben wir geglaubt, daß Sydney in Frankreich liegt, heute aber wissen wir, daß es in Australien liegt"), aber nach einer gewissen Zeit vergessen wir unsere irrige Ansicht. Altes Wissen ist durch neueres Wissen ersetzt worden.

• Durch Erfahrung verändert sich der Ablauf, die Methode unserer Verfahrensweise. Obwohl die einzelnen Elemente gleich geblieben sind, also keine neuen Elemente hinzugekommen sind oder alte durch neue Elemente ersetzt worden sind, hat sich doch die gesamte Prozedur geändert.

Eine Unterscheidung zwischen statischem und dynamischem Wissen ist intuitiv einleuchtend und klingt sehr plausibel. Deklaratives Wissen ist begrenztes Wissen, daher nur beschränkt einsetzbar und leicht historisch überholt. Es hat den Anschein, als ob wir das Erlernen und Vermitteln von Faktenwissen völlig aus einer modernen Lerntheorie streichen sollten. Tatsächlich – das ist auch unsere Auffassung – darf Lernen sich nicht auf den Erwerb von Faktenwissen beschränken. Aber soll deshalb prinzipiell und immer darauf verzichtet werden?

Wenn wir zu dem von uns bereits erwähnten Beispiel der Landkarte zurückkehren (S. 20f.), so erkennen wir einen eigenartigen Zusammenhang zwischen deklarativem und prozeduralem Wissen. Einerseits stellt die Karte eine Art (deklarative) Datenbank dar, in der Wissen über Entfernungen, Verbindungsstraßen, geographische Lage ... kodiert ist. Wir können daraus zum Beispiel entnehmen, *daß* es von Klagenfurt nach Wien zwei hauptsächlich verwendete, also gut ausgebaute Straßenverbindungen gibt: Eine Straße führt über den Semmering, die andere über den Wechsel (= deklaratives Wissen, „Wissen, daß"). Andererseits können wir uns fragen, *wie* wir am besten von Klagenfurt nach Wien kommen und die entsprechende prozedurale Anweisung ebenfalls der Staßenkarte entnehmen: „Ich muß auf der Autobahn bis zur Stadt X fahren und dann die Ausfahrt Y nehmen, links einbiegen, bis zur zweiten Kreuzung fahren, dann ..." (= prozedurales Wissen, „Wissen, wie").

Zweifellos ist prozedurales Wissen, das Wissen, wie man eine Karte liest, das umfassendere und damit letztlich auch das nützlichere Wissen. Allerdings – und darauf möchten wir hier das Augenmerk lenken – greift *knowing how* auf *knowing that* zurück, hat dynamisches Wissen statisches Faktenwissen zur Voraussetzung. Um eine Karte lesen zu können, müssen wir beispielsweise

- wissen, daß es eine Karte ist,
- wissen, wo die Himmelsrichtungen liegen,
- wissen, was die Zeichen auf der Karte bedeuten.

Prozedurales Wissen ist nicht voraussetzungslos einzusetzen, sondern braucht eine statische, oft sogar ziemlich solide und massive Grundlagen, von der weg es arbeiten kann. Wird die Notwendigkeit von Faktenwissen – quasi als Überreaktion gegen den Behaviorismus – völlig ignoriert, kann prozedurales Wissen nicht „greifen", das heißt eingesetzt werden. Ohne eine minimale statische Grundlage ist das Erlernen von Prozeduren sinnlos.

1.2 Wissen als Weltbild

In diesem Abschnitt wollen wir einige Konsequenzen, die sich aus dem Netzwerk-Charakter propositionalen Wissens (S. 21) ergeben, näher beschreiben und diskutieren. Als Grundlage dienen uns Bemerkungen von Wittgenstein, die er in den letzten anderthalb Jahres vor seinem Tod niederschrieb und die posthum veröffentlicht wurden (Wittgenstein 1984a).

1.2.1 Zentrales und peripheres Wissen

Wir haben bereits gezeigt, daß es verschiedene Arten von Veränderungen unseres Wissens gibt. Wenn wir uns die propositionale Wissensstruktur als ein Netzwerk vorstellen, so ergibt sich daraus, daß nicht jede Korrektur gleichen Stellenwert hat. Wir haben es bei der Korrektur unseres Wissens vielmehr mit qualitativ unterschiedlichen Arten von Veränderungen zu tun. Einerseits gibt es Wissen, dessen Korrektur keine großen Veränderungen nach sich zieht. Der Irrtum mag zwar in der Situation höchst peinlich oder unangenehm sein, er bringt jedoch nicht unser ganzes Leben durcheinander. Er läßt sich leicht korrigieren, ohne daß andere Teile unseres Wissens davon in Mitleidenschaft gezogen werden. Solche Propositionen wären beispielsweise „Österreich hat zehn Millionen Einwohner" oder „Sydney liegt in Frankreich".

Der Irrtum wiegt jedoch schon schwerwiegender, wenn wir beispielsweise der Meinung sind, daß Österreich eine Milliarde Einwohner hat. Die Schwere des Fehlers liegt nicht bloß in der Größenordnung des Irrtums (10 Millionen versus 1 Milliarde), sondern darin, daß automatisch auch andere falsche Ansichten darin verborgen sein *müssen*. Der Irrtum deutet auf ein ganzes System divergierender Meinungen, auf ein unterschiedliches Weltbild hin. „Was glauben die denn, wie viele Menschen überhaupt die Erde bevölkern? Welche Bedeutung geben sie denn Österreich im Verhältnis zu anderen Ländern? Wie können die beiden sich denn nur so verschätzen?" Ein derart gravierender Irrtum würde wahrscheinlich solche oder ähnliche Gedanken bei unseren Mitmenschen provozieren.

Nicht alle unsere Ansichten stehen daher auf der gleichen Stufe. Wittgenstein stellt sich die als sicher geltenden Sätze als ein Gerüst vor, um das herum wir unser (Wissens-)Gebäude bauen. Es ist möglich, daß wir einen Teil der Fassade oder manchmal vielleicht auch einen ganzen Trakt umbauen. Wenn wir jedoch einen tragenden Teil eines Gerüstes oder gar das Fundament wegnehmen, bricht das ganze Haus in sich zusammen.

Es ist wichtig zu sehen, daß es nicht der logische Status der Sätze an sich ist, der eine kleine Korrektur von Systemzusammenbrüchen (Irrtum von Irrsinn) abgrenzt. Wenn wir den Satz „Sydney liegt in Frankreich" durch den Satz „Berkeley liegt in Frankreich" ersetzen, dann ist sowohl die Art des Irrtums als auch seine Größenordnung wohl in derselben Dimension. Und trotzdem hat dieser zweite Satz für *uns* eine ganz andere Bedeutung, die einen Irrtum im gewöhnlichen Sinne für *uns* ausschließt. Im Studienjahr 1988/89 waren wir im Rahmen verschiedener Stipendien zwei Semester am Institute of Cognitive Studies in Berkeley. Ein „Irrtum" darüber würde einiges in unserem gesamten Leben durcheinander bringen. Wo sind wir dieses eine Jahr gewesen, wenn nicht in den USA? Spricht man in Frankreich englisch? Wir müßten ganze Teile unseres Lebens anders sehen. Über solch einen Fehler schreibt Wittgenstein: „Ich mag später einmal sagen, ich sei jetzt verwirrt gewesen, aber nicht, ich hätte mich geirrt" (Wittgenstein a.a.O., §304). Es gibt danach offensichtlich zwei Kategorien von Erfahrungssätzen:

- Sätze, die quasi an der „Peripherie" liegen und wenig Verbindungen mit dem „Zentrum" haben. Eine Korrektur dieser Art von Sätzen zieht keine grundlegenden, sondern nur graduelle Änderungen der Wissensstruktur nach sich und ist unproblematisch.
- Sätze, die entweder selbst im Zentrum liegen, das Zentrum bilden oder zumindest starke und vielseitige Bindungen mit dem Zentrum unterhalten. Eine Korrektur dieser Art von Sätzen ist schwer begrenzbar. Entweder führen sie zum Zusammenbruch des Systems oder sie ziehen revolutionäre, strukturelle Änderungen nach sich.

Zu welcher Kategorie ein Satz gehört, bestimmt sich nicht durch seinen propositionalen Gehalt, also seinen Inhalt, sondern durch seine Stellung, die relative Bedeutung für unser Leben.

1.2.2 Gewißheit, Glaube und Irrtum

Umgekehrt jedoch können auch kleine Irrtümer, wenn sie als System auftreten, zum Zusammenbruch führen. Stellen wir uns beispielsweise vor, daß wir uns von der relativ unbedeutenden irrigen Ansicht, daß Österreich 10 Millionen Einwohner habe, nicht abbringen lassen. Weder Bücher, Landkarten, Statistiken noch die Meinung vieler (aller) Mitmenschen erschüttern uns in unserem irrigen Glauben. Wer sagt denn, daß diese und jene Statistik richtig ist und sich nicht derjenige, der sie erstellt hat, selbst geirrt hat? Warum sollen sich nicht alle anderen Menschen irren und wir die einzige richtige Antwort haben? In diesem Falle ist unsere falsche Ansicht nicht mehr nur ein vereinzelter Irrtum, sondern in ein ganzes System von (Irr-)Meinungen eingebunden. Wir würden dann nicht nur in unserer Ansicht zur Bevölkerungszahl abweichen, sondern auch in der Bewertung der Prüfinstrumente und deren Stellenwert.

Für Wittgenstein ist allumfassender Zweifel nicht möglich. Zweifel setzt bereits Wissen voraus: Selbst wenn ich an so fundamentalen Sätzen wie „Das hier ist eine Hand" zweifle, so setzt dies doch zumindest bereits das Wissen voraus, was „Hand" bedeutet (ebd., §306). Wenn wir einen Teil unseres Wissens kritisch betrachten, das heißt prüfen wollen, setzen wir immer bereits anderes, Ungeprüftes, das Prüfinstrument voraus (ebd., §163). Wenn ich mich beispielsweise davon überzeuge, ob ich wirklich zwei Hände habe, sie hochhebe und sie mir ansehe – warum sollte ich meinen Augen trauen? „Ja, warum soll ich nicht meine *Augen* damit prüfen, daß ich schaue, ob ich beide Hände sehe? *Was ist wodurch* zu prüfen?! (Wer entscheidet darüber, *was* feststeht?)" (ebd., §125)

Stellen wir uns beispielsweise einen Menschen vor, der vor jedem Schritt, den er macht, prüft, ob der Boden ihn auch wirklich trägt. Dieser Mensch hätte es sehr schwer mit uns – und mit der Welt. Wir würden ihn fragen, was es mit seinem komischen Gang auf sich hat. Vielleicht könnte er uns plausible Gründe nennen, beispielsweise, daß er gerade von einem längeren Aufenthalt aus Mexico City zurückkomme und dort andauernd in nur notdürftig zugedeckte und nicht markierte Löcher gefallen sei. Oder vielleicht, daß er Schauspieler sei und sich nie merkte, wo die Dielen bereits für die große Saloonschlägerei angesägt worden seien und er daher aus „reiner Gewohnheit" diesen prüfenden Gang auch noch außerhalb der Kulissenwelt beibehalten habe.

Wir würden die Zweifel dieses Menschen in „unserer Welt" zwar nicht teilen, sie aber – zumindest eine gewisse Zeit lang – verstehen, seinen komischen Gang als Marotte, als unbegründet aber begründbar ansehen. Nach einigen Jahren aber, in denen unser Mann weder im Ausland war, noch schauspielerte, würde sein Zweifel den Sinn verlieren und zum Wahn-Sinn werden. „Der vernünftige Mensch hat gewisse Zweifel *nicht.*" (ebd., §220)

Um sinnvoll zweifeln zu können, bedarf es immer einer Begründung, das heißt jedes „vernünftige Mißtrauen" braucht einen Grund. Zweifel braucht einen (Unter-, Hinter-)Grund, auf dem er stehen kann, vor dem er seinen Sinn hat. Grundloser, bodenloser Zweifel führt in den Abgrund (Wahn-Sinn).

Bei grundlegenden Dingen, wie beispielsweise „Das hier ist eine Hand", läßt sich deshalb nicht einfach von einem Irrtum sprechen, weil damit auch unser gesamtes darauf aufbauendes Wissenssystem einstürzen würde. Ein Irrtum bezieht sich immer nur auf einen kleinen Teil unseres Wissens. Er läßt sich begründen und in ein bestehendes System einordnen, Irr-Sinn jedoch nicht. „Damit der Mensch sich irre, muß er schon mit der Menschheit konform urteilen." (ebd., §156)

1.2.3 Wissen und Wahrheit

Wir hoffen, daß bereits nach den bisherigen Ausführungen klargeworden ist, daß Lernen nicht ein Problem der Größenordnung ist und die soge-nannte „Bildungskrise" (Haefner 1985) sich nicht durch vermehrtes Ein-pauken von statischem oder auch dynamischem Wissen lösen läßt. Es geht nicht um eine vermehrte Quantität der Sätze, sondern um ihre unter-schiedliche Qualität: Da es sich um Erfahrungssätze handelt, können wir sie zwar *alle* in eine propositionale Form bringen, damit verlieren aber *manche* Sätze den grundlegenden Charakter, den sie vorher hatten. Diese Sätze gehen dann ihrer spezifischen Funktion (ihres Sinns) verlustig, den sie in unserem Sprachspiel besitzen, nämlich als Bezugsrahmen zu dienen. Es ist wie bei einem Gemälde: Von weitem sehen wir die einzelnen Flecke in ihrem Zusammenhang, in ihrer Relation zueinander und in ihrer relati-ven Position zum Rahmen des Bildes. Kommen wir aber näher, sehen wir nur mehr den einzelnen Fleck, ganz aus dem Zusammenhang gerissen (ebd., §481).

> Jenseits alles dessen, was wir wissen oder mutmaßen oder für wahr er-achten, gibt es eine Grundlage akzeptierter Wahrheit, ohne die es so et-was wie Wissen oder Mutmaßen oder Dinge für wahr erachten gar nicht gäbe. Aber wenn man sich diese Dinge, aus denen die Grundlage besteht, als etwas vorstellt, was uns bekannt oder wahr ist, plaziert man sie inmit-ten der Dinge, die auf eben dieser Grundlage stehen und betrachtet also das Behältnis als einen Gegenstand unter anderen im *Inneren*. (von Wright 1986, S. 181)

Die sogenannten „sicheren" Sätze sind einmal Ausgangspunkte, auf die wir uns in unserer Erkenntnis stützen, das heißt Regeln der Prüfung, mit denen wir unser neues Wissen prüfen und in unser Weltbild einordnen. „Die *Wahrheit* gewisser Erfahrungssätze gehört zu unser(e)m Bezugssy-stem" (Wittgenstein, a.a.O., §83). Ein andermal sind sie einfache empiri-sche Tatsachen, die sich – wie alle anderen Sätze – durch unsere Erfahrung prüfen lassen. Einmal sind sie das Mittel der Prüfung, ein andermal der Gegenstand der Prüfung. *Nie können sie aber beides gleichzeitig sein.*

Der Teil unseres (Erfahrungs-)Wissens, der gewiß scheint, das heißt jene Sätze, die scheinbar außer Zweifel stehen, ist nicht eine bunte An-sammlung von kontingenten Sätzen, sondern bildet ein „Weltbild", ein „System von Überzeugungen", ein „Bezugssystem". Unser Wissenssystem oder Weltbild läßt sich daher nicht als Liste einzelner beschreibbarer und falsifizierbarer Sätze auffassen. Unsere Erfahrungssätze sind nicht alle gleichwertig, bilden keine homogene Masse, sondern eine einheitliche Struktur.

Diese grundlegenden Sätze sind keine Sätze, die wir einzeln, quasi als Axiome lernen oder aufzählen könnten. „Die Sätze, die für mich feststehen, lerne ich nicht ausdrücklich. Ich kann sie nachträglich *finden* wie die Rotationsachse eines sich drehenden Körpers. Die Achse steht nicht fest in dem Sinne, daß sie festgehalten wird, aber die Bewegung um sie herum bestimmt sie als unbewegt" (ebd., §152). Damit deutet Wittgenstein den holistischen Charakter unserer Wissensstruktur an. Die Achse selbst als physisches, isolierbares, fest vorgegebenes Ding gibt es gar nicht. Sie wird vielmehr durch die Bewegung der anderen Teile gebildet, ist ohne diese anderen Teile nicht vorhanden.

Diese Grundlagen, die uns vor jedem Wissen – und damit möglichen Zweifeln – gelehrt werden, lernen wir daher nicht direkt und als isolierte einzelne Sätze, sondern als zusammenhängendes System durch die Erfahrung, eigene wie fremde. „Wenn wir anfangen, etwas zu *glauben*, so nicht einen einzelnen Satz, sondern ein ganzes System von Sätzen. (Das Licht geht nach und nach über das Ganze auf.)" (ebd., §141) Diese feststehenden, als sicher geltenden Sätze lernen wir nicht als einzelne empirische Fakten, die wahr oder falsch sein können, sondern als ein System, „worin sich Folgen und Prämissen *gegenseitig* stützen" (ebd., §142). „Was feststeht, tut dies nicht, weil es an sich offenbar oder einleuchtend ist, sondern es wird von dem, was darum herumliegt, festgehalten" (ebd, §144).

Diese Idee Wittgensteins führt zu einer weitreichenden Schlußfolgerung: Danach bemißt sich die Rationalität einzelner Wissensteile nicht durch ihre Aussagen selbst, also ihre Relation zur Welt, sondern durch ihre Beziehungen zueinander. Die „sicheren" Sätze sind selbst keine Urteile, die wir hinterfragen und kritisieren könnten, sondern charakterisieren die Art und Weise, das Wesen unseres Urteilens selbst. Sie lassen sich daher auch nicht im Sinne einer traditionellen Referenztheorie eindeutig und absolut als wahr oder falsch beurteilen.

1.2.4 Wissen als Glaubenssystem

Unser Wissen ist eine Art von Glaubenssystem, das ein in sich geschlossenes, sich selbst genügsames Weltbild darstellt. Das zentrale Kriterium ist seine innere Widerspruchslosigkeit und nicht die Übereinstimmung mit einer sogenannten „objektiven Wahrheit" im Sinne einer Widerspiegelungstheorie. Ein Weltbild oder Glaubenssystem kann daher nicht an der „objektiven" Realität beurteilt beziehungsweise gemessen werden. Es verhält sich eher wie ein gezeichnetes oder gemaltes Portrait von einer Person. Wir können auch nicht sagen: „Dieses Portrait ist richtig, entspricht der Wahrheit, und dieses ist falsch, entspricht nicht der Realität." Weltbilder wie Portraits sind bereits interpretierte Systeme und keine Abbildungen, die genau oder ungenau, wahr oder falsch sein können. Ein Portrait stellt beispielsweise eine Person aus einem bestimmten Blickwinkel dar, es gibt aber mehrere Blickwinkel, die alle gleichermaßen zutreffend sein können. Deshalb muß es von einer Person mehrere Portraits geben (und gibt es auch), die gleichermaßen „richtig" sind; deshalb muß es von einer Realität mehrere Glaubenssysteme geben (und gibt es auch), die gleichermaßen „richtig" sind.

Selbst die Begriffe „wahr" und „falsch" sind bereits vor dem Hintergrund einer Sprachgemeinschaft interpretiert. Sprache selbst ist bereits ein artikuliertes Weltbild mit einer entsprechend strukturierten Lebensform. Sie speichert das kulturelle Wissen, mit dessen Hilfe eine bestimmte Sprachgemeinschaft die Welt interpretiert. Zwar gibt es in jeder Sprache die Begriffe „wahr" und „falsch", doch wird die Unterscheidung selbst *innerhalb* des betreffenden Sprachsystems getroffen und hat daher nur im jeweiligen *internen* Gebrauch seinen Sinn (Winch 1974). Wittgenstein weist darauf hin, daß sich zwei Menschen mit völlig konträren Wissenssystemen nicht durch rationale Argumentation einigen könnten. Sie hätten keine gemeinsame Basis, von der aus sie den anderen überzeugen könnten. Ihre Argumente wären nur in ihrem eigenen System gültig.

1.3 Implizites Wissen

1.3.1 Sprachloses Wissen

Bisher haben wir unser Augenmerk – entsprechend der erwähnten Überbetonung von sprachlichem Wissen – überwiegend auf propositionale Wissensformen gerichtet. Nun möchten wir uns vor allem mit der Tatsache beschäftigen, „daß wir mehr wissen, als wir zu sagen wissen" (Polanyi 1985, S. 14). So ist es für uns Menschen leicht, ein Gesicht – oft unter tausend anderen – wiederzuerkennen, ohne aber daß wir exakt und eindeutig angeben können, nach welchen Merkmalen wir uns orientieren.

Das (Wieder-)Erkennen von Gesichtern (oder allgemeiner: Menschen) ist eine wirklich erstaunliche Fähigkeit des Menschen, wenn wir bedenken, daß die Umstände des Wiedererkennens derart variieren, daß wir niemals exakt das gleiche Bild sehen. So erkennen wir das Gesicht von jemandem, obwohl

- wir das Gesicht von einem anderen Blickwinkel sehen und/oder
- der Mensch inzwischen gealtert ist und/oder
- die Lichtverhältnisse gewechselt haben und/oder
- der Gesichtsausdruck von einer anderen Stimmung geprägt ist (z.b. müde oder depressiv) und/oder
- das Aussehen des betreffenden Gesichts sich geändert hat (z.b. Narbe, anderer Haarschnitt, Bart ...).

Wie großartig diese menschliche Fähigkeit ist, ersehen wir auch daraus, daß es bisher nicht gelungen ist, diese Fertigkeit in vollem Umfang mit einem Computerprogramm zu simulieren. Wir wissen nicht einmal genau, wie – das heißt nach welcher Methode – wir dieses Können programmieren sollen. Die These, daß wir entsprechende Muster in unserem Gedächtnis abgespeichert haben, ist sehr unwahrscheinlich, weil wir dann ja bereits für jedes einzelne Gesicht je nach Blickwinkel, Lichtverhältnissen, Stimmung der Person und so weiter eine riesige Menge solcher Muster „gespeichert" haben müßten. Aber auch eine andere mögliche Lösung, daß wir uns nur die allgemeinen Merkmale merken, also Prototypen abspeichern, und daraus die unterschiedlichen variablen Einflüsse (Alter, Stimmung, Licht etc.) berechnen, stößt auf theoretische Schwierigkeiten: Wir wissen erstens nicht, welche Merkmale solch einen Prototyp ausmachen, und zweitens scheint es so, als ob die verschiedenen Variablen sich nicht spezifizieren lassen. Worin unterscheidet sich das Original vom Prototyp?

Diese ungenügende Spezifikation der einzelnen Merkmale meint Polanyi, wenn er sagt, daß wir manches Wissen, das wir offensichtlich haben, nicht verbal ausdrücken können. Daß wir dieses Wissen tatsächlich besitzen, zeigen wir jedesmal, wenn wir eine Person wiedererkennen. Drückt sich in dieser Schwierigkeit der Verbalisierung eine mangelnde Ausdrucksfähigkeit der Sprache aus? Sollten wir uns daher nach einem anderen – dieser Aufgabe angemesseneren – Ausdrucksmittel umsehen?

Als Beispiel für solch eine andere Methode der Mitteilung erwähnt Polanyi die von der Polizei ausgearbeitete Rastermethode zur Gesichtererkennung. Aus einer riesigen Kollektion von Bildern, die jeweils nur einen Gesichtsteil abbilden (Nase, Ohr, Mund, Auge, Stirn), dies jedoch in mannigfaltiger Auswahl (z.B. große, lange, dicke, stumpfe Nasen), stellt der Zeuge das betreffende Gesicht zusammen. Deutet dies darauf hin, daß wir doch in der Lage sind, unser Wissen mitzuteilen? Brauchen wir uns nur nach einem geeigneten Ausdrucksmittel, beispielsweise nach einem anderen Symbolsystem (Bildsprache, Ikonendarstellung), umzusehen? Ist es vielleicht sogar möglich, die Ausdrucksfähigkeit der sprachlichen Mitteilung (z.B. durch neue Wortschöpfungen, Training) so zu erweitern, daß wir letztlich doch all unser Wissen verbalisieren können?

Zwei Tatsachen deuten jedoch auch am Beispiel der sogenannten „Phantombilder" darauf hin, daß diese Erwartungen zu optimistisch sein dürften:

Erstens sind wir nach wie vor nicht in der Lage, *bevor* wir die Auswahl getroffen haben, anzugeben, warum wir einem betreffenden Gesichtsteil gegenüber einem anderen der gleichen Kategorie den Vorrang geben. Dasselbe Problem, das wir mit dem gesamten Gesicht hatten, haben wir auch mit jedem seiner Einzelteile. So wie wir das Gesicht als Photo aus der Verbrecherkartei erkennen, so erkennen wir einen einzelnen Gesichtsteil im Puzzlespiel. Wir erkennen, ohne es explizit genau und umfassend begründen zu können. Dies zeigt sich unter anderem auch darin, daß wir laufend probieren müssen (z.B. einzelne Gesichtsteile im Puzzle auswechseln, den Phantomzeichner immer wieder bitten, in einer neuen Skizze doch diesen oder jenen Gesichtsteil anders zu zeichnen).

Zweitens ist kein Mensch selbst durch umfassendes und langjähriges Training in der Lage, ein Gesicht *eindeutig* beschreiben zu können. Immer bleiben einige Variablen unspezifiziert, andere hingegen stellen sich nachträglich als mehrdeutig, das heißt unterspezifiziert heraus. Obwohl daher durch intensives Training das Zusammenstellen des Puzzles beschleunigt wird und die Fehlversuche des Phantomzeichners reduziert werden können, ist es selbst geübtesten Personen nicht möglich, gänzlich das Probieren zu vermeiden.

Tatsächlich sind wir mit unserem ursprünglichen Problem keinen Schritt weitergekommen: Wir können etwas, ohne mitteilen zu können, *wie* wir es können. Wir besitzen eine Fähigkeit, ohne fähig zu sein anzugeben, *worin* diese Fähigkeit genau besteht. Die einzige Möglichkeit, unser Wissen mitzuteilen, ist der Akt der Mitteilung selbst. „Im Akt der Mitteilung selbst offenbart sich ein Wissen, das wir nicht mitzuteilen wissen." (Polanyi 1985, S. 14)

Nun ist das Erkennen von Gesichtern nur ein Beispiel unter vielen. Denken wir beispielsweise an alle deskriptiven Wissenschaften, die sich ja in gewisser Weise ebenfalls mit „Physiognomien" beschäftigen, die sich weder in Worten noch in Bildern vollständig beschreiben lassen. Alle Taxonomien und Kategorisierungen sind wissenschaftsmethodische Verfahren, die in der Einordnung von Einzelphänomenen (z.B. von Gesteinsproben, Pflanzen, Tieren) in ein allgemeines Ordnungsschema bestehen und ein intelligentes (Wieder-)Erkennen verlangen.

Wenn wir beispielsweise ein Buch zur Bestimmung von eßbaren Pilzen zur Hand nehmen, dann sind die Merkmale der verschiedenen Pilzarten gerade nicht nur mit Worten beschrieben. Das wäre viel zu gefährlich, weil Mehrdeutigkeiten und damit Verwechslungen mit giftigen „Doppelgängern" unvermeidlich wären. Den Kern eines solchen Handbuches bilden daher die möglichst naturgetreuen (d.h. farbigen und lebensgroßen) Abbildungen einer ganzen Gruppe von Pilzen derselben Sorte, um auch einen Eindruck von der natürlichen Bandbreite von Variationen vermitteln zu können (große, kleine, junge, alte Pilze). Wer mit solch einem Buch je gearbeitet hat, wird sich bald hauptsächlich auf die Bilder verlassen und den begleitenden Text nur mehr in Zweifelsfällen oder zur genauen Kontrolle heranziehen.

Doch wie genau die Bilder und der Text auch immer sein mögen, schließlich bleibt doch ein persönliches Urteil übrig, das sich auf eine Zusammenfassung der verschiedenen Merkmale und ihre Bewertung im Gesamtzusammenhang stützt. Daß es sich um ein eigenständiges Urteil und eine damit verbundene persönliche Entscheidung handelt, zeigt sich beispielsweise bei ungeübten Pilzsammlern durch ein unsicheres Gefühl bei der nächsten Pilzsuppe und resultiert leider auch immer wieder in Vergiftungserscheinungen. Jeder Autor oder Verlag eines Pilzbuches weiß von dieser Unmöglichkeit der kompletten und eindeutigen Spezifizierung und würde sich hüten, eine Garantie abzugeben, daß mit seinem/diesem speziellen Buch niemals eine Verwechslung stattfinden kann. Alle Beteiligten wissen intuitiv, daß jede noch so genaue Beschreibung und exakte Darstellung nicht genügt, sondern in der Interpretation und Anwendung eine intelligente Eigenleistung erfordert.

Auch in der Ausbildung stoßen wir oft auf dieses Problem der Unspezifiziertheit unseres Wissens. So wie das Röntgenbild einem angehenden Mediziner vorerst nichts „sagt", so „übersieht" der Chemielaborant anfangs die wesentlichen Strukturmerkmale. So wie die angehende Wissenschaftlerin (noch) nicht „weiß", wo eine ausführliche Begründung ihres Argumentationsganges zentral ist und stützende Literaturhinweise braucht, so „fühlt" der Student der Kunstakademie, daß er sein Publikum (noch) nicht in den Bann seiner Vorführung ziehen kann. Die Praxis zeigt, daß wir zwar letztlich diese Fertigkeiten und Fähigkeiten uns aneignen und vermitteln können, doch ist die Methode nicht sehr elegant, zeitaufwendig, kostspielig, umständlich und nicht spezifizierbar. In Praktika, Übungen und so weiter zeigen wir in der Rolle des Lehrenden den Studenten exemplarische Fälle und kommentieren sie. Letztlich handelt es sich dabei immer um sogenannte deiktische Definitionen, das heißt wir benennen ein Ding, indem wir es vorzeigen. Der philosophische Terminus verdeckt jedoch eine Lücke, die nur durch eine eigenständige Intelligenzleistung der Studenten überbrückt werden kann. Wir werden dieser Unspezifiziertheit in der deiktischen Definition leicht gewahr, wenn wir uns ein Kind vorstellen, das noch keine Sprache beherrscht. Wenn wir auf ein fahrendes Auto zeigen und laut „Auto" zum Kind sagen, wie soll es wissen, daß wir damit nicht die Farbe des Autos oder seine Bewegung meinen? In all unseren Übungen und Praktika verlassen wir uns letztlich darauf, daß unsere StudentInnen das lernen, was wir ihnen als Lehrende nicht vermitteln können.

Das sogenannte implizite Wissen, also jenes Wissen, das sich nicht explizieren (verbalisieren, eindeutig mitteilen) läßt, bildet einen notwendigen Bestandteil unseres Erkennens und Verstehens, das für *alle* Formen des theoretischen und praktischen Wissens konstitutiv *ist*. Diese dem Wissen immanente Struktur auszuarbeiten, war einer der wesentlichen Beiträge, die Michael Polanyi in den letzten 25 Jahren seiner Forschungstätigkeit leistete und die wir hier zusammenfassen wollen (vgl. dazu ausführlich Baumgartner 1993a).

1.3.2 Zentrales und unterstützendes Bewußtsein

Für seine Hauptthese zur inneren Struktur unseres Wissens bezieht sich Polanyi auf zwei psychologische Experimente, die das Phänomen der unterschwelligen Wahrnehmung nachweisen (Polanyi 1985, S. 16ff und S. 85f.).

- Den Versuchspersonen wird eine große Anzahl sinnloser Silben präsentiert. Einige davon sind von einem elektrischen Schlag begleitet. Relativ bald zeigten die Versuchspersonen bei diesen „Schocksilben" eindeutige Symptome, daß sie einen elektrischen Schlag erwarteten. Diese Antizipation des Stromstoßes wurde jedoch von den Versuchspersonen nicht bemerkt; sie waren nämlich auf Befragung nicht in der Lage anzugeben, welche Silben mit einem Stromschlag verbunden sind.

- In einem anderen Experiment wurden die Versuchspersonen aufgefordert, Assoziationen zu äußern. Bei ausgesuchten „Schockwörtern" erhielten sie einen Stromstoß. Sehr rasch lernten die Versuchspersonen, den Stromstößen zu entgehen, indem sie diese bestimmten Wörter vermieden. Wieder stellte sich auf Befragung heraus, daß die Versuchspersonen weder von ihrem erfolgreichen Verhalten wußten noch die „Schockwörter" anführen konnten.

Für Polanyi zeigt sich hier sehr deutlich die Grundstruktur des impliziten Wissens: Wir haben es immer mit zwei Dingen beziehungsweise zwei Arten von Dingen zu tun, die Polanyi als die beiden Glieder des impliziten Wissens bezeichnet. Offenbar haben die Versuchspersonen nach relativ kurzer Zeit gelernt, das erste Glied (die Schocksilben bzw. -wörter) mit dem zweitem Glied (dem Stromstoß) zu verbinden. Warum aber blieb diese Verknüpfung implizit?

> Es sieht so aus, als wäre dafür die Tatsache verantwortlich, daß die Versuchsperson ihre ganze Aufmerksamkeit auf den elektrischen Schlag richtete. Sie registrierte die schockauslösenden Bedingungen nur insoweit, als diese mit dem Schlag in Zusammenhang standen. Sie lernte es – können wir nun sagen –, sich auf ihr Gewahrwerden jener Einzelheiten zu verlassen, um den elektrischen Schlag erwarten zu können. (Polanyi 1985, S. 18)

Während des Experiments achteten die Versuchspersonen hauptsächlich auf den Stromstoß. *Darüber* besitzen sie auch angebbares und sogar verbalisierbares Wissen. Sie können uns über ihre subjektive Empfindung des Stromstoßes etwas sagen, beispielsweise über seine Stärke, Dauer und so weiter. Die besonderen Umstände jedoch, die zu diesem Stromstoß führten, haben die Versuchspersonen nicht als solche selbst, das heißt als einzelne, getrennte Phänomene wahrgenommen, sondern immer nur in ihrem Zusammenhang als Auslöser des Stromstoßes. Die Versuchspersonen können die Silben oder Wörter daher auch nicht identifizieren. Sie haben sich auf die Wahrnehmung des ersten Gliedes *verlassen*, um das zweite Glied erwarten oder vermeiden (bzw. generell: erreichen, erkennen ...) zu können.

Obwohl die Versuchspersonen beide Glieder des impliziten Wissens (Silben bzw. Wörter und Stromstöße) wahrnehmen, handelt es sich um zwei grundverschiedene Typen von Wahrnehmung. Von jener Wahrnehmung, die im Brennpunkt des Interesses steht (Stromstoß), haben die Versuchspersonen ein zentrales Bewußtsein (*focal awareness*). Die andere Wahrnehmung (Silbe bzw. Wort) bleibt im Hintergrund und fungiert als Hinweis beziehungsweise Hilfe, um das zentrale Objekt der Aufmerksamkeit erschließen zu können. Sie können diese Wahrnehmung nicht explizit mitteilen, weil sie als unterstützendes Bewußtsein (*subsidiary awareness*) nicht identifizierbar ist.

Ein weiteres Beispiel (Polanyi 1962, S. 55) – die Benützung eines Werkzeuges – soll die enorme Bedeutung dieser doppelten Wahrnehmungs- und Bewußtseinsstruktur für die Bewältigung von Alltagssituationen näher beleuchten: Wenn wir einen Nagel in die Wand schlagen, so richten wir unsere Aufmerksamkeit sowohl auf den Nagel als auch auf den Hammer. Doch sind beide Aufmerksamkeitstypen grundverschieden: Unser Ziel ist es, den Nagel in die Wand zu schlagen. Wir fokussieren daher unsere Aufmerksamkeit auf den Nagel. So passen wir beispielsweise auf, daß er im richtigen Winkel zur Wand steht, daß er sich nicht verbiegt, daß sich unsere Finger nicht zu nahe am Nagelkopf befinden und so weiter. Weil wir den Nagel intensiv beobachten, erlangen wir über ihn ein zentrales Bewußtsein, über das wir auch sprachlich kommunizieren können.

Den Hammer hingegen verwenden wir nur als Mittel zum Zweck. Obwohl sein Stiel in unserem Handballen natürlich eine gewisse Empfindung verursacht, werden wir uns dessen nicht als eigenständiger Wahrnehmung gewahr. Wenn wir mit dem Hammer den Nagel einschlagen, fühlen wir in erster Linie nicht, daß sein Griff gegen unseren Handballen schlägt, sondern daß der Hammer den Nagel getroffen hat. Wir haben jedoch eine Art unterschwellige Wahrnehmung vom Griff des Hammers in unserer Hand, auf die wir uns beim Hämmern verlassen, um die Schläge gezielt und dosiert ansetzen zu können. Erst indem wir uns auf dieses unterstützende Bewußtsein verlassen, können wir unsere Aufmerksamkeit auf den Nagel konzentrieren.

Meistens liegt uns jener Teil des Wissens, über den wir nicht kommunizieren können, körperlich näher. Polanyi bezeichnet ihn daher als *proximalen* Term des impliziten Wissens. Dementsprechend heißt das zweite Glied, auf das wir unsere Aufmerksamkeit richten, *distaler* Term.[3] Eine der zentralen Thesen Polanyis ist, daß kein Wissen nur distal ist, immer müssen wir uns dabei auf anderes Wissen *stützen*, auf proximales Wissen *verlassen*.

Bisher hat sich die Kognitionsforschung überwiegend mit jenem Wissen beschäftigt, dessen wir uns zentral bewußt sind und das wir meist – zumindest annäherungsweise – auch sprachlich ausdrücken können. Selbstverständlich können wir auch das andere Wissen, dessen wir uns nur indirekt bewußt sind, in den Brennpunkt unserer Aufmerksamkeit bringen. Allerdings – und das ist die Pointe der Unterscheidung der beiden Bewußtseinstypen – hat es dann eine andere Funktion. Es dient nicht mehr als Rahmen unseres Wissenssystems, als Untergrund, von dem wir bei der Interpretation neuer Daten ausgehen. Wir wollen dieses latente Wissen, das

---

3. „Proximal" ist die anatomische Lagebezeichnung für näher zum Rumpf gelegene Teile eines Körpergliedes, „distal" dementsprechend die Bezeichnung für die entfernteren Teile.

erstes Glied =	zweites Glied =
proximaler Term =	distaler Term =
Hintergrundwahrnehmung	zentrale Wahrnehmung

von ────────▶ **zu**

unterstützendes Bewußtsein	fokales, zentrales Bewußtsein
(subsidiary awareness)	(focal awareness)
Wissen, auf das wir uns	Wissen, auf das wir unsere
verlassen	*Aufmerksamkeit lenken*

Abb. 1: Allgemeine Struktur des impliziten Wissens

uns nicht zentral bewußt ist, auf das wir uns aber immer stützen, *Hintergrundwissen* nennen. Implizites Wissen hingegen soll die gesamte zweigliedrige Wissensstruktur heißen, also zentrales und unterstützendes beziehungsweise Hintergrundwissen zusammen.

1.3.3 Theoretisches und praktisches Wissen

Es läßt sich zeigen, daß die Grundstruktur des impliziten Wissens sowohl für kognitive als auch für körperliche Fertigkeiten Gültigkeit hat. Einmal (z.b. beim Erkennen von Gesichtern) richten wir die Aufmerksamkeit von den einzelnen Merkmalen zur Gesamterscheinung. Ein andermal (z.B. beim Einschlagen eines Nagels) lenken wir unsere Aufmerksamkeit von den einzelnen Elementen einer Bewegung auf die Durchführung des vereinten Zweckes. Das implizite Wissen integriert nicht nur kognitive Elemente im proximalen Term, sondern auch das (kognitive) Wissen mit den (praktischen) Fertigkeiten.

Normalerweise lassen sich Wissen und Können auch nicht exakt trennen, treffen wir sie immer gemeinsam an. So verlangt die geschickte Ausübung einer komplexen Fertigkeit immer Wissen, auf das wir uns dabei stützen können. Umgekehrt können wir nur Wissen generieren, wenn wir bekannte Fakten *geschickt* zu neuer Erkenntnis integrieren. Das implizite Wissen integriert nicht nur proximalen mit distalem Term, sondern auch – wie es Polanyi nennt – intellektuelles mit praktischem Wissen (Polanyi 1985, S. 16). Für Polanyi zeigt sich darin die strukturelle Verwandtschaft in der Kunst der Erkenntnis (Wissen) und des Handelns (Fertigkeit). Wissen und Können haben eine ähnliche Struktur und keines tritt ohne das andere auf. „Knowledge is an activity which would be better described as a process of knowing." (Polanyi 1969, S. 132)

So sind beispielsweise in der Kunst der Diagnostik sowohl theoretische Kenntnisse und praktische Erfahrung als auch geschicktes Prüfen und sorgfältige Beobachtung eng miteinander verbunden. Die Theorie des impliziten Wissens läßt sich praktisch auf alle Erkenntnisvorgänge und Kunstfertigkeiten anwenden. Bei jeder Sinneswahrnehmung oder Handlung stützen wir uns auf unterschwellige Wahrnehmungen und Hintergrundwissen.

Daraus ergibt sich eine für uns zentrale Schlußfolgerung: Wissen jeglicher Art, also auch sprachliches Wissen, ist nicht vollständig explizierbar. Jedes explizite Wissen braucht eine Basis, in der es verwurzelt ist, von der es ausgehen kann. Es gibt kein – wie auch immer geartetes, geringfügiges oder kleines – explizites Wissen, das nicht auf einem riesigen See impliziten Wissens schwimmt. Nicht der Hintergrund ist eine besondere Form von Wissen, sondern umgekehrt: Explizierbares, propositionales Wissen ist eine (und im wirklichen Leben sogar nicht einmal besonders wichtige) Sonderform des Wissens.

1.3.4 Körperwissen

Wir können nichts über die Vorgänge in unserem Körper während der Wahrnehmung aussagen. Weder wissen wir, welche Neuronen in unserem Hirn im Augenblick gerade feuern, noch welche Zellen der Netzhaut beim Sehen jetzt gerade angeregt werden. Die während der Wahrnehmung in unserem Körper stattfindenden Prozesse selbst werden von uns nicht wahrgenommen. Polanyi vertritt nun mit einigen Physiologen die gewagte These, daß diese Ansicht nicht richtig sei. Wir nehmen die Vorgänge in unserem Körper sehr wohl wahr und zwar als proximalen Term, das heißt als Hintergrundwahrnehmung in der Form eines unterstützenden Bewußtseins.

> Wir werden der Dinge, die da in unserem Körper vorgehen, in Gestalt der Lage, Größe, Form und Bewegung eines Objekts gewahr, auf das wir unsere Aufmerksamkeit richten. Anders gesagt, wir richten uns *von* diesen inneren Prozessen *auf* die Qualitäten äußerer Dinge. Diese Qualitäten sind das, was uns jene inneren Prozesse *bedeuten*. Die Übersetzung von somatischen Empfindungen in die Wahrnehmung äußerer Dinge mag daher als Musterfall jener Verschiebung der Bedeutung von uns weg erscheinen, wie wir sie in gewissem Maße bei allem impliziten Wissen vorgefunden haben. (Polanyi 1985, S. 21f.)

Als Beleg führt Polanyi die Experimente von Hefferline und Mitarbeitern an: Bestimmte spontane Muskelzuckungen sind derart geringfügig, daß sie selbst von den Personen, in deren Körper sie stattfinden, weder wahrgenommen noch bewußt kontrolliert werden können. Ihre Bewegungsabläufe sind nur im Labor bei millionenfacher Vergrößerung von außen beobachtbar. Im Experiment werden die Versuchspersonen mit einem unangenehmen Ton konfrontiert, der sofort abgeschaltet wird, wenn die Muskelzuckungen auftreten. In der Folge reagieren die Versuchspersonen häufiger mit diesen spontanen Muskelbewegungen. Offenbar haben sie es gelernt, diesen unterschwellig bewußten („unterbewußten"[4]) somatischen Vorgang als proximalen Term in der Form der Wahrnehmung äußerer Objekte (= unangenehmer Ton) wahrzunehmen und sogar zu kontrollieren.

Durch das Ergebnis dieses Experiments ermutigt, dehnt Polanyi die Reichweite seiner Theorie des impliziten Wissens auf alle somatischen Prozesse, also beispielsweise auch auf die Nervenbahnen der Großhirnrinde, aus. Die in unserem Gehirn auftretenden Prozesse erhalten damit denselben Status wie die unterbewußten Muskelzuckungen der Versuchspersonen im Hefferline'schen Experiment.

Offenbar sind Wahrnehmungen, die die Gestaltpsychologie in den Mittelpunkt ihrer Untersuchungen gestellt hat, nur *eine* der vielfältigen Erscheinungen der impliziten Wissensstruktur und davon sogar die „niedrigste" Form. Die in der Wahrnehmung enthaltene Grundstruktur des impliziten Wissens dient quasi als eine Brücke zwischen den „niederen" somatischen (körperlichen) Prozessen und den „höheren" schöpferischen Fertigkeiten der Menschen.

Bei der Wahrnehmung spielt unser Körper eine wichtige aktive Rolle. Unser Körper nimmt daher an unserem Wissen von der Außenwelt teil. Gleichzeitig aber dehnen wir unseren Körper ständig in Richtung neuer Entitäten aus. Das Erkennen von Gesichtern, die Verwendung von Werkzeugen, Sonden und Zeigestäben, die körperlichen und geistigen Fertigkeiten, all das basiert auf der bedeutungsvollen Integration unseres Körpers und auf den Sinneseindrücken, denen unser Körper ausgesetzt ist.

Unser Körper ist die einzige Entität, die wir nicht von außen betrachten. Er gehört zu uns, wir fühlen uns in ihm. Dieses unterstützende Bewußtsein unseres Körpers ist es gerade, was ihn als *unseren* Körper fühlen läßt. Darin zeigt sich die Bedeutung, die der Körper für uns normalerweise hat. Sonden und Werkzeuge, Kleider und Augengläser, all das ähnelt, wenn wir es benützen, unserem Körper und funktioniert wie er, indem uns diese Hilfsmittel nicht mehr zentral bewußt sind. In diesem Sinne können wir sagen, daß sie – wie die Sinnesorgane der Wahrnehmung – Teile unse-

---

4. aber nicht: *unbewußten!*

res Körpers bilden. In der unterstützenden Wahrnehmung leiten sie uns beim Erschließen der Außenwelt.

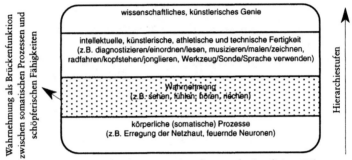

Abb. 2: Hierarchische Integrationsformen des impliziten Wissens

Wenn wir nun die unterschiedlichen Formen des impliziten Wissens in ihrer Beziehung zueinander betrachten, so ergibt sich ein umfassendes und allgemeines Panorama. Die *Abbildung 2*, S. 40 soll diese umfassende hierarchische Gliederung der verschiedenen Integrationsformen des impliziten Wissens schematisch darstellen.

1.3.5 Persönliche Erkenntnis und Wissen

Wir haben hier nun zum ersten Mal ganz deutlich die Rolle der Person bei der Erkenntnis beziehungsweise bei der körperlichen Integration des Wissens angesprochen. *Personal Knowledge*, wie Polanyis Erstlings- und wohl auch Hauptwerk heißt (Polanyi 1962), ist eine Kritik an den Vorstellungen einer objektiven Erkenntnis. Für Polanyi überwindet das Konzept der persönlichen Erkenntnis den Dualismus von subjektiv und objektiv, indem beide Kategorien in der Persönlichkeit des Erkennenden integriert werden.

Erkenntnis ist persönlich, weil

* die Persönlichkeit des Betreffenden dabei eine wesentliche Rolle spielt; es gibt keine Erkenntnis ohne ein erkennendes Subjekt.
* die betreffende Person im Erkenntnisakt alleine handelt; jeder muß für sich die entsprechende Erkenntnis (Erfahrung) machen. Auch wenn Mitteilungen durch Bücher und andere Medien erfolgen können, so bleibt die Erfassung der Gestalt, die Anwendung, „the knack of it" dem einzelnen Individuum vorbehalten. Wir können auf eine Erkenntnis hindeuten, gemacht werden muß sie jedoch von der betreffenden Person.

- die Fertigkeiten, auf die wir uns im Erkenntnisprozeß stützen, persönliche Fertigkeiten sind, die wir uns persönlich angeeignet, einverleibt und verinnerlicht haben, und die sprachlich weder spezifiziert noch weitergegeben werden können.

- die erworbenen Fertigkeiten eine Art Orientierungswissen darstellen, das wir uns in unserer (Lebens-)Geschichte, in unserer eigenen, individuell besonderen (Lebens-)Erfahrung angeeignet haben.

- der Erkenntnisprozeß unsere Art, in der Welt zu sein, bestimmt, unsere Existenz bestimmt, uns gestaltet, während wir die Welt gestalten.

- wir uns bei jeder Erkenntnis auf ein riesiges Reservoir nicht hinterfragbaren Wissens verlassen müssen. Dieser Hintergrund unseres Wissens ist unsere persönliche Integration von Elementen zu einem unterstützenden Bewußtsein, das uns das Objekt unserer zentralen Aufmerksamkeit erschließen soll, das heißt uns bei unserer Erkenntnis leiten soll.

Nach dieser Ansicht ist es daher falsch, persönliche Erkenntnis, praktisches, im Körper integriertes Wissen, als minderwertiges Wissen zu bezeichnen. Obwohl die Rolle von praktischem Wissen im allgemeinen nicht ganz geleugnet wird, nimmt es im positivistischen Modell nur eine nachgeordnete Rolle ein. Es paßt nicht in das Modell der klar definierten Hypothesen, die im Experiment falsifiziert werden sollen. Praktisches Wissen hat den Geruch von „unreinem" Wissen, das sich nicht exakt beschreiben, gut kategorisieren und objektiv erfassen läßt. Auch die geforderte Trennung von Beobachter und Naturprozeß erscheint schwierig. Praktisches Wissen scheint eine zu enge Bindung mit dem Menschen und den zwangsläufig damit verbundenen Attributen wie Interessen und Gefühlen zu haben, die eine „objektive" Betrachtung des naturwissenschaftlichen Ablaufs stören. Praktisches Wissen erscheint mit der ausführenden Person verfilzt und keiner Formalisierung und daher Standardisierung zugänglich zu sein. Daher ist es innerhalb eines positivistischen Theorierahmens verdächtig, praktisches Wissen überhaupt als Wissen zu bezeichnen.

Der Positivismus sieht sich hier einer widersprüchlichen Beziehung von wissenschaftlicher Strenge und Relevanz gegenüber: Um den geforderten methodischen Kriterien der Wissenschaftlichkeit zu entsprechen, müssen die Hypothesen und theoretischen Ansätze einen gewissen Abstraktionsgrad haben, der persönliche Zufälligkeiten – wenn schon nicht ausschließt, so doch zumindest relativ – unwichtig macht. Diese Bereinigung von unsauberen Verhältnissen löst jedoch die theoretischen Konstrukte oft von ihrer praktischen Anwendbarkeit. Je praktischer eine Methode ist, desto unschärfer erscheint sie formuliert.

Die positivistische Wissenschaftstheorie löst dieses Problem durch die in diesem Modell zentrale Ziel/Mittel-Relation: Wenn die Ziele klar und deutlich in der Hypothesenbildung beziehungsweise Theorie umrissen werden, erscheint die praktische Umsetzung (Lösung) als instrumentelles Problem. Demenstprechend erscheinen Wissenschaft und Praxis als fein säuberlich getrennter zweistufiger Prozeß: Zuerst „sauber", das heißt methodisch einwandfrei denken und theoretisieren, dann darauf aufbauend handeln.

Dieses Stufenkonzept von Theorie und Praxis drückt sich auch in einer Hierarchie der Wertigkeiten der Wissenschaften aus: *Zuerst* einmal ist umfassendes Fachwissen nötig, spezialisiertes, fest umgrenztes, wissenschaftlich und hoch standardisiertes Wissen. *Dann* erst kommt reichliche Erfahrung, Übung, eben Praxis hinzu. Diese Reihenfolge zeigt eine Wertigkeit, die ein hierarchisches Wissenschaftskonzept verbirgt, das sich schematisch als dreistufige Pyramide darstellen läßt (vgl. dazu auch Schön 1983, S. 24ff.):

a) Als erste Schicht, gewissermaßen als Grundlage (nicht zufällig auch „Grundlagenforschung" genannt) dient eine abstrakte, theoretische Komponente, auf der alle wissenschaftlich fundierte Praxis aufzubauen hat.

b) Darauf stützt sich dann der Bereich der Anwendungswissenschaften. Ihnen obliegt die praktische Umsetzung der wissenschaftlichen Grundlagen.

c) Erst darauf können sich – nach diesem Schema – die alltäglichen Fertigkeiten und Fähigkeiten entwickeln.

Diesem hierarchischen Schema entsprechend findet sich die „wahre" Wissenschaft natürlich auf der untersten, der Grundlagenebene. Die Entwicklung von Fertigkeiten und Fähigkeiten ist nachrangig und wird konsequenterweise am besten überhaupt aus der wissenschaftlichen Lehre und Forschung verbannt (und z.B. dem privaten Weiterbildungssektor und der Industrie überlassen).

Wir können uns diesem hierarchischen Wissenschaftskonzept nicht anschließen. Unserer Auffassung nach ist „reines", abstraktes, theoretisches Wissen nur insoweit wertvoll, als es auch praktisch im Handeln relevant werden kann. Die Untersuchung des Handlungsprozesses und seine Bedeutung für das Lernen ist daher für uns eine wesentliche Voraussetzung für eine sozialwissenschaftlich fundierte Lerntheorie. Eine Theorie, die zwar ihre kognitionspsychologischen Elemente nicht leugnet, sie aber in einem einheitlichen Prozeß, der Denken und Handeln, Wissen und Lernen umfaßt, integrieren kann.

Prestige, Ansehen

Abb. 3: Wissenschaftshierarchie im positivistischen Wissenschaftsmodell

2

Lernen und Handeln

Das Wissen, das wir in unserer Erstausbildung vermittelt bekommen, ist zum Zeitpunkt der Bewährungsprobe, das heißt seiner Anwendung, bereits zu einem großen Prozentsatz veraltet und überholt. In den rasant sich entwickelnden ingenieurwissenschaftlichen Berufen wurde bereits Anfang der 80er Jahre mit einer „Halbwertszeit des Wissens" – das ist jene Zeit, zu der die Hälfte des Wissens bereits wieder veraltet ist – von fünf Jahren gerechnet (Sens 1982, S. 478). Von dieser relativen Entwertung schulischen Wissens sind aber nicht nur „High-Tech"-Berufe betroffen. Wie eine Untersuchung aus den USA zeigt, benötigen 75 Prozent aller Berufe dauernde Umschulungsmaßnahmen, und es ist zu erwarten, daß die berufliche Ausbildung der meisten Fachberufe alle sieben Jahre völlig umstrukturiert werden muß (IRL 1989, S. 8).

Andererseits zeigt sich im praktischen Einsatz, daß dieses lückenhafte, zum Teil veraltete Wissen nicht unmittelbar umsetzbar ist. Experte in einem Fachgebiet wird man oft erst durch mühe- und leidvolle eigene praktische Erfahrungen. In der Verarbeitung dieser individuellen Erlebnisse, in der Integration der Praxiserfahrungen mit seinem theoretischen (Vor)Wissen wird man jedoch von der institutionalisierten Aus- und Weiterbildung meist alleine gelassen. Das Gelernte erweist sich oft als zu abstrakt und der dynamischen und komplexen Situation des Alltags nicht gewachsen. „The case is not in the book" formuliert es Donald Schön in seiner Kritik an der Ausbildung von Praktikern (Schön 1987).

Obwohl sich für die Beschreibung dieser Bildungsprobleme noch weitere Punkte und ausführliches Zahlenmaterial anführen ließen, wollen wir hier davon absehen. Weltweit gesehen herrscht nämlich in der bildungswissenschaftlichen Diskussion in der Diagnose der angeführten Symptome sowieso mehr oder minder große Übereinstimmung. Die umstrittene Frage lautet vielmehr: Welche Schritte können zur Lösung der angeführten Probleme unternommen werden?

Unserer Meinung nach läßt sich die vielzitierte „Bildungskrise" (Haefner 1985) nicht durch relativ einfache kosmetische Operationen (z.b. Einführung neuer Fächer, Ausdehnung des Bildungsangebots, Komprimierung von Lerninhalten usw.) lösen.

Die Lösung kann wohl nicht bloß darin liegen, daß der gestiegenen Komplexität durch eine Anreicherung des Wissensstoffes in der Ausbildung entgegengewirkt wird. Dafür sind schon heute die verschiedenen professionellen Ausbildungen inhaltlich zu überladen und zeitlich zu lange angelegt. Die Strategie der bloßen Akkumulation vermehrten Wissens muß also schon alleine aus quantitativen Gründen fehlschlagen.

Die andere vorgeschlagene Strategie der „Entrümpelung" von nicht mehr benötigtem Fachwissen hat ebenfalls mit Schwierigkeiten zu kämpfen. Hier sind natürlich einmal die Ängste und Widerstände der davon betroffenen (Teil-)Disziplinen zu erwähnen, die nicht nur radikale Reformen verhindern, sondern auch die Diskussion darüber erschweren. Die hart umkämpften erreichten Kompromisse sind dem Tempo der Informationsexplosion bei weitem nicht angepaßt. Viel wichtiger und schwerwiegender als diese Interessenskonflikte wiegt jedoch die Orientierungslosigkeit. Nach welchen Gesichtspunkten und Kriterien soll eine Straffung, Streichung und Neuorganisation des erforderlichen Wissens vorgenommen werden?

Auch die in letzter Zeit verstärkten Bemühungen, über didaktische Ansätze und Lehrerfortbildung die Bildungsmisere zu überwinden, haben unserer Meinung nach eine falsche theoretische Grundlage: Diese oft engagierten Versuche gehen implizit von der Annahme aus, daß wir im Prinzip wissen, was Lernen ist, und wie der Lernprozeß strukturiert ist. Nach dieser Auffassung brauchen wir daher „nur" die geeigneten Schritte zu setzen, um die richtigen Lernsituationen zu generieren. Wie solche Lehr- und Lernsituationen aussehen, und wie sie generiert werden können, damit beschäftigen sich dann die verschiedenen Fachdidaktiken und Lehrerfortbildungen. Zwar wird in den letzten Jahren durch die Betonung der sozialen und organisatorischen Seite des Lernprozesses (vgl. dazu Berger et al. 1991, Pellert 1991) das Augenmerk von einer reinen Fachdidaktik in zunehmendem Maße auf strukturelle Rahmenbedingungen verschoben, doch konzentrieren sich auch diese Arbeiten nicht auf die inhaltliche Erforschung des Lernprozesses selbst.

Wir denken, daß die sogenannte Bildungskrise nur durch eine drastische Forschungskonzentration auf den Lernprozeß selbst bewältigt werden kann. Diese zum Teil neue Schwerpunktsetzung wurde uns durch unseren USA-Aufenthalt 1988/89 in Berkeley am Institute of Cognitive Science und durch die laufenden Publikationen des Institute for Research on Learning (IRL) mit Sitz in Palo Alto sehr eindringlich bewußt gemacht (vgl. Baumgartner 1989). Um flexibles, effektives Lernen zu fördern, müssen wir unter anderem viel genauer wissen, was Lernen ist, wie es funktioniert und wie es gefördert werden kann. Alle anderen Versuche, wie beispielsweise die Ausdehnung und Einbeziehung des außerschulischen Bildungssektors, vermehrte Anstrengungen in der Didaktik und der Lehrerfortbildung, können die Krise zwar entschärfen und mildern, lösen jedoch nicht das eigentliche Problem. Ein Hauptanliegen des ersten, vorwiegend theoretisch ausgerichteten Teiles des vorliegenden Buches ist es daher, Forschungsergebnisse zur Organisation und Gestaltung des Lernprozesses – sowohl allgemein als auch unter besonderer Betonung des Einsatzes des Computers – nutzbar zu machen.

Wenn wir Lernen als einen vielschichtigen und komplexen Prozeß betrachten, dann wird von vornherein die traditionelle Vorstellung einer Aneignung beziehungsweise eines Transfers von bloßem Fachwissen obsolet. Ein bestimmtes Fachwissen zu besitzen, heißt eben noch lange nicht, es auch – der Situation und den Umständen entsprechend – anwenden zu können. Der Volksmund spricht abschätzig vom Fach„idioten" und meint damit Menschen, die nur einen sehr engen Horizont haben und ihr Fachwissen nicht flexibel genug anwenden können.

Wir verwenden in diesem Buch den Begriff des Expertentums, um genau diesen umfassenden und vielschichtigen Prozeß des Lernens zu signalisieren. Wir wollen damit aber nicht einer unkritischen Sichtweise von (Fach-)Experten das Wort reden, sondern uns dient der Expertenbegriff vielmehr als eine noch inhaltlich zu füllende Zielvorstellung des Lernprozesses. Konkret bedeutet das: Einerseits geht es uns nicht bloß um eine statische Charakterisierung von Inhalten (Welches Wissen müssen FachexpertInnen haben?), andererseits sehen wir im Expertenbegriff nicht ein starres, endgültig fixiertes und voll zu erfüllendes Lernziel.

Unsere zentrale These ist, daß Menschen in jedem einzelnen Fachgebiet eine Reihe von Lernstufen durchlaufen, die zwar in den konkret anzueignenden Inhalten und Fertigkeiten differieren, aber auf einer höheren Ebene strukturell vergleichbar sind. In dieser Hinsicht dient uns der Expertenbegriff als ein Modell, das seinen besonderen Wert in einem strukturell vergleichbaren und damit verallgemeinerbaren Prozeßcharakter hat. Fragen, die uns dabei interessieren, sind:
• Was sind ExpertInnen und wodurch lassen sie sich charakterisieren?

- Wie können wir die Aus-, Weiter- und Fortbildung von Menschen auf den verschiedensten Lerngebieten (Inhalten) von Anbeginn („Neuling") bis zu einem sehr hohen Niveau („Experte") fördern und welche Charakteristika der einzelnen Lernstufen (Ebenen) sind dabei zu beachten?
- Welche Rolle spielen in diesem Prozeß theoretisches und praktisches Wissen, Wissen und Können, Faktenwissen und Fertigkeiten?

2.1 Krise des Fachexpertentums

2.1.1 Komplexität und Vernetzung

Die von uns oben genannten Fragestellungen werden vor allem durch die Entwicklung der letzten zwanzig Jahre motiviert, in denen das Bild des Fachexperten, der kompetent, umsichtig und konfliktfrei die jeweiligen Probleme löst, in mehrfacher Hinsicht brüchig wurde und ins Wanken geraten ist. Ohne Übertreibung kann gesagt werden, daß das Image der und das Vertrauen zu rein fachwissenschaftlichen Experten in der Öffentlichkeit in letzter Zeit stark gesunken ist (vgl. Getzinger/Papousek 1987, Maaß 1990, Tschiedel 1990). Es hat sich gezeigt, daß die Maximierung einzelner Variablen, für die ein Fachexperte sich zuständig fühlt, oft größere Probleme schafft, als in der ursprünglichen Ausgangssituation vorhanden waren. Statt eine ganzheitlich betrachtete optimale Situation herbeizuführen, entstehen oft neue Probleme, die selbst wieder Gegenstand wissenschaftlicher Expertise werden (müssen).

Heute ist es zum Teil bereits anerkannt, daß eine bloße Maximierung einzelner Variablen nicht mehr ein vorrangiges Ziel sein kann. Im Gegenteil: In einigen Fällen führt eine solche einseitige Maximierung erst selbst zu neuen Problemen. Schauen wir uns als Beispiel unseren Nahrungsmittelhaushalt an. Eine Maximierung der einzelnen Variablen wie Proteine, Kalorien, Vitamine ist nicht nur ungenügend, sondern sogar – wenn sie eine bestimmte Grenze überschreiten – schädlich, das heißt für den menschlichen Körper toxisch. Oder denken wir an einen Software-Entwicklungsingenieur, der sein Programm einzig und allein nach Gesichtspunkten der Geschwindigkeit maximiert. Möglicherweise läßt sich das entwickelte Programm mit seinem genialen Algorithmus nicht einsetzen und damit verkaufen, weil die Benutzerführung äußerst kompliziert oder unverständlich ist. Ein verbessertes Human-Computer-Interface, beispielsweise in Form einer grafischen Benutzeroberfläche, erhöht jedoch die Entwicklungskosten, die Komplexität des Programms und damit die

Fehleranfälligkeit und führt zu einer Verlangsamung der Programmausführung.

Selbstverständlich ist auch Lernen selbst als ein komplexer Optimierungsprozeß vernetzter Variablen zu betrachten. Wir erkennen das beispielsweise ganz leicht daran, daß ein „guter" Lehrer nicht bloß durch die Maximierung der Variable „Fachwissen" erreicht wird, sondern pädagogisch-didaktische Fähigkeiten mindestens ebenso wichtig sind. Beziehen wir noch die Variablen Zeit (Dauer des Lernprozesses), Kosten, Motivation der Lernenden (intrinsische und extrinsische Motivation) mit ein, so sehen wir bereits in dieser ersten unsystematischen Bestandsaufnahme deutlich, daß wir es mit einem Netzwerk sich gegenseitig unterstützender, aber auch hemmender Faktoren zu tun haben.

Statt einer Maximierung muß also ein ausgewogenes Verhältnis aller Variablen und eine dynamische Balance ihrer verschiedenen Werte gesucht werden. Die damit verbundene gesteigerte Komplexität des Problems hat aber insgesamt zu einer relativen Entwertung einzelner fachwissenschaftlicher Beiträge geführt und den Blick auf systemische Interaktionen und vernetzte Zusammenhänge gelenkt (vgl. Dörner 1989). Der Fachmann für eiweißintensive Hybridzüchtung ist derselben Kritik der Einseitigkeit ausgesetzt wie der nur auf Geschwindigkeit entwickelnde Softwareingenieur oder Fachwissen einpaukende Lehrer.

Es ist bis heute nicht klar, wie diese Krise des Fachexpertentums durch eine entsprechende berufliche Ausbildung behoben werden kann. Wenn das Ziel nicht mehr in der klaren fachlichen Abtrennung einzelner Probleme und ihrer fachwissenschaftlichen Behandlung liegt, wie muß die berufliche Aus- und Weiterbildung dann verändert werden?

2.1.2 Unsicherheit und Instabilität

Ein besonderer Aspekt der Komplexität ist es, daß die Probleme nicht statisch sind, sondern ihre Parameter ständig variieren. Dadurch ist eine langandauernde, intensive Analyse schon aus zwei Gründen nicht möglich: Einerseits können quantitative Veränderungen der Parameter zu einem überraschenden qualitativen Wechsel der Gesamtsituation führen. Andererseits bringen gerade die für eine Analyse notwendigen Eingriffe Veränderungen mit sich, die das zu untersuchende Problemfeld selbst verändern. ExpertInnen haben es daher im allgemeinen nicht mit stabilen Problemstellungen zu tun, sondern müssen sich in turbulenten, unordentlichen, nicht klar definierbaren und rasch wechselnden Situationen zurechtfinden. Sie müssen daher nicht nur analytische Techniken beherrschen, sondern auch synthetische Fähigkeiten zur Gestaltung wünschenswerter Zukunften besitzen.

Die in der Ausbildung gelehrten Problemlösungsstrategien sind dabei in mehrfacher Hinsicht ungenügend:

- Die Daten und die daraus resultierende Fragestellung sind meistens aus didaktischen und zeitlichen Gründen künstlich bereinigt worden.
- Das Problem wird den Lernenden bereits klar vorgegeben oder gar mit bloß einer einzigen zu findenden (möglichen) Lösung dargestellt.
- Dem Prozeß der Problemlösung selbst wird im allgemeinen weniger Aufmerksamkeit geschenkt als dem Resultat.
- Der praktischen Umsetzung oder Implementierung der Lösung wird entweder keine Beachtung geschenkt, oder sie selbst wird ihrerseits als klar definiertes, abgegrenztes Problem behandelt.

Demgegenüber haben es ExpertInnen mit komplexen Situationen zu tun, die sich nicht von vornherein als Probleme manifestieren. Der Prozeß der Problemfindung, des Generierens von Problemen, ist eine ganz wesentliche Fertigkeit von ExpertInnen, die einen schreienden Selbstwiderspruch in sich birgt: Das Problem ist in der Anhäufung vorerst bedeutungsloser Daten – wie die Nadel im sprichwörtlichen Heuhaufen – verborgen. Um eine Nadel im Heuhaufen suchen zu können, müssen wir wissen, daß es sie gibt. Das ist aber bezogen auf ein Problem widersinnig, „denn entweder weiß man, wonach man sucht, dann gibt es kein Problem: oder man weiß es nicht, und dann kann man nicht erwarten, irgend etwas zu finden" (Polanyi 1985, S. 28).

Gerade die Strukturierung der Daten ist die eigentliche schöpferische Fähigkeit von ExpertInnen. Handelt es sich bei einem Datum um eine Anomalie, einen „Ausreißer", oder um ein wichtiges, erklärungswürdiges Faktum? Je nach dem interpretativen Rahmen kann dasselbe Faktum ganz verschiedene Bedeutungen erlangen. Dieser Prozeß der Entdeckung eines bedeutungsvollen Musters ist der eigentliche gestaltende und innovative Akt. Er ist die Suche nach einer inneren Kohärenz, die letztlich aber aus den Daten heraus *konstruiert* wird. Es zeigt sich hier in der Wissenschaft ein kreatives, ja künstlerisches Element, das sich nicht auf formale Analyseverfahren reduzieren läßt.

Sowohl in der Präsentation der wissenschaftlichen Ergebnisse als auch in der Lehre wird dieser kreative, mühevolle Prozeß der Konstruktion weder beschrieben noch beachtet. In manchen Fällen wird er sogar wissenschaftstheoretisch geleugnet, um die Strenge der wissenschaftlichen Methode hervorzuheben. Es soll so aussehen, als ob die vorliegenden Fakten gar keine andere Interpretation zulassen und wissenschaftliche Arbeit ein schrittweises, mühevolles, aber objektivierbares asymptotisches Annähern an die Wahrheit sei. Aber auch aus Zeit-, Platz-, Reputations- und didaktischen Gründen werden Irrwege oft nicht berichtet und eine historische Revision des Prozesses vorgenommen.

2.1.3 Einzigartigkeit und Wertkonflikte

Eine weitere besondere Fähigkeit, die in der Ausbildung durch die Präsentation bereinigter und bereits abstrahierter Problemstellungen vernachlässigt wird, besteht im Erkennen der Ähnlichkeiten und Unterschiede zu anderen Situationen. In der Ausbildung wird ein Problem meist bereits als ein Typus aus einer Serie ähnlicher Probleme dargestellt. In der Realität jedoch sind ExpertInnen mit komplexen Situationen konfrontiert, in denen sie diese (Familien-)Ähnlichkeiten (zum Begriff der Familienähnlichkeiten vgl. ausführlicher S. 70) erst ausmachen und würdigen müssen. Diese Fähigkeit des Abstrahierens von im Moment und bezüglich zur Fragestellung nicht wesentlichen Merkmalen und Unterschieden verschiedener Fälle ist für die Problemformulierung ganz entscheidend. Wird diese Fertigkeit nicht beherrscht und geübt, dann erscheint jedes gelernte Wissen abstrakt, realitätsfern und nicht anwendbar.

Eine andere Tendenz, die die Autorität des Expertenwissens in den letzten zwei Jahrzehnten untergraben hat, sind die offen zutage tretenden Wertkonflikte. Eine rationale und konfliktfreie Lösung der Widersprüche ist durch die unterschiedliche Wertsetzung und Interessenlage von vornherein ausgeschlossen. Experten unterschiedlicher Interessensorientierungen prallen im Meinungsstreit aufeinander. Je kompetenter und sachlicher ihre Auseinandersetzung geführt wird, desto stärker untergraben sie die Autorität ihres eigenen Berufsstandes und die scheinbare Neutralität beziehungsweise Objektivität des Expertentums im allgemeinen.

Einerseits werden dieselben Daten durch unterschiedliche theoretische Rahmen verschieden interpretiert, andererseits bleiben die prägenden Ausgangsbedingungen (Werte und theoretische Ansätze), unter denen das Datenmaterial beleuchtet wird, unreflektiert und im Hintergrund der inhaltlichen Auseinandersetzung. Der sogenannte professionelle und akademische Pluralismus führt nicht nur zu konkurrierenden inhaltlichen (Lehr-)Meinungen, sondern auch zu unterschiedlicher beruflicher (und akademischer) Praxis, konkurrierenden Sichtweisen der beruflichen Rolle und des dafür notwendigen Wissens. Dadurch birgt jede Neuorganisation und Neubewertung von Inhalten die Gefahr einer autokratischen, der Lehr- und Meinungsfreiheit widersprechenden Willkür in sich. Dies ist ein weiterer Grund, warum radikale Reformen des Lehrangebots sehr schwer durchzuführen sind.

2.2 Welche Kompetenzen brauchen ExpertInnen?

So wie wir den Begriff des Experten umschrieben haben, genügt es daher nicht, *Wissen zu haben*, sondern geht es vor allem darum, dieses Wissen auch kompetent anwenden zu *können*. Für den Lernprozeß bedeutet dies konkret: Es geht nicht bloß um die Vermittlung von abstraktem Wissen, sondern um die Aneignung verschiedener Kompetenzen.

2.2.1 Handlungskompetenz

2.2.1.1 *Willkürliche Handlungen und Wissen*

Wir verstehen unter Handlung eine spontane Aktivität, die auf Zukünftiges ausgerichtet ist. Entscheidend für unseren Handlungsbegriff ist daher ein mehr oder minder explizit „vorgefaßter" Plan (vgl. Schütz 1974, §§ 9-11) oder auch – wie Heidegger sagt – ein Entwurf (Heidegger 1986, § 31). Das Entwerfen der Handlung vollzieht sich unabhängig vom Handeln und ist eine Art Phantasieren. *Handlung* als Produkt beziehungsweise als Vollzug dieser Imagination ist vom konkreten Ablauf, dem *Handeln* analytisch streng zu unterscheiden:

> Handlung ist ... immer ein Gehandelt-worden-sein und kann unabhängig von einem Subjekt des Handelns und unabhängig von dem Erlebnisablauf, in dem es sich für den Handelnden konstituierte, betrachtet werden ... Im Gegensatz zu Handlung ist Handeln subjektbezogen, es ist nicht anonymes Gehandelt-werden, sondern eine Serie sich aufbauender Erlebnisse im konkreten und individuellen Bewußtseinsablauf des Handelnden (meiner selbst oder eines alter ego). (Schütz 1974, S.51)

Handeln hingegen ist in seinem Ablauf an der phantasierten Handlung orientiert. Was entworfen wird, ist daher nicht das Handeln. Die Phasen des Handelnsablaufes können nur dann zum Gegenstand der Reflexion werden, wenn sie bereits als abgelaufenes Handeln, als Handlung vorgestellt werden.

> ... nur die Handlung kann Gegenstand der anschaulichen Vorstellung in der gegenwärtigen Phantasie sein ... jedes phantasierte Teilhandeln, etwa das Strecken eines Beines, wird ebenfalls nur als Handlung, nämlich als vollführte Leibesbewegung phantasiert ... , nicht aber der Ablauf als solcher. (ebd., S.78)

Im Entwurf wird das Handeln als bereits vollendete Handlung, also als bereits abgelaufene, vollzogene, in der Vergangenheit liegende Handlung vorgestellt. In diesem Sinne trägt das geplante Handeln bereits im Entwurf den Zeitcharakter der Vergangenheit in sich, sind alle Entwürfe zukünftigen Handelns auf vergangene, abgeschlossene Handlungen orientiert – eine Erscheinung, die Schütz als Denken *modo futuri exacti* („in der Vorzukunft") bezeichnet.

2.2.1.2 Unwillkürliche Handlungen und Fertigkeiten

Wenn wir uns unsere alltäglichen Handlungen ansehen, so ist es für uns schwer anzugeben, welches Wissen wir dabei anwenden. Denken wir beispielsweise an so scheinbar spontane, intuitive Handlungen wie Gehen, Sprechen oder Autofahren. Wie würden Sie beispielsweise jemandem erklären, wie man Auto fährt?

Selbst wenn Sie eine noch so genaue Beschreibung produzieren könnten, irgendwie scheint dies immer noch zu wenig zu sein. Oder glauben Sie, daß Sie das richtige Gefühl beim Schalten oder Treten der Kupplung durch eine beschreibende Erklärung vermitteln könnten? Es scheinen sich hier riesengroße Unterschiede zwischen dem propositionalen Wissen (etwa: „Österreich hat 7,5 Millionen Einwohner") und dem praktischen Wissen aufzutun. Während das propositionale Wissen durch Sprache mitteilbar und übertragbar zu sein scheint, hat praktisches Wissen den Geruch eines individuellen, selbst zu erfahrenden Wissens. Zu *wissen*, wie man radfährt, heißt noch lange nicht radfahren *können* .

Das Sprichwort „Übung macht den Meister" verweist auf einen Prozeß, der nicht durch eine einfache Mitteilung ersetzt werden kann. Das praktische Wissen zeigt sich *in* unseren Handlungen und läßt sich nicht einfach verbal extrahieren.

Wenn wir uns diesen Typus unwillkürlicher Handlungen (gehen, sprechen etc.) näher ansehen, so erkennen wir drei Punkte, die dafür charakteristisch sind:

• Es dreht sich um Handlungen, über die wir weder vorher noch während der Ausführung nachdenken (planen, entwerfen) müssen. Wir tun sie einfach, spontan und ohne jegliche theoretische Überlegung. Das heißt nun aber noch lange nicht, daß wir sie als bewußtlose Zombies ausführen. Auch spontane Handlungen erfordern einen gewissen Aufmerksamkeitsgrad. Oft ist die Handlung bereits soweit Routine geworden, daß wir gleichzeitig unsere Aufmerksamkeit auf andere Handlungen richten können. Denken Sie beispielsweise an die Konversation, die Sie während des Autofahrens mit dem Beifahrer führen.

Und denken Sie daran, wie Ihre Aufmerksamkeit sich in einer gefähr-
lichen Situation ganz plötzlich wieder dem Straßenverkehr zuwendet:
„Was hast Du gleich gesagt? Kannst Du es bitte wiederholen? Ich
habe mich gerade auf den Verkehr konzentrieren müssen."

- Wir sind uns oft nicht mehr bewußt, daß auch unsere spontanen
  Handlungen nicht immer einfache, routinierte Prozesse waren. Wir
  sehen oft erst wieder im Scheitern einer solchen Handlung oder bei
  den Schwierigkeiten, die andere Menschen damit haben, daß es sich
  um komplexe, schwierige Verrichtungen handelt.

- In einigen Fällen können wir uns daran erinnern, daß wir das Verständnis für die Handlung einst in einem entsprechenden Gefühl internalisierten. Es ist dies verbunden mit einer Art „Aha"-Erlebnis,
  wenn wir plötzlich die Unterschiede zwischen einer geschickten und
  einer unbeholfenen Ausführung spüren. Doch selbst in diesen kurzen,
  besonderen Momenten sind wir meist nicht in der Lage, diese Unterschiede zu beschreiben.

In gewissem Sinne sind daher diese spontanen Handlungen relativ automatisierte Abläufe, die uns erst dann richtig bewußt werden, wenn sie
scheitern oder zu scheitern drohen. So werde ich mir beispielsweise über
meinen (letzten unwillkürlichen) Schritt beim Gehen erst dann schmerz-
lich bewußt, wenn ich auf der Bananenschale bereits ausgerutscht bin.
Dieser Zusammenbruch einer Situation muß nicht unbedingt physikalischer, sondern kann auch kommunikativer Natur sein und sich im Ab-
bruch der laufenden Konversation oder in der Metakommunikation über
das Thema zeigen. Dies wäre beispielsweise dann der Fall, wenn ein Autofahrer am Wegrand neben uns stehenbleibt, das Fenster herunterkurbelt
und sagt: „Ich habe fast kein Benzin mehr" und wir ihm (im Gedanken an
Fleckbenzin) bereitwillig den Weg zur nächsten Apotheke erklären. Erläu-
ternde Kommentare des Autofahrers, was er denn „eigentlich" gemeint
habe, wären notwendig, um die gescheiterte Kommunikation doch noch
zu retten.

Die in Fertigkeiten und Fähigkeiten automatisierten Abläufe sind es
gerade, die nach unserer Auffassung ein wesentliches Charakteristikum
des Handelns von ExpertInnen ausmachen. Zwar müssen auch sie einmal
gelernt werden und können daher als sprachlich formulierbares Wissen
dargestellt werden. Mit fortlaufender Praxis verlieren sie aber ihren propositionalen Charakter und werden als Fertigkeit in den Körper integriert.
Gerade dieser Umwandlung von abstraktem Wissen in konkrete körperliche Fertigkeiten wurde unseres Erachtens in der Pädagogik bisher viel zu
wenig Aufmerksamkeit geschenkt.

Die Ausbildung zu geschicktem und gewandtem Handeln ist weder nur mit Sprache (= traditionelle Rolle der Lehrer) zu erreichen noch auf Sprache rückführbar. Sprache ist an Sequentialität gebunden. Wir müssen unsere Ideen wie Kleider auf der Wäscheleine nacheinander aufreihen, statt sie wie unsere Kleidung gleichzeitig übereinander tragen zu können. Dieser Eigenschaft wegen „können überhaupt nur solche Gedanken zur Sprache gebracht werden, die sich dieser besonderen Ordnung fügen; jede Idee, die sich zu dieser ‚Projektion' nicht eignet, ist unaussprechbar, mit Hilfe von Worten nicht mitteilbar" (Langer 1984, S. 88). Sprache besteht aus Bedeutungseinheiten (Vokabeln), die nach bestimmen Regeln (Grammatik, Syntax) zu neuen Bedeutungen zusammengesetzt werden können. Sprache läßt sich daher in kleinere Bedeutungseinheiten zerlegen (z.b. Sätze), während Fertigkeiten und Fähigkeiten *Gestalt*charakter haben.

Als die berühmte Tänzerin Isadora Duncan einmal gefragt wurde, was einer ihrer Tänze denn bedeute, soll sie geantwortet haben: „Könnte ich Ihnen sagen, was es bedeutet, dann bestünde kein Anlaß es zu tanzen." (zitiert nach Bateson 1988, S. 194 und ähnlich auf S. 597). Aus diesem Grund kann beispielsweise weder Picassos Guernica noch Beethovens 9. Symphonie adäquat in Wort gefaßt und vermittelt werden, auch wenn dies im rationalistischen Wissenschaftsverständnis oft behauptet wird (vgl. Baumgartner 1991). So beispielsweise Habermas, wenn er unterstellt, daß jeder „extraverbial ausgedrückte Sinn prinzipiell und annäherungsweise mit Worten wiedergegeben werden kann" (Habermas 1984, S. 12, vgl. auch *Kapitel 1.3.1, S.* 30ff.).

Was für künstlerische Fertigkeiten (malen, komponieren, tanzen) zutrifft, gilt aber unserer Auffassung nach auch für komplexe kognitive Aufgaben. Das geschickte Lösen mathematischer Aufgaben und das gewandte Durchführen einer wissenschaftlichen Untersuchung verstehen wir als eine hauptsächlich kognitive Fertigkeit. Sie sind damit strukturell ähnlichen Gesetzmäßigkeiten im Lernprozeß unterworfen wie beispielsweise die überwiegend körperliche Fähigkeit des Gehens.[5] Diese Isomorphie (Strukturgleichheit) von Wissen und Können, geistigen und somatischen Prozessen wurde bereits von Michael Polanyi ausführlich beschrieben (vgl. *Kapitel 1.3.4, S.* 38ff.).

---

5. Wir sagen „hauptsächlich" und „überwiegend", weil alle Fertigkeiten sowohl kognitive als auch körperliche Anteile haben.

2.2.2 Handlungstheorie

2.2.2.1 Handlungstypologie

In diesem Abschnitt versuchen wir, die beiden Typen von Handlungen (willkürliche und unwillkürliche Handlungen) in eine integrative Handlungstheorie einzuordnen. Wir tun dies, indem wir eine zusammenhängende Gliederung aller grundsätzlichen Handlungstypen geben. Wir stützen uns dabei auf die phänomenologisch ausgerichtete „Verstehende Soziologie" und hier vor allem auf die Arbeiten von Alfred Schütz (Schütz 1971, 1974). Obwohl wir diese spezielle Schwerpunktsetzung aus Platzgründen nicht explizit begründen können, so meinen wir doch, daß im weiteren Verlauf unserer Argumentation die Vorteile der von uns bevorzugten Handlungstheorie offenkundig werden.

Für eine phänomenologische Betrachtungsweise ist es wichtig, zwischen zwei Ebenen des Bewußtseins zu unterscheiden: dem im (natürlichen) täglichen Leben sich vollziehenden Denken und Handeln einerseits und dem (unnatürlichen) schlichten Dahinleben im Bewußtseinsstrom andererseits. Letzteres können wir nur durch eine radikale Einstellungsänderung, der sogenannten *phänomenologischen Reduktion*, also der Ausschaltung (Einklammerung) der natürlichen Welt erreichen. Bewußtsein erscheint dann als stetiger Fluß, als eine „reine Dauer" oder *durée* (Henry Bergson), in der es weder ein Nebeneinander noch Aufeinander, noch irgendwelche Teilbarkeit gibt, sondern nur eine Kontinuität des Verfließens. Dieser Bewußtseinsstrom ist prinzipiell unreflektiert, homogen und stellt sich als ein dauerndes Werden und Entwerden dar.

Es ist für uns schwierig, wenn nicht gar unmöglich, dieses ursprüngliche Phänomen des Bewußtseinsablaufes zu fassen. Einerseits müssen wir uns dabei Gedanken und Worte bedienen, die aber gerade die zu vermeidende reflexive Zuwendung bedeuten. Andererseits findet unser Leben in der physikalischen Raum-Zeit-Welt statt, die vom Phänomen der inneren Dauer, dem inneren Zeitbewußtsein grundsätzlich verschieden ist. Die „Aufmerksamkeit auf das Leben" (*attention à la vie*) macht daher eine dauernde intuitive Versenkung praktisch unmöglich.

Diese Hin- beziehungsweise Rückwendung zum kontinuierlichen und homogenen Bewußtseinsstrom führt zu einer Modifikation der reinen inneren Dauer. Diese „aufmerksame Zuwendung" gliedert den Bewußtseinsstrom in abgegrenzte und wieder erinnerbare *Erlebnisse*. Es läßt sich dabei das augenblickliche Gewahrwerden – das selbst bereits immer die

Reflexion auf gerade vergangene Erlebnisse darstellt (= Urimpressionen) – und die weiter zurückgreifende Erinnerung unterscheiden.

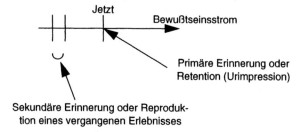

Abb. 4: Erlebnis als Segmentierung des Bewußtseinstromes

Wir können davon wiederum zwei unterschiedliche Formen der zurückgreifenden Erinnerung unterscheiden: die Erinnerung als schlichtes Zugreifen (monothetischer Rückblick) und die Erinnerung als nachvollziehende, nacherzeugende, wiederholende Erinnerung (polythetischer Aufbau), die das Erlebnis selbst wieder aufbaut.

Bestimmte Erlebnisarten, die sogenannten „wesentlich aktuellen Erlebnisse", das sind vor allem Erlebnisse der inneren Wahrnehmung, wie Erlebnisse der Leiblichkeit (Muskelspannungen, physischer Schmerz, Erlebnisse der Geschlechtssphäre) und „Stimmungen" beziehungsweise Gefühle (Trauer, Angst, Freude, Ekel) lassen sich nur beschränkt nachvollziehend erinnern. Sie sind an eine bestimmte Zeitstelle des Bewußtseinsablaufes mit all seinen biographischen Besonderheiten gebunden. Je „intimer" diese Erlebnisse sind, desto eher müssen wir sie im schlichten Zugriff erinnern. Erinnerungen an Erlebnisse dieser Art können nicht das „Wie" erinnern und sind daher auf das bloße „Daß" des Erlebnisses beschränkt. (Ich erinnere mich, *daß* ich damals sehr traurig war, vollziehe aber meinen damaligen Gemütszustand nicht nach. – Und selbst wenn ich es täte: Es wäre niemals die gleiche Traurigkeit, das genaue damalige *Wie* läßt sich nicht nachvollziehen.)

Diese „aufmerkende Zuwendung" ist aber nichts anderes als das, was wir gemeinhin als *Sinn* bezeichnen, eine Leistung der *Intentionalität*,[6] die aber nur dem reflexiven Blick sichtbar wird. Sinnhaft sind alle Erlebnisse, auf die hingeblickt wird, und zwar gerade deswegen, *weil* auf sie hinge-

---

6. *Intentionalität* läßt sich mit dem etwas holprigen deutschen Wort *Gerichtetheit* übersetzen. Als philosophischer Fachbegriff soll damit die spezifische Eigenschaft des menschlichen Geistes beschrieben werden, sich auf etwas außerhalb seiner selbst beziehen zu können.

blickt worden ist. Schütz vergleicht die Akte der Zuwendung zur inneren Dauer des Bewußtsseinstromes mit einem Lichtkegel, welcher die einzelnen Phasen des Dauerstromes beleuchtet und dadurch abgrenzt. „Das ‚Sinnhafte' liegt nicht im Erlebnis ... sondern nur in dem Wie der Zuwendung auf dieses Erlebnis ..." (Schütz 1974, S. 94). Gerade in diesem Unterschied zwischen „Erleben in der Dauer" und „Reflektieren auf das Erlebte" sieht die Phänomenologie den Unterschied zwischen Leben und Handeln beziehungsweise Denken.

Gesellt sich zu den usprünglichen passiven Erlebnisreihen ein stellungnehmender (Bewußtseins-)Akt hinzu, so sprechen wir von *Verhalten*, das nichts anderes als ein „sinngebendes Bewußtseinserlebnis" darstellt. Nicht alle Bewußtseinserlebnisse besitzen jedoch diese Fähigkeit zur Sinnsetzung. Wiederum müssen wir den Ablauf, das Sich-Verhalten, vom Ergebnis, dem Verhalten, unterscheiden. So wie das Erlebnis vergangenes, entwordenes Erleben ist, so ist das Verhalten ein Sich-Verhalten-haben, das sich vom passiven Erlebnis durch seinen stellungnehmenden Charakter unterscheidet.

Im Unterschied zum Verhalten ist *Handeln* eine „auf Zukünftiges gerichtete" spontane Aktivität und schließt eine auf die Zukunft gerichtete Erlebnisintentionalität ein. Wiederum können wir den homogenen, dauernden Bewußtseinsablauf reflektieren. Wir wenden uns aber diesmal nun nicht vergangenem Erlebten (= Erlebnissen) zu, sondern zukünftigen (= erwarteten) Erlebnissen.

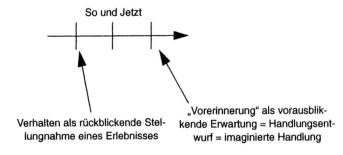

Abb. 5: **Verhalten und Handlung**

Beide grundsätzliche Typen der *willkürlichen Spontaneität* (Verhalten und Handeln) können eine offene (sichtbare) oder verdeckte Form annehmen. Darin drückt sich für Schütz die einzige Unterschiedlichkeit zwischen Denken und Verhalten beziehungsweise Handeln aus. Beim Handeln zieht Schütz durch das Kriterium der Umsetzungsabsicht noch eine weitere Differenzierung ein.

Auf den ersten Blick scheint es, als ob die allgemeine und für die Phänomenologie zentrale Kategorie des Sinns alle Formen von Erlebnissen umfaßt. Dies ist jedoch nicht korrekt. Es gibt eine Reihe von Erlebnissen, die nach dieser Auffassung subjektiv nicht sinnvoll sind: Schütz faßt darunter alle Formen unwillkürlicher Spontaneität, die zwar in ihrem Ablauf erfahren (erlebt) werden, aber keine Erinnerung hinterlassen. Sie werden zwar wahrgenommen (perzipiert), aber nicht apperzipiert, also als subjektiv sinnvoll erfahren. Beispiele dafür sind rein physiologische Reflexe (wie z.b. Kniereflex, Pupillenverengung, Zwinkern, Erröten), passive Reaktionen (wie z.b. Abstützen beim Niederfallen) und allgemein alle Äußerungen des unwillkürlichen, spontanen Lebens (z.b. Gang, Gesichtsausdruck, Stimmung, Schrift ...).

Zusammengefaßt ergibt sich damit eine Typologie, wie wir sie in *Abbildung 6*, S. 60 schematisch zusammengestellt haben.

2.2.2.2 Spannweite des Handlungsentwurfes

Nach dem bisher Gesagten ist es klar, daß wir in der Verstehenden Soziologie streng zwischen dem Sinn eigenen und dem Sinn fremden Handelns, zwischen eigenen und fremden Erlebnissen, zwischen Selbstverstehen und Fremdverstehen unterscheiden müssen. Während ich mit meiner Handlung einen subjektiv gemeinten Sinn verbinde, kann ich den subjektiven Sinn Deiner Handlung nur erschließen; während ich mein Handeln selbst erlebe, kann ich auf Deine Bewußtseinserlebnisse während des Handelns nur rückschließen. Als wichtigstes Hilfsmittel für diese Erschließung dient mir dabei Dein Leib als Ausdrucksfeld Deines Handelns. Die willkürlichen (aber auch unwillkürlichen, z.b. Erröten) Veränderungen nehme ich als Anzeichen für Deinen Erlebnisablauf. Es kommen jedoch weder alle Erlebnisse zum Ausdruck noch kann ich alle Anzeichen „richtig" (d.h. genauso wie Du es in Deinem Erleben empfindest) interpretieren. Noch schwieriger wird das Verstehen fremden Handelns, wenn es nicht in meiner Gegenwart passiert (d.h. ich nicht die Leibesäußerungen als Anzeichen interpretieren kann) und ich nur auf die objektivierten Erzeugnisse des Handelns zurückgreifen kann.

In diesem Unterschied zwischen Sinnsetzungs- und Sinndeutungsakten ist auch schon die Differenz zwischen dem eigenen Handeln (bzw. Erleben) und der wissenschaftlichen Interpretation angelegt. Mir ist der Sinn meines Handelns „fraglos gegeben", er ist mir in gewissem Sinne „selbstverständlich". Zwar muß auch ich mir (insbesondere bei Routinehandlungen) den Sinn*zusammenhang*, d.h. die vergangenen Motive, die für das Handeln relevant waren, oft vergegenwärtigen, doch habe ich dabei im-

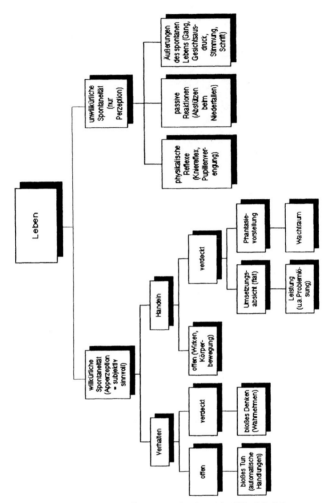

Abb. 6: Handlungstypologie nach Alfred Schütz

mer den Sinn der einzelnen Handlung (z.B. Zähne putzen, Milch trinken usw.) als fraglos gegeben vorausgesetzt. Für einen Beobachter ist es zwar auch noch relativ leicht möglich, den Sinn der einzelnen Handlung zu deuten: Wir tun dies schon alleine dadurch, indem wir die Handlung mit einem Begriff belegen, wie z.b. „Milch trinken", doch läßt sich damit noch lange nicht der „gemeinte" subjektive Sinn erschließen. (Hast Du die Milch getrunken, weil Du durstig warst, oder weil Du zunehmen willst, oder weil Du das Glas leeren wolltest, damit Du es in die Abwasch stellen kannst ...?)

Es ist nun wichtig zu sehen, daß diese vergangenen unhinterfragten Erlebniszusammenhänge selbst wieder bei der Gestaltung und Sinndeutung neuer Erlebnisse beziehungsweise erwarteter Erlebnisse (= Handlungen) prägend sind. Sie dienen als unproblematisierte, scheinbar natürliche Deutungs- oder Interpretationsschemata.

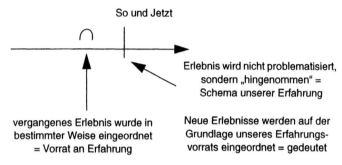

Abb. 7: Erfahrungen als Deutungs- und Interpretationsschemata

Um eine Handlung überhaupt phantasierend als in der Zukunft vollzogen entwerfen zu können, muß bereits ein Vorwissen über den Verlauf eines solchen Handelns vorhanden sein. Je häufiger diese Handlungen bereits vollzogen wurden und je ähnlicher die neue phantasierte Handlung diesen vergangenen Erlebnissen ist, desto fragloser erscheint der phasenweise Aufbau des ehemals polythetisch konstituierten Handlungsziels dem monothetischen Rückblick, desto größer und damit weniger detailliert fällt der Handlungsentwurf aus. Weil ich mir schon sehr, sehr oft die Zähne geputzt habe, ist Zähneputzen durch Übung und Gewöhnung zu einer Routinehandlung geworden. Ich nehme daher nicht mehr die einzelnen Teilhandlungen (Zahnpasta nehmen, aufschrauben, Zahnbürste nehmen, Zahnpasta zur Zahnbürste führen, drücken, Zahnpasta zuschrauben, zurücklegen, Zahnbürste zum Mund führen usw. usf.) in den Blick, sondern weite die Spannweite des Entwurfs auf die Handlung „Zähneputzen" aus.

Es zeigt sich hier recht deutlich, wie sich die Handlung durch eine Reihe ehemaliger Erlebnisse konstituiert hat. Das obige Beispiel läßt sich sowohl nach der Seite der Verkleinerung des Handlungsentwurfes (z.B. „Zahnpasta nehmen" = die linke Hand ausstrecken, die Finger öffnen, die Zahnpasta in den Blick nehmen, die geöffnete Hand darauf zuführen usw. usf.) als auch nach der Seite der Vergrößerung (nicht „Zähneputzen" sondern „Körperpflege" als Handlungskategorie) ausbauen. Diese ehemals polythetisch sich aufbauenden Erlebnisse wurden durch laufende Erfahrung zu immer komplexeren Handlungsabläufen sedimentiert und verdichtet, sodaß auf sie mit einem einzigen Blickstrahl zurückgesehen werden kann, sie aber auch als Einheit imaginiert werden können.

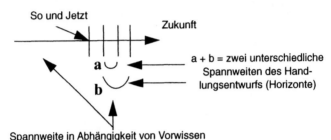

Abb. 8: Spannweite des Handlungsentwurfes

Wir können damit den Erwerb von kognitiven oder körperlichen Fertigkeiten auch als eine Integration kleinerer Handlungseinheiten zu immer größeren Handlungsfolgen verstehen. Am Beginn des Erwerbs der Fertigkeit Maschinschreiben oder wissenschaftliches Arbeiten steht ein Handlungentwurf auf sehr niedriger Ebene, wie beispielsweise „Jetzt muß ich mit dem kleinen Finger der linken Hand die Taste «a» drücken" oder „Hier fehlt mir noch ein Literaturhinweis". Mit fortschreitender Übung wird der Handlungszusammenhang immer größer und damit auch der Handlungsentwurf: Ich drücke nicht mehr eine Taste, sondern schreibe blind einen Satz vom Manuskript ab. Ich plage mich nicht mehr mit einzelnen formalen und technischen Details bei einer wissenschaftlichen Arbeit ab, sondern überlege mir den gesamten Argumentationsgang.

2.2.3 Reflexionskompetenz

Die Bedeutung der Unterscheidung zwischen Wissen und Fertigkeiten wird besonders dann deutlich, wenn wir uns die Frage stellen: Wie können wir aus unseren Erfahrungen beziehungsweise Handlungen lernen? In beiden Formen von Handlungsprozessen (willkürlichen und unwillkürlichen) können wir nachträglich über das Produkt (= vollzogene Handlung) reflektieren. Wir wollen diesen kognitiven Prozeß mit Donald Schön (1983, 1987) Reflektieren *über* das Handeln (*reflection-on-action*) nennen. Streng davon zu unterscheiden ist das Reflektieren *im* Handeln (*reflection-in-action*), das ganz anderen Gesetzmäßigkeiten folgt.

2.2.3.1 Reflektieren über das Handeln

Dieser Art des bewußten Nachdenkens über Handlungsvorgänge begegnen wir entweder

- als nachträgliche Manöverkritik oder
- bei zeitlich andauerndem, mit Phasen unterschiedlicher Intensität versehenem Handeln.

Wir treten dabei gewissermaßen aus dem Handlungsfluß heraus, distanzieren uns von ihm und versuchen, ihn als Gegenstand der Betrachtung zu objektivieren.

Stellen wir uns beispielsweise einen Firmeninhaber vor, der seine langfristige Investitionsstrategie überprüft, oder aber einen Fußballspieler, der sich das Match nochmals im Video ansieht. Zum Zeitpunkt der unmittelbar und schnell zu treffenden Investitionsentscheidung oder des entscheidenden Torschusses werden die vielfältigen Bedingungen für den Handlungsprozeß kaum reflektiert. Es scheint, daß der Finanzexperte einer „Intuition" folgt und der Fußballer „automatisch" schießt. In der nachfolgenden Reflexion zeigt sich jedoch deutlich, daß es gute Gründe dafür gab, daß die Handlung so und nicht anders durchgeführt wurde. Der Firmeninhaber begründet seine Investitionsentscheidung ausführlich und schlüssig vor dem Aufsichtsrat, der Fußballer erkennt in der Zeitlupe die bereits angedeutete Bewegung des Tormannes, die seine Entscheidung, in welche Ecke er den Ball zu schießen hat, unwillkürlich beeinflußt hat.

Die Integration dieses Typs der Reflexion (reflection-on-action) macht selbst für das traditionelle erkenntnistheoretische Modell des Positivismus kaum Schwierigkeiten. Die relativ klare Trennung zwischen Reflexion und Handlungsausführung kann als Über- und Unterordnung oder als vor- und nachgelagerter Prozeß gedeutet werden. Damit bleibt die hierarchische Gliederung weiterhin intakt und kann die Praxis als nebensächlich beziehungsweise als bloße Anwendung der Theorie betrachtet werden (vgl. S. 41ff.). Es sieht so aus, als ob im Prozeß des Nachdenkens nur die der Handlung vorausgehenden Bedingungen kritisch überprüft werden.

2.2.3.2 Reflektieren im Handeln

Weit schwieriger ist es jedoch für das traditionelle Wissenschaftsmodell, mit einer möglichen Gleichzeitigkeit – und Gleichrangigkeit – von Wissen und Handeln umzugehen. Es stellt sich die Frage, ob es diese Gleichzeitigkeit überhaupt gibt und wie sie aussieht.

Stellen Sie sich beispielsweise eine gute Jam-Session von Jazzmusikern vor. Weder die Zuhörer noch die Musiker wissen vorher genau, in welche

Richtung sich die Aufführung entwickeln wird. Vielleicht sind einige Fixpunkte vorgegeben (wie z.b. das Generalthema, der Platz und die Zeit für die verschiedenen Soli), aber die aktuelle Performance wird jedesmal völlig verschieden sein. Durch dauernde Anpassung an das, was sie hören, improvisieren die Musiker ein komplett neues Stück. Sie verlassen sich in erster Linie auf ihr „Gefühl", obwohl sie auch schematisierbares Wissen, wie Metrik, Melodie und Harmonik, dauernd routiniert anwenden.

Mit dem Begriff des impliziten Feedbacks bekommen wir vielleicht eine Vorstellung von der Gleichzeitigkeit des Handlungs- und Denkprozesses. In vielen Fällen ist die Korrektur der Handlung selbst eine Handlung und von einem ganzheitlichen Handlungsprozeß nicht abtrennbar, sondern nur analytisch unterscheidbar. Hier gibt es zwei Möglichkeiten: Sie nehmen in diesen Handlungsprozessen Veränderungen wahr, die Sie selbst durch Ihre Handlung (mit)bewirkt haben und die als Feedback für den weiteren Handlungsablauf dienen (explizites Feedback). Sie sehen beispielsweise durch das Rückfenster beim Einparken, wie Sie sich der Parklücke in einem falschen Winkel nähern. In diesem Fall denken Sie vielleicht: „Jetzt muß ich aber ganz stark in die andere Richtung lenken."

Im allgemeinen werden wir jedoch kaum einen solch explizit formulierten Vorsatz während der geschickten und routinierten Ausübung einer Handlung denken. Im Einparkbeispiel wurde entweder der kontinuierliche Fluß der Handlung durch eine außergewöhnliche Situation (anderer Winkel gegenüber Normalfall) unterbrochen, oder es handelt sich um die ungeübte Ausführung eines Anfängers. Bei den meisten mit Geschick ausgeführten Handlungen ist es – wie beispielsweise bei den Jazzmusikern – ein gewisses „Gefühl", auf das wir uns bei unserer Handlung stützen. Unserer Auffassung nach ist dieses „Gefühl" oder Hintergrundwissen der sprachliche Hilfsausdruck für einen unwillkürlich ablaufenden Rückkoppelungseffekt (implizites Feedback) eines sich selbst steuernden (korrigierenden) Systems. Statt Gefühl wollen wir diesen Prozeß *reflection-in-action* nennen. Nur in ungewohnten Situationen („Zusammenbruch"), die mit einem Überraschungselement verbunden sind, kommt es zu expliziten kognitiven Reflexionen (= *reflection-on-action*).

2.2.4 Gestaltungskompetenz

2.2.4.1 *Handlungsantwort und Theorieantwort*

In dem Artikel *If you want to get ahead, get a theory* haben Bärbel Inhelder und Annette Karmilhoff-Smith, zwei Forscherinnen in der Piagettradition, den Prozeß des Übergangs beider Reflexionsarten (Reflexion über und Reflexion im Handeln) bei Kleinkindern untersucht (Inhelder/Karmiloff-Smith 1963). Kinder wurden gebeten, Holzblöcke auf einem Metallbalken so zu plazieren, daß dieser weiterhin die Balance hielt. Dabei waren einige Blöcke nicht gleichmäßig aus Holz fabriziert, sondern hatten Beschwerungen an einem ihrer Enden. Diese Gewichte waren wiederum bei einigen Klötzen versteckt, bei anderen jedoch auffällig, das heißt an der Oberfläche angebracht. Die Forscherinnen untersuchten, wie die Kinder mit der gestellten Balance-Aufgabe fertig wurden.

Kinder unter dem 6. oder 7. Lebensjahr versuchten, *alle* Blöcke zuerst in ihrem geometrischen Zentrum zu balancieren. Die Forscherinnen bezeichneten dieses allgemeine Verhalten als *Handlungstheorie* („theory-in-action"). Die Kinder wendeten für die Balance eine „Theorie des geometrischen Zentrums" an, oder wie es ein Kind formulierte: „Dinge balancieren immer in der Mitte".

Wie verhielten sich die Kinder aber bei den unregelmäßig gewichteten Blöcken? Welche Korrektur oder *Handlungsantwort* („action-response") nahmen sie vor? Nachdem sie ihre Überraschung im jetzt fehlgeschlagenen Versuch kundgaben („He, was ist hier eigentlich los? Es hat doch vorher funktioniert ... "), begannen sie die Blöcke leicht um den geometrischen Mittelpunkt zu verschieben, um nach einigen fruchtlosen Versuchen die Objekte schließlich als „nicht balancierbar" zu erklären.

Doch bereits Kinder zwischen 8 und 9 Jahren reagierten auf andere Weise: Wenn diese älteren Kinder bei der Balance-Aufgabe scheiterten, begannen sie zuerst die offensichtlich unregelmäßig gewichteten Blöcke aus dem Zentrum zu verlagern. Zögernd und mit vielen (Denk-)Pausen wendeten sie dieses Verfahren auch bei jenen Blöcken an, denen man ihre Unregelmäßigkeit nicht ansah. Nach einer gewissen Zeit der Erfahrung mit den verschiedensten Blöcken begannen sie schließlich, ihrer ehemaligen Handlungstheorie nicht mehr soviel Bedeutung zuzumessen. Sie nahmen relativ rasch und ohne Verwunderung Korrekturen vor.

Nach einer gewissen Zeit jedoch konnten die Forscherinnen einen Strategiewechsel bei Kindern dieser Altersgruppe verfolgen: Statt zuerst die Blöcke in ihrem geometrischen Zentrum zu plazieren und danach eine entsprechende Korrektur vorzunehmen, begannen die 8-9jährigen nun damit, die Gewichtsverteilung *vor* dem Balanceversuch in der Hand abzuschätzen. „Du mußt vorsichtig sein. Manchmal sind die Blöcke auf jeder Seite gleich schwer, manchmal sind sie jedoch auf einer Seite schwerer." Die Kinder sind von einer „Theorie des geometrischen Zentrums" zu einer

„Theorie des gravitationalen Zentrums" übergegangen. Die Autorinnen bezeichnen dies als *Theorieantwort* („theory-response").

Wichtig in diesem Beispiel für unseren Zusammenhang ist der Wechsel von der Handlungsorientierung zur Theorieorientierung. Kinder bis zu sieben Jahren sehen mißlungene Balanceversuche als Fehler in der ausgeführten Handlung an und versuchen, die *Handlung*sausführung (bei gleichbleibender Theorie) zu korrigieren. Ältere Kinder jedoch interpretieren die Fehlversuche als Informationen, die für eine Balance*theorie* von Bedeutung sind.

2.2.4.2 Performative und objektivierende Einstellung

An diesem Beispiel läßt sich der Übergang und der Unterschied von Reflektieren *im* Handeln und Reflektieren *über* das Handeln gut studieren. Auf den ersten Blick sieht es so aus, als ob der theoretische Reflexionsprozeß nur bei *reflection-on-action* stattfindet, während in der Handlung nur eine Handlungskorrektur (und keine Theoriekorrektur) vorgenommen wird. Dieser erste Eindruck trügt jedoch, schuld daran ist die Verwechslung zweier verschiedener Betrachtungsebenen.

Die beiden Forscherinnen beobachten und beschreiben die Handlungs- und Gedankenprozesse von außen in einer objektivierenden Einstellung. Natürlich unterstellen die beiden Forscherinnen den Kindern nicht, daß sie tatsächlich bewußt eine Theoriekorrektur vornehmen. Aus der Innenansicht der Kinder sieht die Sache nämlich ganz anders aus. Sie entwickeln eine Art „Gefühl" für die Blöcke, das von den Forscherinnen dann als „Theorie" konzeptualisiert wird.

Wir möchten daher die These vertreten, daß sich in diesem „Gefühl" für Blöcke, der Jazzmusiker, beim Einparken ... ein theoretischer Reflexionsprozeß (Feedbackprozeß) *im* Handeln verbirgt, der von außen als Reflexion *über* das Handeln beschrieben werden kann. Es ist aber wichtig zu betonen, daß die von außen stattfindende Beschreibung einer objektivierenden Einstellung nicht die Facetten der performativen (teilnehmenden) Haltung ersetzen kann und daher auch damit nicht gleichgesetzt werden darf. Die Forscherinnen können eben von außen nicht dieses „richtige" Blockgefühl entwickeln und *erfahren*, sondern nur *beschreiben*. Die Unterscheidung von Innen- und Außenperspektive, von objektivierender und performativer, das heißt teilnehmender Einstellung (vgl. Habermas 1981) ist es daher, die verhindert, daß bestimmte Fertigkeiten alleine durch sprachliche Vermittlung erworben werden.

Genau diese Verwechslung verschiedener Betrachtungsebenen ist es aber auch, die im vorherrschenden objektivistischen Wissenschaftsmodell nur eine Reflexion *über* das Handeln zuläßt. Wohl wird Praktikern zugestanden und von ihnen sogar verlangt, daß sie von einer Theorie angeleitet werden. Auch dienen die von ihnen produzierten Daten der weiteren Theorieentwicklung. Diese ist jedoch die Aufgabe der abstrakten Grundlagenwissenschaften im Sinne einer Theorie-Praxis-Arbeitsteilung. Der Theorie kommt damit eine Art Klammerfunktion, das heißt Integrationsfunktion zu, die ihren angeblich höheren Wert begründet. Über diese Sichtweise hat sich allerdings bereits der Philosoph Gilbert Ryle in seiner Kritik an der „intellektualistischen Legende" lustig gemacht (vgl. *Kapitel 1.1*, S. 20ff.):

> Es folgt, daß das Vorgehen, das als intelligent gekennzeichnet wird, ein vorheriges verstandesmäßiges Anerkennen dieser Regeln oder Kriterien voraussetzt, d.h. also, der Handelnde muß zuerst den innerlichen Vorgang durchmachen, sich selbst gewisse Sätze über das, was zu tun sei, als richtig eingestehen ... ; nur dann kann er diesen Diktaten gemäß handeln. Er muß zuerst auf sich einreden, bevor er zur Tat schreiten kann. Der Küchenchef muß sich zuerst seine Rezepte vorsagen, bevor er nach ihnen kochen kann; der Held muß erst sein geistiges Ohr einem passenden moralischen Imperativ leihen, bevor er hinausschwimmen kann, um den Ertrinkenden zu retten; der Schachspieler muß erst im Kopf alle einschlägigen Spielregeln und taktischen Maximen durchgehen, bevor er richtige und zweckmäßige Züge machen kann. Etwas tun und dabei seine Gedanken bei der Sache haben, die man tut, ist nach dieser Legende immer das Tun von zwei Dingen, nämlich erstens gewisse passende Sätze oder Vorschriften erwägen und zweitens das in die Praxis umsetzen, was diese Sätze oder Vorschriften anbefehlen. Es ist zuerst ein bißchen Theorie und dann ein bißchen Praxis. (Ryle 1969, S. 32)

Ryle bestreitet natürlich nicht, daß Handlungen häufig mit einer theoretischen Überlegung eingeleitet werden. Oft überlegen wir, *bevor* wir handeln. Wir haben dies als willkürliche Handlung bezeichnet. Ryle wendet sich aber gegen die Behauptung, daß *jeder* Tätigkeit ein (Nach-)Denken vorausgehen muß, beziehungsweise in unserer Terminologie, es nur willkürliche Handlungen gibt.

> Vernünftige Handlungen unterscheiden sich von unvernünftigen nicht durch ihre Herkunft (d.h. ob ihnen eine geistige Überlegung vorausgeht oder nicht), sondern durch ihre Ausführung ... Wenn ich etwas mit Intelligenz tue, d.h. also meine Gedanken bei der Sache habe, die ich tue, dann tue ich nur ein Ding und nicht zwei. Meine Handlung hat eine besondere Art oder Ausführung, nicht besondere Vorgänger. (ebd., S. 35f.)

2.2.4.3 *Rückkoppelung und Kalibrierung*

Eine Konsequenz der Unterscheidung von Innen- und Außenperspektive, von performativer und objektivierender Einstellung ist es, daß der Beobachter die Spannweite des Handlungsentwurfs eines Handelnden nie genau durch bloße Beobachtung erfassen kann. Je nachdem wie klein wir eine Handlungseinheit also die Spannweite des Handlungsentwurfs, wählen, lassen sich Handlungselemente zu hierarchisch strukturierten Handlungsebenen gliedern. Wenn wir z.b. einen Mann im Wald beim Holzhakken beobachten, so können wir diese Tätigkeit sowohl als Sport (reine körperliche Bewegung = kleine Handlungsspannweite), holzhacken (mittlere Handlungsspannweite) oder auch als generelle Lohnarbeit (große Spannweite) interpretieren.

Wir können nun der jeweils niedrigeren beziehungsweise höheren Handlungseinheit einen ganz spezifischen Typus von Feedback zuordnen. Gregory Bateson (1993, S. 66ff.) hat diese zwei unterschiedlichen Feedbacktypen als Rückkoppelung und Kalibrierung bezeichnet. Er verdeutlicht die Differenz am Beispiel zweier Schießmethoden. Wenn jemand ein Gewehr in die Hand nimmt und durch die Visiervorrichtung solange Korrekturen vornimmt, bis eine Übereinstimmung zwischen Vorrichtung und Ziel herrscht, dann ist dies die Rückkoppelungsmethode. Hauptmerkmal dabei ist, daß eine laufende Handlung bei jedem einzelnen Fall (nach)korrigiert wird. Benützt hingegen ein Jäger zum Erlegen eines fliegenden Vogels eine Schrotflinte, so ist keine Zeit für korrigierende Zieleinstellungen vorhanden.

> Er wird sich auf die „Kalibrierung" seiner Augen, seines Gehirns und seiner Muskeln verlassen müssen ... In dem ganzen einzigen Vorgang findet ein Minimum an Fehlerkorrektur statt. Jedoch ein Scharfschütze wird gut daran tun zu üben. Er wird stundenlang auf Tontauben schießen und dabei allmählich immer geschickter werden, indem er aufgrund des Ergebnisses zuvor durchgeführter Schießvorgänge die Einstellung und Koordination von Händen, Augen und Gehirn ändert. Das Hauptmerkmal der Kalibrierungsmethode ist das Unterbleiben der Fehlerkorrektur in jedem einzelnen Akt und die Vielzahl von Akten, deren es bedarf, um eine bessere Einstellung oder Kalibrierung der inneren Reaktionsmechanismen zu erreichen. (ebd., S. 67)

Obwohl dies Bateson nicht macht, läßt sich das Beispiel fortführen: Wenn wir nicht mehr das Schießen als Handlungseinheit sehen, sondern beispielsweise das Jagen selbst, so erscheint die Kalibrierung der unteren Ebene selbst wiederum nur als eine mögliche Fehlerkorrektur. Auf einer höheren Ebene ginge es etwa um verschiedene Jagdmethoden: Vögel lassen sich beispielsweise auch mit Leimruten erlegen.

Selbstverständlich widerspiegelt sich diese unterschiedliche Hierarchie der Handlungsebenen auch im Lernprozeß selbst. So können neue Erfahrungen nicht nur zu neuem Faktenwissen führen, sondern auch die bisherige Struktur des Netzwerks radikal verändern. Durch einen neuen Interpretationsrahmen (Kontext) erscheint dasselbe Wissen dann in einem ganz anderem Licht. Gerade Gregory Bateson hat sich mit der Logik dieser Metaveränderungen ausführlich beschäftigt (Bateson 1988, S.362-399) und auf der möglichen Widersprüchlichkeit beider Ebenen aufbauend die berühmte Theorie des „Double-Bind" entwickelt (a.a.O., S.219-437). Lernen II (oder wie Bateson auch nennt: Deutero-Lernen, Set-Lernen, Lernen lernen) tritt dann ein, wenn ein erlebter Erfahrungszusammenhang anders interpretiert beziehungsweise „interpunktiert" wird.

2.2.4.4 Reflexives Handeln

Wir möchten nun versuchen, den Begriff der „Praxis" im Verhältnis zur Handlung für unsere Zwecke schärfer zu fassen. Beginnen wir damit, daß der Begriff der „Praxis" in sich eine schöne Doppeldeutigkeit verbirgt:

Einerseits sprechen wir beispielsweise von einer Arztpraxis. Wir meinen damit nicht nur die Räumlichkeiten oder eine einzelne Tätigkeit der Ärztin, sondern ihr gesamtes berufliches Umfeld. So schließt dieser Gehalt von Praxis die Art der Tätigkeit (z.B. Augenärztin) genauso ein wie ihre Instrumente, Patienten und Fälle, die sie behandelt. Andererseits verstehen wir unter Praxis auch Übung, das heißt das oft wiederholte, teilweise experimentierende Ausführen einer bestimmten Tätigkeit. Im ersten Fall beziehen wir uns auf eine ganzheitliche berufliche Situation, im anderen Fall auf die Vorbereitung einer geschickten Aufführung (performance) beziehungsweise auf die Tätigkeit selbst („Sie hat viel Praxis im ...").

In der Arztpraxis verkörpert „Praxis" ein zusammenhängendes und wechselseitig sich beeinflussendes System menschlicher Handlungen und ihrer institutionellen Gliederung. In gewisser Weise widerspiegelt sich im Begriff der Arztpraxis daher die gesamte gesellschaftliche Ordnung: Er schließt sowohl die sozialen Rollen von Ärzten und Patienten, die Gegensätze von krank und gesund als auch ihre institutionelle Verkörperung in Krankenschein, Sozialversicherung und Spital ein.

Obwohl dieser (institutionelle) Praxisbegriff eine Vielfalt von verschiedenen Tätigkeiten einschließen kann, hat er jedoch wie der (tätige) Praxisbegriff ein repetitives Element in Form der Übung. Dies zeigt sich deutlich in den Ähnlichkeiten von immer wiederkehrenden Situationen. ExpertInnen nehmen dies wahr, indem sie eine Gliederung zur Strukturierung komplexer Situationen, mit denen sie konfrontiert sind, vornehmen. Die einzelnen Elemente dieser Gliederung stellen dann eine Art Einheit dar. Nach dem jeweiligen Beruf kann es sich bei dieser Grundeinheit des Vergleichs um ein Projekt, eine Rechnung, einen Handelsabschluß, eine

Krankheit, einen Patienten, eine Probe ... oder ganz allgemein um einen *Fall* handeln. Ein *Fall*beispiel hebt sowohl die Familienähnlichkeit der auftretenden Situationen als auch ihre Einzigartigkeit und daher Unterschiedlichkeit hervor.

Der Begriff der Familienähnlichkeit wurde von Wittgenstein in den *Philosophischen Untersuchungen* geprägt (Wittgenstein 1984b). Er bezeichnet die sonderbare Erscheinung, daß wir im Alltag zwar in der Lage sind, bestimmte Einzelfälle unter allgemeinen Begriffen zu kategorisieren, daß dies aber nicht durch das Auffinden gemeinsamer Merkmale funktioniert. Eher müssen wir uns vorstellen, daß sich die verschiedenen Exemplare einer Kategorie wie die Mitglieder einer Familie ähneln: Sie gleichen sich in vielen Merkmalen, unterscheiden sich jedoch in einigen deutlich voneinander. Sie sind sich ähnlich, aber nicht gleich.

Dabei kann sogar der Fall eintreten, daß durch eine Variation unterschiedlicher Merkmale das extreme Beispiel der Familie auf dem einen Pol überhaupt keine Gemeinsamkeit mit dem Extrem auf dem anderen Pol hat. Dementsprechend werden Kategorien nicht etwa einfach nach dem Schema des kleinsten gemeinsamen Nenners, quasi als Durchschnitt gemeinsamer Eigenschaften, gebildet. Wenn wir beispielsweise an einen Sessel denken, dann stellen wir uns in unserer Kultur vielleicht einen Holzstuhl mit Lehne und vier Beinen vor. Das ist gewissermaßen ein *Prototyp*, ein gutes Beispiel. Tatsächlich gibt es aber keine Eigenschaften oder Gruppe von Eigenschaften, die einen Sessel eindeutig definieren. Das Material, die Lehne, auch die Anzahl der Beine sind für die Definition der Kategorie „Sessel" nicht ausschlaggebend. Nicht einmal die Eigenschaft, überhaupt Beine zu besitzen, ist eine wesentliche Eigenschaft, wie die Sitzgelegenheiten in Sackform zeigen. Trotz dieser Schwierigkeit und gemäß der Theorie des impliziten Wissens (vgl. *Kapitel 1.3*, S. 30ff.), sogar prinzipiellen Unmöglichkeit einer genauen verbalen Definition, erkennen wir Menschen trotzdem dauernd entsprechende Objekte als „Sessel".

Wiederum sind wir, wie beim Gesichtererkennen, beim Problem der Spezifizierung eines Partikulars angelangt (vgl. *Kapitel 1.3.1*, S. 30ff.). Das Erkennen von Gemeinsamkeiten, trotz immer vorhandener konkreter Unterschiede, ist aber nicht nur für die deskriptiven Wissenschaften bei der Ausarbeitung von Taxonomien wesentlich, sondern ist auch in der Bewältigung unseres Alltagslebens unverzichtbar. Das Training von Gestaltwahrnehmung ist für Wissenschaften und Alltag gleichermaßen von Bedeutung. Und – so können wir nun hinzufügen – von herausragender Bedeutung auch für den Lernprozeß selbst: Erst die Wahrnehmung der Gemeinsamkeiten, Ähnlichkeiten und Unterschiede eines Falls mit anderen

Beispielen ermöglicht es, dem Fall seine Bedeutung zu geben und aus ihm zu lernen.

2.2.4.5 Reflexive Praxis

Unter „Praxis" werden wir daher eine Folge von zusammenhängenden, geschickt ausgeführten Handlungen bezeichnen, die sich in mehr oder minder gleichartige Typen oder „Fälle" unterteilen läßt. Praxis ist unter diesem Gesichtspunkt eine noch komplexere beziehungsweise hierarchisch höhere Handlungsebene. Die Kunst des Praktikers besteht gerade darin, daß er Fälle nicht nach einer starren Regel, sondern in ihrer besonderen Eigenart behandelt. Diese besondere Reflexionsart wollen wir als *reflection-in-practice* bezeichnen.

*Praxis*wissen unterscheidet sich vom oben beschriebenen *Handlungs*wissen insofern, als es sich in zusammengesetzten Handlungsfolgen während einer mehr oder weniger langen Zeitperiode zeigt und nicht einer einzelnen Handlung zuzuordnen ist. Es schließt beide Formen des reflexiven Handelns, *reflection-in-action* und *reflection-on-action*, ein. Diese doppelte Reflexionsstruktur ergibt sich einerseits aus dem zeitlich länger gestreckten Verlauf und andererseits durch die Komplexität der Handlungsfolge, die eine andauernde Korrektur und Anpassung erforderlich macht.

Wir sprechen von PraktikerInnen und ProfessionalistInnen dann, wenn Personen in der Lage sind, ihr Wissen in einem länger dauernden Prozeß und in vielfältiger Weise in *kompetente* Handlungen umzusetzen. „Umsetzen können" heißt,

- daß die Personen dazu fähig, geübt oder geschickt genug sind, und
- daß sie die entsprechenden sozialen und institutionellen Möglichkeiten haben, ihre Fertigkeiten auch tatsächlich auszuüben.

Konversation, reflexive Praxis schließt damit sowohl eine individuelle (körperliche) Komponente der Fertigkeit als auch ein institutionalisiertes (soziales aber auch kulturelles) Element der legitimen An- beziehungsweise Verwendung ein. Wir sehen hier eine dreifache Struktur der Praxis. Praxis gründet sich auf die „3 K's" – Körper, Kontext und Kultur – d.h. auf eine individuelle, soziale und kulturelle Komponente (Baumgartner/Payr 1990).

Geschicklichkeit zeigt sich demnach nicht im Erfolg der *einzelnen* gelungenen Handlung. Jeder kann einmal ohne viel Übung und Praxis im Bogenschießen – mit viel Glück sogar beim allerersten Mal – ins Schwarze treffen. Ein *gewandter* Bogenschütze ist diese Person aber erst dann, wenn sie

- in einem hohen Prozentsatz der Versuche („Fälle")

- unter den verschiedensten Bedingungen (z.b. Entfernungen, Windeinflüsse ...)
- in die Nähe der schwarzen Mitte („Ziel", „Erfolg")

kommt. Dabei ist das, was als legitimes Ziel gilt (gelten darf), sowohl kulturell als auch sozial vordefiniert. Es ist zwar möglich, daß jeder für sich seine eigenen Ansprüche aufstellt – beispielsweise, daß es mein innigstes Ziel ist, immer ganz knapp vorbeizuschießen, und weil mir das recht gut gelingt, ich ein meisterhafter Bogenschütze bin –, doch gewinnen die Ansprüche nur in ihrem akzeptierten Allgemeinheitsanspruch ihre Bedeutung und ihren Sinn. Polanyi (1985, S. 72ff.) zeigt, daß dieser Allgemeinheitsanspruch den Charakter einer persönlichen Verpflichtung beziehungsweise Verantwortung annimmt. Einerseits weil es sich nur um einen Anspruch und noch nicht um eine erwiesene Allgemeinheit handelt und wir erst die anderen davon überzeugen müssen; andererseits aber auch deswegen, weil – erst einmal akzeptiert – dieser Anspruch auch respektiert wird.

Bei näherer Betrachtung zeigen die oben angeführten notwendigen Bedingungen gewisse Eigenheiten: So ist es beispielsweise nicht nur unnötig, daß ExpertInnen *jedes* Mal ins Ziel treffen, sondern der Wertschätzung ihrer Fähigkeit sogar abträglich. Entweder würden wir in diesem Fall den positiv belegten Begriff des Experten durch negative Wörter wie Übermensch oder Monster ersetzen; oder aber wir werten die Expertentätigkeit selbst ab, indem wir sie für eine relativ einfache, starre und mechanische Angelegenheit halten. Gelegentliches Scheitern scheint für PraktikerInnen notwendig und für ihre ExpertInnenrolle konstitutiv zu sein. Zu jeder geschickten Performance gehören Fehler: Fehler sind untrennbarer Teil einer ausgeübten Fertigkeit. Wir können erst danebenschießen, wenn wir gelernt haben, was es bedeutet zu treffen.

Aber auch das Beherrschen einer gewissen Bandbreite von Aktivitäten scheint für die Expertenrolle unumgänglich und konstitutiv zu sein. Nur in einem ganz eingeschränkten Bereich und unter ganz bestimmten Bedingungen erfolgreich zu sein, genügt offensichtlich nicht. Jemand wird wohl kaum als geschickter Bogenschütze anerkannt werden, wenn er/sie nur aus einer ganz bestimmten Entfernung und unter genau festgelegten, immer gleichen Windbedingungen hohe Trefferquoten erreicht. Ein bestimmtes Mindestmaß an Komplexität, das heißt unterschiedlichen Bedingungen und Verschiedenartigkeit, ein gewisses Reservoir von „Fällen", müssen ExpertInnen schon beherrschen, um als solche gelten zu können.

2.2.4.6 Zusammenfassung

Wenn wir die bisherigen Ergebnisse zusammenfassen, so erhalten wir folgende Merkmale des reflektierenden Handelns:

- *Einzigartiger Fall:* Obwohl die PraktikerInnen sich dem einzelnen Fall nicht voraussetzungslos nähern und auch nicht so tun, als ob sie nicht schon relevante vorhergehende Erfahrungen besäßen, sehen sie jedes praktische Problem als einzigartigen Fall an. Sie versuchen nicht schablonenhaft eine Standardlösung zu finden, die sie ohne Rücksicht der Unterschiede anzuwenden suchen. Eine ihrer Hauptaufgaben bei der Untersuchung besteht darin, diese Besonderheiten schrittweise herauszufinden und darauf ihre Interventionen aufzubauen.

- *Generieren des Problems:* Gleichzeitig aber sehen sie in der einzigartigen Situation auch (Familien-)Ähnlichkeiten mit anderen, ihnen bereits bekannten Situationen. Vielleicht ist „sehen" schon zuviel gesagt, meist „spüren" beziehungsweise „fühlen" ExpertInnen diese Ähnlichkeiten, ohne sie konkret aussprechen oder festlegen zu können. In der komplexen und unsicheren Situation besteht das Problem oft darin, das zu lösende Problem überhaupt auszumachen.

- Schon diese beiden Punkte kennzeichnen eine wichtige Differenz zum positivistischen Wissenschaftsmodell. Vom Standpunkt des Positivismus stellt sich die Situation als ein *Prozeß der Problemlösung* dar. Demnach haben die PraktikerInnen die Aufgabe, jene Methoden aus einem zur Verfügung stehenden Vorrat auszuwählen, die eine optimale Lösung eines Problems garantieren. Das ist auch die übliche Form des Unterrichts: Ein Problem wird dargestellt und die optimale Mittelwahl in Form von Übungen, Seminaren und Praktika trainiert.

> But with this emphasis on problem solving, we ignore problem *setting*, the process by which we define the decision to be made, the ends to be achieved, the means which may be chosen. In real-world practice, problems do not present themselves to the practitioner as givens. They must be constructed from the materials of problematic situations which are puzzling, troubling, and uncertain. In order to convert a problematic situation to a problem, a practitioner must do a certain kind of work. He must make sense of an uncertain situation that initially makes no sense. (Schön 1983, S. 40)

In gewisser Weise ist daher das Problem selbst und seine Defintion bereits ein kreativer Akt, das heißt das Problem wird konstruiert und ist nicht als gegeben anzunehmen. Gerade dieses Erkennen von Problemen, ihre „Konstruktion", die sie bearbeitbar und lösbar macht, ist die eigentliche kreative und wissenschaftliche Leistung des Experten.

2.2.5 Zur Gestaltung einer komplexen Situation

Wir haben gesehen, daß ein wesentliches Charakteristikum von ExpertInnen ist, daß sie mit instabilen, rasch wechselnden, komplexen und einzigartigen Situationen umgehen können. PraktikerInnen strukturieren Situationen aber nicht nur, nehmen sie nicht nur in ihrer spezifischen, bedeutungstragenden Gestalt wahr, sondern verändern und gestalten diese Situationen auch. Den Zusammenhang von (Gestalt-)Wahrnehmung und Handlung wollen wir durch den Begriff *Gestaltung* oder *Design* fassen.

Im allgemeinen gelten als Designberufe im engeren Sinne Architektur, Stadtentwicklung und Regionalplanung und natürlich „industrial design"(Produktdesign), der „prototypische" Designberuf. Auch in den anderen Ingenieurberufen werden einige Sparten neuerdings mit dem Designbegriff bezeichnet, wie beispielsweise Softwaredesign. In den letzten 20 bis 30 Jahren hat sich der Begriff des Design erweitert und ist nicht mehr nur auf bestimmte Berufssparten anwendbar. Wir verstehen heute unter Design ganz allgemein *Gestaltung*. Es kommt dabei aber überhaupt nicht auf die aktuelle (Massen-)Produktion an, sondern auf den Prozeß der Planung und Entwicklung. Die Umsetzung des Designs ist vorerst eher nur als Prototyp interessant, als Mittel der Veranschaulichung und Funktionsprüfung für einen späteren erfolgreichen Einsatz.

Wenn wir den Designbegriff so umfassend sehen, so schließt er mindestens folgende drei Komponenten in sich ein:

- Ein planerisches, entwickelndes und entwerfendes Element, das eine gewisse Neu- oder Umorientierung bedeutet. Nachahmung oder gar die 1:1-Reproduktion eines bereits bestehenden Objekts wird hier ebenso ausgeschlossen wie die simple Produktion eines ausschließlich in seinen Funktionen neuen Produktes.
- Der Designbegriff faßt eine gewisse visionäre Zukunft ins Auge, die als Zentrum eine harmonische Verbindung von Form und Inhalt hat. Gestaltung schließt daher ein künstlerisches Element ein, das sich nicht auf die bloße Anwendung formaler Methoden und Techniken oder Naturgesetze reduzieren läßt. Diesen künstlerischen Freiraum, der unter den gleichen Randbedingungen verschiedene Umsetzungen ermöglicht und erlaubt, nennen wir *Gestaltungsspielraum*.
- Durch den Zusammenhang von Form und Inhalt ist der Gestaltungsprozeß nicht unabhängig von materiellen Randbedingungen zu sehen. Im Unterschied zur „reinen" Kunst, bei der die Formaspekte überwiegen (nur überwiegen, denn auch der Maler muß sich den Restriktionen seines Materials wie Farbe und Leinwand beugen), betont die Ge-

staltung den Zusammenhang von Form und Inhalt und versucht, die inhaltlichen Rahmenbedingungen von Naturgesetzen und Wissenschaft mit kreativen Formelementen zu integrieren.

In dieser relativ weitreichenden Fassung reduziert sich der Designbegriff nicht mehr auf einzelne Berufe oder Tätigkeiten und ist auch von einzelnen Objekten unabhängig. In diesem Sinne wären alle Tätigkeiten, die innerhalb bestimmter Rahmenbedingungen verschiedene Gestaltungsmöglichkeiten zulassen, als Design zu fassen. Der Entwickler einer menschengerechten Benutzerführung eines Tabellenkalkulationsprogramms wäre danach ebenso ein Designer wie beispielsweise der Betriebsrat, der sich um eine aktive Gestaltung der Sozial- und Arbeitsbeziehungen bemüht.

Wir verwenden die Begriffe DesignerIn, GestalterIn, ExpertIn und PraktikerIn synonym. So wie wir es sehen, ist jede Expertin und jeder Praktiker GestalterIn im oben genannten Sinne. Die Begriffe beinhalten die Verbindung von theoretischem Wissen und Praxiswissen mit einem aktiven schöpferischen Eingriff in eine nicht determinierte Situation. Dabei ist weiters zu bedenken, daß die entwickelnde und entwerfende Komponente sich nicht immer so konkret darstellen muß, daß sie ihren Niederschlag als Zeichnung auf einem Reißbrett, als Gestaltungsrichtlinie für die Softwareentwicklung oder als Betriebsvereinbarung findet. Auch die Wissenschafterin, die aus einer Unmenge von Daten eine innere Kohärenz wahrnimmt beziehungsweise konstruiert, ist eine Gestalterin. Jeder Wahrnehmungsprozeß ist nicht bloß eine einfache Reproduktion, sondern aktive Formung und Gestaltung einströmender Signale.

Die komplexen und vernetzten Zusammenhänge von Form und Inhalt machen es notwendig, daß die Gestaltung ein ausgewogenes Verhältnis beider Pole anstrebt. Aus diesem Grund ist eine bloße Maximierung einzelner Variablen nicht möglich, sondern muß eine Optimierung der ganzheitlich betrachteten Situation (der „Gestalt") angestrebt werden.

3

Lernen als Prozeß und Paradigma

Wir haben gezeigt, daß ExpertInnen nicht nur kognitive Anforderungen zu erfüllen haben, sondern sich vor allem in komplexen Situationen geschickt bewegen können müssen. Bisher haben wir die verschiedenen Momente des Lernprozesses analytisch getrennt dargestellt und sind noch nicht auf die Zusammenhänge verschiedener Phänomene eingegangen. In diesem Abschnitt möchten wir nun den Prozeßcharakter des Lernens betonen und zeigen, daß in jedem Lernprozeß verschiedene Stufen durchlaufen werden müssen.

Ausgangspunkt unserer Überlegungen ist ein fünfstufiges hierarchisches Lernmodell, das die Brüder Dreyfus in ihrer Kritik an den überzogenen Erwartungen der Künstlichen Intelligenz im Zusammenhang mit dem Bau und Einsatz von Expertensystemen entwickelt haben (Dreyfus/ Dreyfus 1987). Ihre zentrale Idee dabei ist, daß Lernende sich schrittweise ein immer besseres (tieferes) Verständnis einer Sache aneignen, daß sie von einem einfachen und statischen Faktenwissen („know that") über ein dynamisches, aber immer noch theoretisches Wissen („know how") zu einer intuitiven Fertigkeit, die das Expertentum kennzeichnet, fortschreiten.

3.1 Stufen des Lernprozesses

3.1.1 Neuling – kontextfreies Lernen

Ein Neuling ist als blutiger Anfänger[7] mit der zu lernenden Sache noch nicht vertraut und hat auch noch keine diesbezüglichen Erfahrungen. Im

---

7. Um die umständliche geschlechtsneutrale Schreibweise „Innen" zu vermeiden, vermischen wir in diesem Kapitel männliche und weibliche Substantiva.

ersten Schritt des Lernens der für ihn neuen Fertigkeit lernt er, wie sich unterschiedliche Fakten erkennen lassen und wie diese handlungsrelevant werden können. Ihm werden die „objektiven" Fakten mitgeteilt und wie er sie unterscheiden kann. Diese Elemente der Situation werden vom Lehrenden möglichst eindeutig und klar dargestellt. Das geschieht durch eine Generalisierung, die vom Kontext einer Gesamtsituation, in die die Situationselemente immer eingebunden sind, absieht.

Ein Lernerfolg wird hierbei durch das Lernen von eindeutig definierten und kontextfreien, also künstlichen Situationen angestrebt. Durch Lernen von kontextfreien Fakten und Regeln werden in diesem ersten Schritt zentrale Merkmale der Situation aus ihrem Kontext herausgenommen und dem Neuling so präsentiert, daß er lernt, sie (wieder) zu erkennen. Es handelt sich um ein Übermitteln (Transfer) von Informationen, von Faktenwissen, von „Wissen, daß" etwas der Fall ist.

3.1.2 Anfängertum – erfahrendes Lernen

Das Wissen von Neulingen ist abstrakt und meistens praxis- und realitätsfremd. Ihre Leistungen werden erst dann ein annehmbares Niveau erreichen, wenn sie ausgedehnte eigene Erfahrungen gesammelt haben, wie man sich in wirklichen Situationen verhält. Das geschieht in erster Linie durch das Anwenden von kontextfreien Regeln. Diese Übungen erweitern das Reservoir der beherrschten kontextfreien Regeln und ermutigen die Lernenden, nicht nur Fakten, sondern auch ihre Zusammenhänge – viele davon auch komplexer Natur – präsent zu haben.

Es geht nicht mehr – wie bei der ersten Stufe – um die Rezeption beziehungsweise Erinnerung kontextfreier Daten, sondern um die Anwendung dieses erworbenen, bislang nur statischen Wissens. Die einzelnen Fakten werden nicht mehr isoliert, kontextfrei gesehen, sondern sie bekommen einen inneren räumlichen und/oder zeitlichen Zusammenhang, *know that* („Wissen, daß") wird zu *know how* („Wissen, wie"). Im Unterschied zu den traditionellen kognitionswissenschaftlichen Ansichten ist dieses „Wissen, wie" aber immer noch wesentlich ein theoretisches Wissen und keine praktische Fertigkeit. Wenn ich weiß, wie man einen Autoreifen wechselt, heißt dies noch lange nicht, daß ich diese Fertigkeit auch erfolgreich anwenden kann.

Die Anfängerin wird in konkreten Situationen praktische Erfahrungen im Umgang mit bedeutungsvollen Elementen sammeln, die ihre gelernten kontextfreien Regeln in einem neuen Licht erscheinen lassen. Die situationalen Elemente, auf die sie dabei stößt, werden normalerweise im

Unterricht nicht vermittelt, weil sie nicht mehr eindeutig formuliert und vermittelt werden können.

Durch Erfahrung lernt die fortgeschrittene Anfängerin verschiedene Situationen tatsächlich als unterschiedlich wahrzunehmen, erkennt Ähnlichkeiten und Gemeinsamkeiten, ohne diese vielleicht auch einzeln auflisten und benennen zu können. Es ist meist ein Gefühl für die Sache, daß die Anwendung der gelernten Faustregeln nicht korrekt ist und ein Überdenken notwendig machen würde. Dieses erste Gefühl führt aber auf dieser Stufe noch nicht dazu, daß durch eine bewußte Entscheidung die Faustregel abgewandelt wird.

3.1.3 Kompetenz – bewußte Auswahl und Bewertung

Kompetente wenden nicht nur die gelernten Faustregeln sinnvoll an, sondern treffen ganz bewußt ihre Entscheidungen. Sie treffen aus der Unmenge kontextfreier Regeln eine Auswahl und ordnen sie nach hierarchischen Gesichtspunkten. Sie modifizieren damit einerseits die angewendeten Regeln und treffen Entscheidungen, welche der Regeln sie im Lichte der erlebten Situationen überhaupt anwenden sollen.

Zum ersten Mal wird eine aktive Komponente deutlich: Die Lernenden sind nicht mehr nur Getriebene, sondern arbeiten an der Konstruktion der Situation aktiv mit. Kompetent Handelnde fühlen sich für Auswahl und Bewertung der Situationselemente selbst verantwortlich und sind an den Ergebnissen ihrer Handlungen daher auch gefühlsmäßig beteiligt.

Eine wesentliche Komponente, die auf dieser Stufe erstmals auftritt, ist der Aspekt der Zielerreichung. Der Schiexperte Franz Klammer denkt nicht daran, wie der Talschi zu belasten ist und auch nicht daran, wie diese Regel in bestimmten Situationen zu variieren ist. Sein Ziel ist es, die Strecke Start-Ziel möglichst schnell zu überwinden, um das Rennen zu gewinnen.

3.1.4 Gewandtheit – holistisches Erkennen

Auf der vierten Stufe, der Ebene der Gewandtheit, wird die Situation nicht mehr in einzelne Elemente zerlegt und bewertet, sondern es kommt zu einem „holistischen Erkennen von Ähnlichkeiten" (*Holistic Similaritiy Recognition*) (Dreyfus/Dreyfus 1987, S. 52). In der dritten Stufe ging die Wahl der Ziele und der darauf basierende Entscheidungsprozeß nach einer bewußten Abwägung verschiedener Alternativen vor sich. Die Brüder Dreyfus bezeichnen dies als „Hamlet-Modell" des Entscheidungsprozesses und meinen damit die distanzierte, reflektierte und manchmal sogar quälende Wahl zwischen Alternativen (ebd., S. 51). Normalerweise wird nur dieses Modell in der psychologischen Literatur ausführlich untersucht und oft sogar als die einzige Art und Weise der Entscheidungsfindung dargestellt.

Sehen wir uns jedoch die Arbeit von PraktikerInnen genauer an, so erkennen wir eine ganz andere Art von Entscheidungsfindung, die nicht so distanziert und bewußt reflektierend stattfindet: Gemeint ist hier eine spezifische Herangehensweise, die durch die jahrelangen und mannigfaltigen Erfahrungen erreicht wird. Während in der dritten Stufe die verschiedenen Alternativen offen vorliegen und zwischen ihnen ein Evaluierungsprozeß stattfinden muß, handelt es sich bei dieser impliziten „Entscheidung" um die Art und Weise, wie die betreffende Situation betrachtet wird.

Wesentlich für die Stufe der Gewandtheit ist es, daß die Vielzahl der Informationen bereits von vornherein unter einem bestimmten Gesichtspunkt subsumiert, von einer bestimmten Warte aus gesehen werden. Diese durch Erfahrung (Deutungsschemata) geprägte Sichtweise läßt bestimmte Merkmale und Eigenschaften stärker hervortreten, während andere als weniger wichtig erscheinen und vernachlässigt werden. Erst auf der Grundlage dieser intuitiven Gestaltwahrnehmung wird eine bestimmte Entscheidung getroffen und oft auch gesucht.

So wie eine Person durch eine Vielzahl von Portraits dargestellt werden kann, die alle gleichermaßen als „richtig" gelten, so handelt die Gewandte unter einer bestimmten Perspektive. Dieser Blickwinkel, unter dem sie die Situation sieht, ist aus ihrer *persönlichen* Erfahrung des kompetenten Handelns hervorgegangen (Stufe 3). Die Stufe der Kompetenz ist selbst wiederum eine Zusammenfassung und Auswertung der Erfahrungen von „objektiven" Regeln (Stufe 1) und der darauf aufbauenden subjektiven Erfahrungen (Stufe 2). Sie ist damit ganz im Sinne von Polanyi persönliche Erkenntnis (Polanyi 1962, aber auch 1985).

3.1.5 Expertentum – körperliche Integration

Auf der fünften Stufe schließlich verwachsen die in Stufe 4 erworbenen intuitiven Fertigkeiten so weit mit dem Körper, daß sie überhaupt nicht mehr als bewußt erscheinen. Sie sind so in den Körper integriert, daß sie als unreflektierte Fähigkeit der betreffenden Person erscheinen. ExpertInnen handeln in keiner Phase mehr distanziert, sondern engagiert und verantwortungsvoll. Sie begeben sich voll in die spezielle Situation hinein, nehmen sie samt ihren Eigenheiten und Besonderheiten an und „verschmelzen" in gewisser Weise mit ihr.

Das „Verwachsen" einer speziellen Fähigkeit mit dem eigenen Körper führt zu dem eigenartigen Phänomen, daß es so scheint, als hätte die betreffende Fertigkeit keinen kognitiven Charakter, als wäre sie einfach nur Teil unseres Körpers, eine körperliche Fertigkeit. Dies läßt sich bei vielen Tätigkeiten des Alltags schön demonstrieren. So sprechen wir beispielsweise in alltäglichen Situationen dem Vorgang des Gehens kaum besonders hohe kognitive Anteile zu. Es „passiert" ganz nebenher, wenn wir beispielsweise die Straße überqueren wollen. Wir brauchen nicht ausdrücklich daran zu denken, daß wir den linken Fuß erst vom Boden heben dürfen, wenn wir den rechten aufgesetzt haben. Wir tun es einfach.

Wir sind uns dieser grundlegenden Fertigkeiten in ähnlicher Weise bewußt, wie wir uns unseres Körpers bewußt sind. Unseren Körper nehmen wir normalerweise nicht distanziert beziehungsweise von außen wahr. Unser Körper gehört zu uns, wir fühlen uns in ihm. So wie der Stock eines Blinden nach jahrelanger Verwendung Teil seines Körpers wird, an dessen Spitze er „fühlt", genauso verschmelzen beispielsweise Autorennfahrer mit ihrem Wagen zu einer Einheit.

In der Bewältigung des Alltags sind wir alle Experten. Wir haben „über die Straße gehen" und andere elementare Tätigkeiten in unserer Kultur von Kindheit auf gelernt. Sie erscheinen uns heute, als Erwachsenen, so selbstverständlich, daß wir sie einfach hinnehmen und vergessen, daß auch sie mit viel Mühe gelernt werden mußten und wir dabei die beschriebenen fünf Stufen durchlaufen mußten.

> Wenn keine außergewöhnlichen Schwierigkeiten auftauchen, lösen Experten weder Probleme noch treffen sie Entscheidungen; sie machen einfach das, was normalerweise funktioniert. (Dreyfus/Dreyfus 1987, S.55)

Wir werden uns der Schwierigkeiten, die wir als Experten scheinbar spielend meistern, immer erst dann bewußt, wenn eine der impliziten Annahmen, die uns als proximaler Term in unserem unterstützenden Bewußtsein bei der Ausübung der Fertigkeiten lenkt, sich als falsch erweist. Erst der „Zusammenbruch" dieser impliziten Voraussetzungen führt uns den proximalen Term wieder vor Augen, indem er zerfällt, desintegriert und damit wieder dem zentralen Bewußtsein zugänglich gemacht wird.

Auf der Expertenstufe verschmelzen wir derart mit der ausgeübten Fertigkeit, daß es uns schwerfällt, sie nachträglich noch analytisch zu zerlegen und distanziert zu betrachten. In den meisten Fällen würde das auch einem augenblicklichen Verlust dieser Fertigkeit gleichkommen. Würde ich jetzt, wo ich diesen Satz tippe, nicht an seinen Inhalt denken, sondern daran, wo die einzelnen Buchstaben liegen und wie ich sie auf der Tastatur treffen kann, so würde meine Fertigkeit, mit zehn Fingern blind maschinschreiben zu können, augenblicklich ins Stocken geraten. Bei unseren Sekretärinnen an der Universität ist diese Fähigkeit bereits derart tief in den Körper abgesunken, das heißt als proximaler Term in den Körper integriert worden, daß sie komplizierte Diskussionen miteinander führen können, ohne beim Maschinschreiben ins Stocken zu geraten oder mehr Tippfehler zu machen.

3.2 Gefahren der einzelnen Lernstufen

Die obige schematische Beschreibung des Lernprozesses als Erwerb von Fertigkeiten kann auch als heuristisches Hilfsmittel zur Fehleranalyse im Lernpozeß dienen. Wenn wir versuchen, die Lernenden nach dem beschriebenen hierarchischen Stufenmodell einzuschätzen, dann können wir es als eine Art Diagnoseblatt verwenden. Den je eigenen Strukturen und Gesetzmäßigkeiten der fünf dargestellten Stufen entsprechen mögliche Gefahren und Fehler, die wir in der Gestaltung der Lernsituation besonders berücksichtigen können.

Wenn wir nun versuchen, die Lernrisiken der einzelnen Stufen kurz zu beschreiben, so möchten wir einschränkend vor zwei möglichen übereilten Schlußfolgerungen warnen:

- Eine Gefahr oder ein Risiko bedeutet noch lange nicht, daß das damit verbundene Ereignis auch tatsächlich eintreten *muß*. Ist uns jedoch ein bestimmtes Risiko bekannt, so können wir versuchen, durch geeignete prophylaktische Maßnahmen das damit verbundene, nicht gewünschte Ereignis zu vermeiden. Sollte uns dies jedoch nicht gelingen, so haben wir bei auftretenden Problemen zumindest einen ersten Hinweis darauf, womit wir bei der anschließenden Fehlersuche beginnen können.

- Eine (richtige) Diagnose ersetzt natürlich noch nicht die „Behandlung", sondern ist erst die Voraussetzung dafür, daß eine Korrektur eingeleitet werden kann. Hinweise, wie solch eine korrigierende Lernsequenz beschaffen sein muß, versuchen wir in den letzten beiden Abschnitten dieses Kapitels (*Kapitel 3.3*, S. 85ff. und *Kapitel 3.3.3*, S. 89ff.) zu geben.

3.2.1 Stufe 1: Neuling

Neulinge werden sowohl mit einer Reihe scheinbar feststehender Fakten als auch scheinbar kontextunabhängiger Regeln konfrontiert. Für die Lernenden ist aber meist auf dieser Stufe noch nicht klar ersichtlich, welche Fakten sich verändern und welche Regeln nur Faustregeln sind und nicht immer gelten. In einigen Fällen, wie beispielsweise bei der Bevölkerungszahl eines Landes, wo die Lernenden auf Alltagserfahrungen zurückgreifen können, ist die Sache relativ einfach. Allerdings nur auf den ersten Blick.

So ist es beispielsweise klar, daß der Bezug der Aussage „Österreich hat 7,5 Millionen Einwohner" sich durch Geburten, Todesfälle und Migration laufend ändert, doch ist das Ausmaß der tatsächlichen Unschärfe dieser Zahl dem Neuling noch weitgehend unklar. Diese Zahl hängt von einer Reihe variabler Faktoren ab, wie beispielsweise

* von der Definition, was als Einwohner angesehen wird;
* vom Stichtag der Volkszählung;
* vom System der Erfassung der Geburten und Todesfälle;
* von der Art und Weise, wie die Migrationsstatistik erstellt und laufend adaptiert wird;
* von der Größe des Erhebungsfehlers beziehungsweise Stichprobenfehlers ...

Noch schwieriger ist es für Neulinge zu erkennen, welche Regeln in einem veränderten Kontext nicht mehr in der gleichen gelernten Weise gelten. Die Hauptgefahr auf dieser Stufe ist es gerade, daß all die gelernten Fakten und Regeln für bare Münze genommen werden, als unveränderlich, fix, feststehend und wahr angenommen werden. In ihrer extremen Version kann diese Übergeneralisierung dazu führen, daß das Erlernen dieser Fakten und kontextunabhängigen Regeln nicht als ein erster Startpunkt des Lernens, sondern als das eigentliche Lernziel selbst gesehen wird. Leider wird diese verhängnisvolle Verwechslung durch die traditionell noch oft vorherrschende Unterrichtsart sehr gefördert.

3.2.2 Stufe 2: Anfängertum

Auf dieser Stufe werden die ersten eigenen Erfahrungen gemacht. Die fortgeschrittene Anfängerin ist mit großen Unsicherheiten konfrontiert: Habe ich die Fakten und Regeln tatsächlich richtig verstanden und angewendet oder gilt das Gelernte nur bedingt, in gewissen Kontexten? Die fortgeschrittene Anfängerin schwankt zwischen einer Überbetonung der eigenen

Erfahrung und einer Vernachlässigung allgemeiner Regeln einerseits und einer Mißachtung der eigenen Erfahrungen und Überbetonung der gelernten Regeln andererseits.

Im allgemeinen läßt sich diese Unsicherheit jedoch durch Rückfragen und Feedback durch den beobachtenden Lehrer relativ leicht beheben. Problematischer sind „einsame" Lernprozesse, bei denen es leicht zur Verfestigung und Erstarrung falscher Verhaltensweisen und Annahmen kommen kann, die später nur mehr schwer aufgebrochen werden können.

3.2.3 Stufe 3: Kompetenz

Obwohl auf dieser Stufe bereits bewußt unter verschiedenen Alternativen ausgewählt wird, ist das Reservoir der zur Entscheidung herangezogenen Möglichkeiten noch relativ klein. Komplexe Situationen werden nicht als komplexe Einheiten, sondern stark vereinfacht betrachtet. Die Gefahr falscher Schlußfolgerungen und damit einhergehend der Überschätzung der eigenen Fähigkeiten ist auf dieser Stufe relativ groß. So ist es beispielsweise der Übergang vom fortgeschrittenen Autofahr-Anfänger zum kompetenten Autofahrer, der die meisten Unfälle verursacht. Während der Anfänger noch extrem vorsichtig und langsam fährt, in allen zweifelhaften Situationen stehenbleibt, glaubt sich der Autofahrer, der an der Schwelle zur Kompetenz steht, bereits der Situation gewachsen.

3.2.4 Stufe 4 und 5: Gewandtheit und Expertentum

Beiden Lernstufen ist gemeinsam, daß sie bereits von einer Gestaltwahrnehmung, einem holistischen Erkennen der Gesamtsituation ausgehen. Der große Fortschritt dieser Lernstufen besteht darin, daß bereits von einer eigenen organisierenden Perspektive ausgegangen wird, von der aus die Situation betrachtet wird. Dieser Vorteil kann jedoch auch zur Katastrophe führen, nämlich dann, wenn trotz beunruhigender Anzeichen, „unpassender" beziehungsweise nicht „normaler" Vorkommnisse weiterhin die einmal eingeschlagene Sichtweise beibehalten wird. Diese *Tunnelperspektive* führt immer tiefer in die falsche Richtung und verhindert, daß eine andere Perspektive eingenommen wird, die die jüngsten Ereignisse und Elemente der Situation besser erklären kann und angemessener ist (vgl. die Zusammenfassung in *Tabelle 1*, S. 85)

Stufe	Lernelemente	Perspektive	Entscheidung	Einstellung	Gefahr
Anfängertum	Fakten und kontextfreie Regeln	keine	keine, passive Rezeption	distanziert	Übergeneralisierung
fortgeschrittenes Anfängertum	Anwenden von Fakten/kontextfreien Regeln in Situationen; Sammeln erster Erfahrungen	keine	keine, Nachahmung und Imitation	distanziert	Übergeneralisierung eigener Erfahrung bzw. gelernter Regeln
Kompetenz	Anwendung von Fakten und kontextfreien Regeln; Einbeziehung eigener Erfahrungen	bewußt gewählt	analytisch	distanziertes Verstehen u. Entscheiden; an Ergebnissen gefühlsmäßig beteiligt	Überschätzung eigener Fähigkeiten, erhöhte Unfallgefahr
Gewandtheit	Gestaltwahrnehmung, holistisches Erkennen von Ähnlichkeiten	implizit durch Erfahrung vorhanden	analytisch	teilnehmendes Verstehen; distanziertes Entscheiden	Tunnelperspektive
Expertentum	Gestaltwahrnehmung, holistisches Erkennen von Ähnlichkeiten	implizit durch Erfahrung vorhanden, in Körper integriert	intuitiv	gefühlsmäßig beteiligt, persönliche Verantwortung	Tunnelperspektive

Tab. 1: Modell zum Fertigkeitenerwerb

3.3 Didaktische Konzepte

3.3.1 Reflexives Praktikum

Wenn wir uns die fünf Stufen beim Erwerben von Fertigkeiten genauer anschauen, dann erkennen wir, daß in der traditionellen Lehr- und Unterrichtssituation die Stufen 1 bis 3 vorherrschen. Die Stufen 4 und 5 können oft aus zeitlichen Gründen innerhalb der Ausbildung nicht vermittelt werden. Außerdem sind sie derart mit „Graustufen" und Unsicherheiten versehen, daß sie – wenn überhaupt – aus dem eigentlichen Lehrprozeß ausgelagert und als Praktikum, Lehrjahre, Turnus oder anderes durchgeführt werden. Die dabei gewonnenen praktischen Erfahrungen sind wenig systematisiert und den Zufälligkeiten der Situation, der Lehrkompetenz der PraktikerInnen und der Eigeninitiative der Lernenden überlassen.

Für die Entwicklung eines Curriculums zur Ausbildung von PraktikerInnen und ExpertInnen sind also ganz besonders die Stufen 4 und 5 genauer anzusehen. Sie sind jene, die von ihrer Struktur her analytisch, also durch die Sprache, nicht so leicht zu erfassen sind. Der Erkenntnisprozeß, der auf einer durch Erfahrung gewonnenen Perspektive aufbaut, wird erst in letzter Zeit ausführlich untersucht. In seinen bahnbrechenden Studien zum Lehr- und Lernprozeß von Praktikern hat Schön gezeigt, daß es für einen aus der Praxis abgeleiteten Erkenntnisprozeß eine eigene fundamentale Struktur gibt (Schön 1983 und 1987). Diese „reflexive Konversation" mit einer einzigartigen Situation ähnelt sehr stark einem Designprozeß, wie er beispielsweise in den Meisterklassen der Kunstakademien zu finden ist. Es gibt keinen theoretischen Vortrag, sondern eine Art „reflexives Praktikum", in dem die ExpertInnen mit ihren StudentInnen einen Gestaltungsprozeß mit sechs zum Teil künstlerischen Elementen durchlaufen.

1) ExpertInnen kritisieren StudentInnen nur indirekt, indem sie das Problem mit ihnen gemeinsam (re)formulieren und damit die alte Sichtweise in einem neuen Blickwinkel erscheinen lassen. ExpertInnen sind nicht mehr LehrerInnen im traditionellen Sinne, sondern nehmen eher Funktionen eines „Coaches" oder Spielertrainers wahr, der mit den StudentInnen das Spiel probt.

2) Mit der gemeinsam vollzogenen Reformulierung werden neue Ansatzpunkte einer möglichen Veränderung der Situation, neue Angriffspunkte beziehungsweise neue Gesichtspunkte zur Aufmerksamkeit gebracht. Damit öffnet sich für die StudentInnen eine völlig neue Sichtweise der Situation, das Problem erscheint in einem ganz anderen Licht.

3) PraktikerInnen laden StudentInnen ein, sich in diese neue Situation hineinzubegeben, sie anzunehmen und sich mit ihr vertraut zu machen. Das schließt auch das Aufnehmen einer gewissen emotionalen Beziehung zur Situation ein.

4) Im nächsten Schritt führen ExpertInnen ein „lokales Experiment" durch. Sie versuchen zu „entdecken", welche Eigenschaften die neue Situation hat, wie sie auf ein Verändern gewisser Parameter reagiert.

5) Dieses Experimentieren führt zu neuen Gesichtspunkten, es werden neue Möglichkeiten und Konsequenzen entdeckt. Dabei wird nicht nach *trial and error* vorgegangen, sondern ExpertInnen versuchen, die Situation so zu modellieren, daß sie ihrer Vorstellung gefühlsmäßig entspricht, die Situation angenommen werden kann.

... the practitioner's move also produces unintended changes which give the situation new meanings. The situation talks back, the practitioner listens, and as he appreciates what he hears, he reframes the situation once again. (Schön 1983, S. 131f.)

6) Durch diesen spiralförmigen Prozeß der reflexiven Konversation mit der (neuen) Situation gewinnt das Problem einen anderen Charakter, wird vertraut und in seiner Einzigartigkeit verstanden. Schön bezeichnet diesen Prozeß als „reflection-in-action" (reflektierendes Handeln) (vgl. *Kapitel 2.2.3.2*, S. 63ff.).

3.3.2 Vom Lehrer zum Coach (Spielertrainer)

Da unser Wissen nicht vollständig und lückenlos begründbar ist, wäre es dem Lernprozeß äußerst abträglich, wenn jedem neuen Begriff, jeder neuen Handlung mit einer kritischen, distanzierten Haltung begegnet wird. StudentInnen müssen sich in die Situation „hineinbegeben", sie „annehmen". Nur so können sie eigene Erfahrungen sammeln, ihr Repertoire an Fallbeispielen aufbauen und Familienähnlichkeiten erkennen. Erst dann wird ein späteres „Aufbrechen" der Gestalt und ein Perspektivenwechsel sinnvoll möglich.

Heißt dies nun, daß die Autorität des Lehrers kritiklos hingenommen werden soll und muß? Sind wir dann nicht wieder bei der eingangs kritisierten Erscheinung (S. 46) angelangt, daß die wesentliche Leistung der (Fach-)Didaktik darin besteht, diesen Übertragungsprozeß zu optimieren, das Wissen „hinüber" zu bringen, den Schüler zu motivieren, das Wissen anzunehmen? Soll der Lehrer eine unnahbare Autorität darstellen, der wir im Interesse des Lernprozesses blind vertrauen müssen?

Tatsächlich vertreten wir die Auffassung, daß ohne eine gewisse Vertrauensbasis zwischen ExpertIn und StudentIn nichts vermittelt beziehungsweise gelernt werden kann. StudentInnen müssen zumindest zu Beginn davon ausgehen, daß sie von ExpertInnen etwas lernen können, auch wenn sie vorerst noch nicht alle Zusammenhänge verstehen. Ein sofortiges kritisches Hinterfragen käme einer destruktiven Analyse gleich und würde eine Gestaltwahrnehmung verunmöglichen.

Trotzdem ist die Lehrautorität nicht grenzenlos, bleibt nicht kritiklos und unhinterfragt. Im „reflexiven Praktikum" setzen sich ExpertInnnen der Kritik durch die Situation selbst aus. Sie nehmen nicht mehr die Rolle der uneingeschränkten Autorität ein, die sagt, wo es (im Idealfall, im prototypischen Beispiel) „lang geht", sondern sie machen es auch selbst (vor) und können scheitern, das heißt unerwünschte Konsequenzen erzielen (vgl. *Kapitel 3.3.3*, S. 89ff.). Der unnahbare Lehrer wird zum „angreifbaren" Coach (Spielertrainer), der selbst manchmal „daneben trifft". Der Unterschied zwischen Student und Coach besteht nicht darin, daß der Coach in jeder einzelnen Performance besser ist, sondern darin, daß der Trainer die implizite Integration, „the knack of it", dem Studenten voraus hat.

Wir stellen uns im fünfstufigen Modell zum Erwerb von Fertigkeiten das Verhältnis zwischen unkritischem Glauben und kritischem Hinterfragen als eine zweistufige Zick-Zack-Bewegung vor (vgl. *Abbildung 9*, S. 89): Am Anfang (Stufe 1) steht der naive Glauben. Als blutiger Anfänger versteht der Student weder die Sprache der Lehrerin, noch sieht er den Zusammenhang. In Stufe 2 werden die ersten eigenen Erfahrungen gemacht und mit der Lehrerin kommuniziert, die nun die Rolle eines beobachtenden Tutors einnimmt. In Stufe 3 werden rationale Entscheidungen getroffen, Alternativen abgewogen und verworfen. In dieser Stufe erreicht die Bedeutung diskursiver Symbolsysteme ihren Höhepunkt. Die kritische Diskussion soll helfen, die einzelnen gelernten Propositionen zu einem stabilen Netzwerk zu verknüpfen. In Stufe 4 erfolgt ein radikaler Wechsel der Bedeutung diskursiver Symbolsysteme. Der Tutor wird zum Coach und lädt den Studenten ein, einen bestimmten Standpunkt einzunehmen, sich in eine bestimmte Situation zu begeben. Kritisches Hinterfragen ist hier unangebracht, dem weiteren Lehr- und Lernprozeß hinderlich und kann sogar bisher Erreichtes zerstören. In zunehmendem Maße wird der Student jedoch eigene (alternative) Standpunkte vertreten, selbständig Situationen konstruieren und mit ihnen in einen Dialog treten. Es steigt damit wieder das Niveau der Kritikfähigkeit an. Jedoch ist es nun nicht die explizite (sprachliche) Kritik, die von Bedeutung ist, sondern die implizite (indirekte) Kritik einer alternativen Sicht- und Handlungsweise. Der Student ist selbst zum Experten geworden.

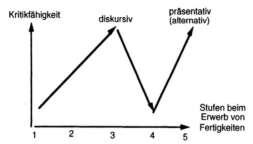

Abb. 9: Kritik und Vertrauen im Lehrer/Schülerverhältnis

3.3.3 Methodologie des Vor-Ort-Experiments

Der spiralförmige Prozeß des reflektierenden Handelns bringt eine Reihe von neuen methodologischen Problemen mit sich: Wie sollen die darin durchgeführten Experimente evaluiert werden? Was heißt „gefühlsmäßig entsprechen", was heißt „annehmen können"? Worin liegt die geforderte wissenschaftliche Objektivität?

PraktikerInnen bewerten das lokal durchgeführte Experiment nach pragmatischen Gesichtspunkten:

- Läßt sich das Problem in seiner neuen Formulierung lösen?
- Ist die mögliche Lösung mit anderen – aus der Erfahrung beziehungsweise von den Rahmenbedingungen her – kohärent?
- Entspricht die Lösung den fundamentalen Werten und Theorien, die die ExpertInnen persönlich vertreten?
- Eröffnen sich durch das Experiment neue Gesichtspunkte, bleibt die Situation in Bewegung und ist sie weiteren Experimenten zugänglich?

All diesen Punkten ist eine gewisse subjektive Komponente nicht abzusprechen. Und doch gründen sie sich in gewisser Weise fundamental auf die Erfahrung, auf das Werte- und Theoriesystem des Experten. Das Umgehen mit der Situation gründet sich nicht ausschließlich auf *objektives* Wissen, sondern stützt sich in erster Linie auf *persönliches* (Erfahrungs-) Wissen (vgl. S. 40ff.).

Wie können ExpertInnen die Situation als einzigartige ernstnehmen und trotzdem auf ihren Erfahrungen aufbauen? Die zentrale Vermutung ist, daß ExpertInnen gerade deswegen ExpertInnen sind, weil sie sich in ihrer langjährigen Praxis ein Reservoir von Fallbeispielen aufgebaut haben, das sie als *Ressource* für ihre Experimente heranziehen. Dieses Bemerken von Familienähnlichkeiten (Wittgenstein 1984b), das Sehen von Gemeinsamkeit trotz aller Unterschiedlichkeiten (*seeing-as*) vollzieht sich oft nicht bewußt und ist oft auch nicht sprachfähig.

Diese häufig als „Intuition" bezeichnete Fähigkeit von ExpertInnen ist nichts anderes als die unartikulierte Wahrnehmung von Ähnlichkeiten mit Abweichungen von früheren Fallbeispielen. Im lokalen Experiment testen PraktikerInnen, ob die Situation tatsächlich das hält, was sie vermuten.

Das von ExpertInnen durchgeführte Experiment widerspricht in vielen Punkten den traditionellen vom Positivismus geforderten Bedingungen eines wissenschaftlich „objektiven" Experiments (vgl. z.b. Popper 1959, 1965 und 1979):

- Es wird nicht wie bei einem kontrollierten Experiment eine systematische Variation eines Parameters vorgenommen, während alle anderen Parameter konstant gehalten werden. Meist ist dies in realen Situationen sowieso nicht möglich und nur durch künstliche Bedingungen im Laborexperiment teilweise erreichbar. PraktikerInnen aber haben es mit dem „wirklichen" Leben zu tun und können auf die von der Wissenschaft aufgestellten Normen keine Rücksicht nehmen.

- Die von der Wissenschaft geforderte distanzierte Objektivität wird von PraktikerInnen ebenfalls nicht eingehalten. Im Gegenteil: Sie suchen eine *Identifikation* mit der Situation, lassen sich in sie „hineinfallen", suchen Aspekte und Konsequenzen, die ihnen „gefallen" und die sie emotional annehmen können. Gerade um dies zu vermeiden, fordert das Modell der Technischen Rationalität die Trennung von Forschung und Praxis. Die Identifizierung mit der Situation wird als „unwissenschaftlich" abgetan. Nach diesem Modell aber wäre Handeln gar nicht möglich, da es sich auf reines Beobachten beziehungsweise auf das Variieren von Parametern beschränkt.

- PraktikerInnen führen statt sogenannter „kontrollierter" *explorative* Experimente durch. Sie versuchen herauszufinden, was wäre, wenn ... Exploratives Experimentieren hat den Charakter einer spielhaften Aktivität und läßt sich eher als Modellieren, Probieren und Gestalten bezeichnen. Es soll nicht – wie im traditionellen Experiment gefordert – eine Falsifizierung einer Hypothese erreicht werden, sondern ExpertInnen prüfen vielmehr, ob die Situation ihren Vermutungen, Annahmen und Hoffnungen entspricht. Sie versuchen nicht, eine bereits aufgestellte Hypothese zu verneinen, sondern im Gegenteil sie zu bejahen und dadurch zu neuen Ideen und Erkenntnissen zu gelangen. Dabei werden die Parameter so verändert, daß sie den Erwartungen entsprechen und zeigen, daß die Situation richtig eingeschätzt wurde.

Diese Vereinbarkeit der Ergebnisse eines lokalen Experiments ist als eine Logik der *Affirmation* (Bejahung) zu betrachten. Das heißt, daß die Ergebnisse des Experiments durchaus ambivalent interpretiert werden können. Es ist wichtig hervorzuheben, daß ein positives Ergebnis eines lokalen Experiments weder eine Merton'sche *self-fulfilling prophecy* (Merton 1973) noch eine Bestätigung oder Bekräftigung der zugrundeliegenden Theorie darstellt.

Die Affirmation im lokalen Experiment ist damit einer Falsifizierung im Popper'schen Sinne nicht ganz unähnlich. In der klassischen positivistischen Tradition kann eine Hypothese nur falsifiziert, nie aber bewiesen werden. Jede Hypothese, die einer Falsifizierung im klassischen Experiment widersteht, zeigt bloß einen größeren Widerstand gegen ihre Widerlegbarkeit als konkurrierende Hypothese. Es ist jedoch keineswegs auszuschließen, daß sie bereits im nächsten Experiment widerlegt wird. Genau in diesem Sinne ist das positive Ergebnis eines lokalen Experiments keine Bestätigung der Theorie. Allerdings eröffnet eine Bejahung der aufgestellten Hypothese die Perspektive für weiterführende Experimente, während eine Nicht-Falsifizierung nur bedeutet, daß unter den geprüften Umständen die Hypothese hält, und selten einen größeren erkenntnistheoretischen Fortschritt bringt.

3.3.4 Formen des lokalen Vor-Ort-Experiments

Auch ExpertInnen wissen zu Beginn nicht, ob sie ein geeignetes beziehungsweise lösbares Problem aus der Situation konstruiert haben. Sie lassen sich von einem vagen Gefühl einer intuitiven Ahnung leiten. Dabei handelt es sich um keinen mystischen Prozeß, keine hellseherische Vision, sondern um unaussprechbares, nicht formalisierbares unterstützendes Bewußtsein, wie wir es im *Kapitel 1.3, S. 30ff.*, bereits beschrieben haben. ExpertInnen versuchen, solche Probleme zu konstruieren,

- die sie sowohl verstehen als auch ändern können;
- die ihnen die weitere reflexive Konversation mit der Situation erlauben, also die „Befragung" offenlassen;
- die ihren unausgesprochenen Moral- und Wertvorstellungen entsprechen und
- die ein Höchstmaß an Kohärenz der verschiedenen Variablen versprechen.

Wir können vier Fälle des Vor-Ort-Experiments unterscheiden:
a) Überraschung/unerwünschter Effekt,
b) Überraschung/erwünschter oder neutraler Effekt,

c) keine Überraschung/erwünschter oder neutraler Effekt,
d) keine Überraschung/unerwünschter Effekt.

Besonders typisch für die Struktur des reflektierenden Handelns ist der erste Fall. Das lokale Experiment führt überraschenderweise zu negativen, unerwünschten Konsequenzen und leitet damit eine Lernsequenz ein: Die Expertin wird durch den unerwünschten Effekt gezwungen, die dahinterstehende Theorie zu reflektieren, neu zu strukturieren und neu (in einem weiteren lokalen Experiment) zu testen. Die Lernsequenz ist erst dann beendet, wenn ausgewiesen werden kann, daß die im lokalen Experiment auf der Grundlage der neuen Theorie bewußt herbeigeführten Veränderungen mit der Theorie vereinbar sind.

Im zweiten Fall wird die Erwartung der Expertin im Experiment zwar enttäuscht, doch werden die Ergebnisse durchaus positiv bewertet. Entsprechend der oben beschriebenen Logik der Affirmation ist die zugrundeliegende Theorie zwar widerlegt worden, doch ist das Experiment als gelungen anzusehen. Dieser Fall ist nicht zwingend mit einer Reflexion und daher Lernsequenz verbunden. Es ist durchaus möglich und kommt auch häufig vor, daß PraktikerInnen das positive Ergebnis erfreut hinnehmen, ohne über eine entsprechende theoretische Fundierung nachzudenken.

Der dritte Fall produziert das erhoffte und vorhergesehene Ergebnis. Hier gibt es den geringsten Anlaß zu einer theoretischen Reflexion. In der vierten Möglichkeit ist jedoch wiederum eine starke Motivation für eine Lernerfahrung vorhanden: Obwohl das Experiment zu den erwarteten Resultaten führt, kommt es daneben auch zu Konsequenzen, die nicht vorhergesehen wurden und auch nicht erwünscht sind. Damit wird eine Reflexion der zugrundeliegenden Theorie gefördert, weil sich die Frage stellt, wie diese unangenehmen Nebenerscheinungen – unter Beibehaltung der positiven Effekte – vermieden werden können.

Konsequenzen des Experiments im Verhältnis zur Intention	Bewertung der Konsequenzen, intendiert und nicht intendiert	Lernsequenz bzw. Reflexion der Theorie
Überraschung	nicht wünschenswert	motiviert
Überraschung	wünschenswert oder neutral	nicht motiviert
Keine Überraschung	wünschenswert oder neutral	nicht motiviert
Keine Überraschung	nicht wünschenswert	motiviert

Tab. 2: Motivation zu einer Lernsequenz

3.3.5 Doppelsicht und persönliche Erkenntnis

Von der positivistischen Wissenschaftstradition unterscheidet sich die Epistemologie der PraktikerInnen in zwei wesentlichen Punkten:
1) Es gibt keine Trennung von Ziel und Mittel. Statt ein vorgegebenes Ziel möglichst effektiv zu verfolgen und den dazwischenliegenden Prozeß bloß als eine technische Prozedur anzusehen, variieren ExpertInnen nicht nur die Mittel, sondern oft auch ihre Zielvorstellungen. Wenn sie nicht einer Tunnelperspektive unterliegen wollen, müssen sie sich und die Situation immer wieder zur grundsätzlichen Befragung der Ziele offenhalten. Donald Schön nennt dies eine Art Doppelsicht (*double vision*), die PraktikerInnen einnehmen müssen.

> He must act in accordance with the view he has adopted, but he must recognize that he can always break it open later, indeed, *must* break it open later in order to make new sense of his transaction with the situation. (Schön 1983, S. 164)

2) Es gibt keine Trennung von Forschung und Praxis, Erkenntnis und Handeln. Die Logik der Affirmation unterstützt das Eingreifen in die Situation. Veränderungen von Parametern und Variablen in lokalen Experimenten führen wiederum zu neuen Erkenntnissen. Die Objektivität des kontrollierten Experiments wird zugunsten der *persönlichen Erkenntnis* überwunden (vgl. S. 40ff.).

Obwohl das von ExpertInnen durchgeführte Experiment daher nicht den Anforderungen der wissenschaftlichen Objektivität entspricht, ist es in der Mehrheit der Fälle nicht nur erfolgreich, sondern sogar die einzig mögliche Vorgangsweise. PraktikerInnen werden gerade deswegen zu ExpertInnen, weil sie denen von der Wissenschaft geforderten methodologischen Anforderungen *nicht* genügen und stattdessen (meist unbewußt) einer anderen Epistemologie folgen. Schön schlägt daher vor, daß diese unterschiedliche Vorgangsweise nicht von vornherein abgelehnt werden darf, sondern daß sie in ihrer Eigenart und Struktur untersucht werden muß, um sie für den Lehr- und Lernprozeß nutzbar machen zu können.

3.3.6 Virtuelle Welten

In diesem Sinne haben ExpertInnen auch etwas mit KünstlerInnen zu tun. Einerseits gestalten sie Situationen und bedienen sich in ihren lokalen Experimenten besonderer Symbolsysteme. Andererseits ist ihre Expertise – ähnlich wie das Kunstwerk – nicht alleine durch rationale Argumentation erfaßbar beziehungsweise nachvollziehbar. Ästhetik ist nicht auf Wahrheit reduzierbar.

Die von GestalterInnen verwendeten Symbolsysteme (wie z.B. Schach-, Musiknotation, Architekturpläne, Piktogramme der Verkehrszeichen, aber selbstverständlich auch die natürliche Sprache) sind konstruierte (Re-)Präsentationen der Alltagswirklichkeit. Sie sind eine der wesentlichen Komponenten der artistischen Fertigkeit, die in der Modellierbarkeit und Manipulierbarkeit des Materials der Situation besteht. Diese nicht-diskursiven Repräsentationen (Präsentationen) sind einerseits ein *Medium* des reflektierenden Handelns, andererseits sind sie bereits die Handlung selbst – wie dies beispielsweise in der Sprache durch die Theorie der Sprechakte auch richtig konzipiert wird.

Veränderungen, die in der realen Welt sehr kostenintensiv sind, können in der modellierten Präsentation billiger und mit weniger Risiken ausgelotet werden (Modellbau, Computersimulation, Rollenspiel). Es gibt keine Investitionsstops, Streiks, Materialbruch oder andere Widrigkeiten der realen Welt. Eine Form kann betrachtet werden, ohne auf die Eigenschaften des Materials Rücksicht zu nehmen, aus dem sie in der Alltagswelt produziert werden muß.

Um die Gestaltung des Materials der Situation durchführen zu können, brauchen Designer gewisse Kompetenzen und Kenntnisse. Sie müssen lernen, mit dem Medium umzugehen, und müssen seine Symbolsprache und das Notationssystem verstehen. Die Repräsentation ist ein Hilfsmittel, um die Situation deutlicher sehen und besser verstehen zu können.

Die dazwischengeschalteten Symbolsysteme fungieren gerade deshalb als eine heuristische Modellierung, weil sie von gewissen Elementen der Alltagswirklichkeit abstrahieren, weil sie vereinfachen. Durch die leichte und andauernde Möglichkeit der Modellierung können Prozesse genauer untersucht, ihr Ablauf verlangsamt und unter kontrollierten Randbedingungen immer wieder untersucht werden. Besonders die Verlangsamung des Prozesses kann zu neuen Erkenntnissen führen, die im Alltag „übersehen" werden, weil sie ineinander übergehen und nicht analytisch getrennt werden können. Die Gültigkeit des Transfers von virtueller Welt zur Alltagswelt hängt von der Zuverlässigkeit der Übereinstimmung, des *mappings* der einzelnen Elemente ab. Dementsprechend hat auch das Symbolsystem seine Begrenzungen und Eigenheiten, die berücksichtigt werden müssen.

Das Lernen der Bedeutung, die geübte Handhabung von Symbolsystemen und ihr gelungener Transfer in die Alltagswirklichkeit bedeuten natürlich noch lange nicht, daß die entsprechende Fertigkeit – die durch das Symbolsystem nur (re)präsentiert wird – auch tatsächlich beherrscht wird. Eine Schachnotation oder Partitur lesen zu können, heißt noch lange nicht, auch Schach spielen oder musizieren zu können. Gerade im Übergang von der Stufe der Kompetenz zu Gewandtheit und Expertentum können Symbolsysteme eine wesentliche Erleichterung darstellen, indem sie sich auf die wesentlichen Elemente des Lernprozesses konzentrieren, beliebig wiederholbar sind und durch zeitliche Verzögerungen und Detailanalysen eine Lupenfunktion ausüben können.

3.4 Ein heuristisches Lernmodell

Zusmmenfassend möchten wir den prozeßhaften Charakter des Lernens vom Neuling zum Experten in einem Modell zusammenfassen. Die Idee eines dreidimensionalen Würfelmodells lehnt sich an Guilford (1967, zit. nach Eysenck 1979) an, der dieses Modell für die Intelligenzmessung eingeführt hat. Das Ziel einer solchen dreidimensionalen Modellierung ist es, rein hierarchische und monokausale Modelle zu überwinden. In einem Würfelmodell sollen verschiedene Faktoren gleichrangig behandelt werden. Ein Würfel läßt sich aus verschiedenen Blickpunkten betrachten, drehen und wenden. Je nach dem Standpunkt und der Blickrichtung (der Fragestellung) erscheinen die Zusammenhänge in anderen Verbindungen. Der dynamische Charakter des Lernprozesses läßt sich so behelfsmäßig auf Papier übertragen.

Wichtig ist es jedoch, das Würfelmodell nicht als Entscheidungs- oder gar Vorgehensmodell anzusehen. Wir verstehen es vielmehr als ein heuristisches Modell, d.h. als eine Hilfe, die verschiedenen Variablen möglichst ungebunden betrachten zu können. In unserem Vorschlag sind es die für den Lernprozeß unserer Meinung nach wichtigen Variablen des Lernzieles, des Lerninhaltes und der Lehrstrategie. Wir gehen davon aus, daß für jedes konkrete Design eines Aus- oder Weiterbildungsprozesses zumindest diese drei Variablen betrachtet werden müssen:

- Was will ich vermitteln?
- Auf welcher Stufe der Fertigkeiten?
- Mit welcher Lehrstrategie?

Selbstverständlich sind die drei von uns ausgewählten Variablen selbst wiederum Kürzel beziehungsweise Kombinationen anderer Faktoren: So sind sie abhängig vom jeweils zu vermittelnden Fachgebiet, von den zur Verfügung stehenden Ressourcen (Zeit, Raum und Geld), der Motivation der Lernenden und so weiter. Wir haben jedoch diese drei Variablen ausgewählt, um einerseits die Komplexität des Lernprozesses zu reduzieren, anderseits aber weil wir glauben, daß damit der Blick auf die enormen Gestaltungsspielräume des Lehr- und Lernprozesses gelenkt wird. In unserem Würfelmodell werden die Grenzen der einzelnen Zellen (Kategorien) durch Linien repräsentiert. Das ist ein Mangel der Darstellung, da sich mit fließenden Übergängen oder Punktwolken die Zusammenhänge und die Dynamik adäquater ausdrücken ließen. Hier müssen wir jedoch den beschränkten Möglichkeiten der grafischen Repräsentation Tribut zollen.

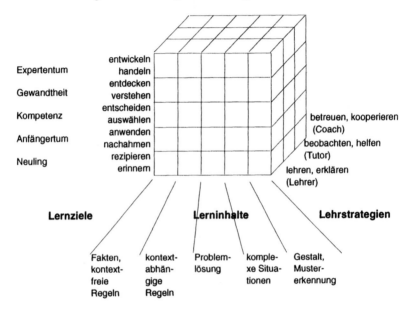

Abb. 10: Ein heuristisches Lernmodell

Das Würfelmodell vermittelt einen hierarchischen Aufbau der verschiedenen Variablen. Traditionell werden in der Pädagogik hierarchisierende Modelle sehr kritisch beurteilt. Wir halten jedoch den hierarchischen Aufbau des Lernmodells durchaus für wünschenswert, weil wir uns Polanyis Theorie der ontologischen Schichtung (Polanyi 1962, 1969, 1973 und 1985) anschließen, die vom Universum ein schichtenförmiges Modell entwickelt. Danach besteht unsere Welt aus verschiedenen Realitätsebenen (Schichten), die sich jeweils paarweise zueinander als „obere" und „untere" Ebene sinnvoll strukturieren lassen:

- Die „obere" Schicht stützt sich auf die Gesetzmäßigkeiten, die die „untere" Ebene regulieren. Das heißt, daß jene Prinzipien, die den Zusammenhang einer komplexen Einheit regeln, sich auf diejenigen Gesetze stützen müssen, die bereits für die einzelnen Merkmale gelten.

• Gleichzeitig lassen sich aber die Operationsprinzipien der „oberen" Ebene nicht aus den Gesetzen der „unteren" Ebene ableiten beziehungsweise erklären. Die Gesetzmäßigkeiten, die die einzelnen Elemente regulieren, können niemals von sich aus Aufschluß über die Operationsprinzipien der von ihnen gebildeten „höheren" Entität liefern.

Wasser beispielsweise als die „obere" Ebene setzt sich aus H_2O-Molekülen zusammen. Die Eigenschaft des Wassers, flüssig zu sein, stützt sich auf die Eigenschaft der Moleküle, läßt sich jedoch nicht auf der „unteren" Ebene wiederfinden. Es ist nicht möglich, auf ein einzelnes Molekül zu zeigen und es als „naß" oder „flüssig" zu bezeichnen. „Flüssigkeit" ist eine emergente Eigenschaft der Organisation von Molekülen. Jedes Struktur- oder Organisationsprinzip wird zwar aus einzelnen Elementen gebildet, doch läßt es sich darauf nicht zurückführen. Ein bestimmtes Organisationsprinzip wird durch die Elemente der „unteren" Ebene ermöglicht, aber nicht determiniert.

Wir können dieses Prinzip der hierarchischen Ebenen in der Natur überall beobachten, es ist allgegenwärtig. Sei es die Herausbildung einer Hierarchie der menschlichen Fertigkeiten vom Embryo zum Erwachsenen (Ontogonese), oder in den Lebensformen vom Prozeß der Morphogenese, über Embryologie, Physiologie, Psychologie zur Soziologie, sei es beim Halten einer Rede die Stimme (die Stimmbänder), die Wörter, die Sätze, der Stil, die literarische Komposition oder bei einer Maschine die (Atom-, Molekular-)Physik, Chemie, Mechanik ...; immer stehen die Prinzipien einer Ebene unter der Aufsicht der nächsthöheren Ebene, ohne daß die obere Ebene direkt auf die untere Ebene „durch"greift. Für Polanyi zeigt sich hier ein Prinzip der doppelten Kontrolle: Jede Ebene unterliegt erstens jenen Gesetzen, die für ihre eigenen Elemente gelten und untersteht zweitens der Kontrolle jener Gesetze, denen die aus ihren Elementen gebildete höhere komplexere Ebene unterworfen ist.

In diesem Zusammenspiel der Gesetzmäßigkeiten von einfacheren und komplexeren Ebenen entwickelt Polanyi das Prinzip der marginalen Kontrolle. Er meint damit, daß die obere Ebene die Rand- oder Grenzbedingungen der unteren Ebene festlegt, ohne sie jedoch zu determinieren. Gleichzeitig legt aber umgekehrt die untere Ebene der komplexeren Ebene Restriktionen auf, die diese höhere Ebene befolgen muß. So ergibt sich aus der evolutionären Entwicklung unseres Stimmapparates die Möglichkeit, gewisse Laute bilden zu können, andere jedoch nicht. Dadurch wird eine freie Kombination von Lauten zu Wörtern ermöglicht, die erst auf der oberen Ebene, in diesem Fall durch das Vokabular einer Sprache, geregelt d.h. beschränkt wird. In gewisser Weise kontrolliert daher die obere Ebene die indeterminiert gebliebenen Ränder der unteren Ebene, muß sich aber gleichzeitig auf die Realisierung der unteren Ebene stützen. (So sind z.B. keine Vokabeln möglich, die aus Lauten bestehen, die der menschliche Stimmapparat nicht bilden kann.)

Für unseren Zusammenhang bedeutet dies, daß es auch im Lernprozeß verschiedene Komplexitätsstufen gibt, die wir uns hierarchisch geordnet oder – wem das lieber ist – schichtenförmig vorstellen können. Weil aber die Eigenschaften der „oberen" Ebene nicht durch die Gesetzmäßigkeiten der „unteren" determiniert sind, bedeutet die Theorie der ontologischen Schichten keineswegs ein starres Lernmodell, das Stufe für Stufe durchlaufen werden muß.

Zur Veranschaulichung ein konkretes Beispiel: In den Pionierzeiten der Computereinführung hielten wir mit einem Kollegen der Technischen Universität Wien einen Einführungskurs. Eine/r der TeilnehmerInnen fragte uns dabei, warum das rote Lämpchen oberhalb des Diskettenlaufwerks manchmal aufleuchtet. Bevor wir noch zu einem Erklärungsversuch, der auf einer recht „hohen" Ebene angesiedelt war, ansetzen konnten (Bedeutung = Funktionsweise aus der Sicht des Benutzers: Das Leuchtsignal symbolisiert den gerade aktiven Diskettenzugriff), eilte unser Kollege zur Tafel und zeichnete einen Schaltplan auf (Bedeutung = Funktionsweise aus der Sicht physikalischer Gesetzmäßigkeiten: Das Leuchtsignal wird durch eine ganz bestimmte Transistorschaltung verursacht).

Dieses Beispiel zeigt auch auf, daß in der Unterscheidung verschiedener Ebenen keine immanente Bewertung liegt (deshalb auch die Anführungszeichen für „obere" und „untere" Ebene). Obwohl in diesem konkreten Fall wahrscheinlich unser Erklärungsversuch der adäquatere gewesen wäre, so sind natürlich leicht Situationen vorzustellen, wo es genau umgekehrt wäre. Von einem gewissen Standpunkt war der Erklärungsversuch unseres Kollegen sogar die gründlichere, umfassendere Sichtweise, haben sich doch die Entwickler der Computer dieser physikalischen Gesetzmäßigkeiten nur bedient. „Oben" und „unten" ist also in wissenschaftlichen Fragestellungen entsprechend dem gerade akuten Interesse relativ anzusehen. Trotzdem bleiben aber die Zusammenhänge zweier Ebenen, zwischen unten und oben weiterhin bestehen.

Die Grafik (vgl. S. 96) bedeutet also keineswegs, daß ein bestimmter hierarchischer Aufbau von einer Würfelzelle zu einer anderen immer in der gleichen Weise und Reihenfolge durchlaufen werden muß. Das Würfelmodell besagt vielmehr, daß es verschiedene gleichrangige Faktoren gibt (und zwar genau drei, was durch die drei räumlichen Dimensionen dargestellt wird), die als sogenannte Metakriterien für die Evaluation herangezogen werden müssen. Konkret bedeutet das, daß pädagogisches Lehrmaterial (wie z.b. Bücher, Bildungssoftware usw.) sinnvoll nur auf derselben Zellenebene verglichen werden kann.

Gleichzeitig öffnet das Würfelmodell über die Betrachtung der einzelnen Zellenebene hinaus einen holistischen Blick auf die gesamte Würfelform. Der Würfel ist daher nicht als starres Raster zu sehen, sondern vielmehr als eine Orientierungshilfe, auf deren Grundlage es möglich wird, Kriterien für den Lernprozeß zu gewinnen und – wie wir später noch sehen werden – auch zur Bewertung von Bildungssoftware. So macht es unserer Meinung nach keinen Sinn, ein einfaches Präsentationsprogramm (Vermittlung von Faktenwissen, „know that") wegen des Fehlens von komplexen Simulationen und Interaktionen zu kritisieren. Sicherlich sind die komlexeren „höheren" Ebenen des Würfelmodells sowohl auf pädagogischem, didaktischem als auch auf programmtechnischem (informationstechnologischem) Gebiet weit interessanter. Wir dürfen jedoch nicht vergessen, daß dieses akademische Interesse keinesweg die Mehrheit alltäglicher Situationen befriedigt (z.b. brauchen wir nach wie vor zur Bewältigung des Alltags einfach repräsentiertes Faktenwissen (Zugfahrpläne, Telefonbücher, Lexika).

3.5 Lernparadigmen

Wir haben gesehen, daß Personen, die als ExpertInnen gelten, eine ganze Palette verschiedener Wissensarten und Fertigkeiten benötigen. Diese Qualifikationen sind selbstverständlich nicht urplötzlich da, sondern müssen mühevoll und schrittweise erworben werden. Je nachdem, wie dieser Lernprozeß konzeptualisiert wird, d.h. welche theoretischen Annahmen ihm zugrunde gelegt werden, lassen sich verschiedene Lernparadigmen unterscheiden. Wir wollen nun überblicksmäßig diese verschiedenen Lernparadigmen im Vergleich darstellen.

Unter Paradigma wollen wir ein historisch gewachsenes relativ geschlossenes theoretisches Gebäude verstehen. Ein Paradigma stellt daher eine ganz bestimmte Sichtweise dar. Dementprechend ist ein Lernparadigma eine spezifische Sichtweise, wie Lernen zu verstehen ist, nach welchen Gesetzmäßigkeiten es funktioniert, wie es stattfindet und unterstutzt werden kann. Charakteristisch für verschiedene (Lern)Paradigmen ist es, daß sie zwar von denselben – oder zumindest ähnlichen – Daten ausgehen, sie aber anders strukturieren, d.h. interpretieren. Der Übergang von einem theoretischen Gebäude zu einem anderen, ein sogenannter Paradigmenwechsel – wie es der amerikanische Wissenschaftstheoretiker Thomas Kuhn nennt (v.a. Kuhn 1970, aber auch 1959 und 1977) – wird nicht in erster Linie durch das Entdecken neuer Fakten hervorgerufen (obwohl im Vorfeld auch dies meistens der Fall ist), sondern dadurch, daß alte, bereits seit längerem bekannte Daten nun in einem komplett neuen Zusammenhang interpretiert werden. Diese neue Sichtweise gibt alten Fakten einen neuen Stellenwert im (neuen) theoretischen Gebäude und führt auch zu neuen Forschungsfragen.

Die Theorie revolutionärer Veränderungen im Wissenschaftsgefüge steht im starken Widerspruch zur tradtionellen wissenschaftstheoretischen Auffassung des Positivismus (z.B. Popper 1965). Diese geht von einer relativ kontinuierlichen Entwicklung der Wissenschaft aus, die zwar die „reine" oder „objektive" Wahrheit nie vollständig erreicht, sich dieser aber mit ständigem Wachstum des wissenschaftlich fundierten Wissens quasi asymptotisch annähert.

Wir möchten in diesem Buch drei große lerntheoretische Ansätze unterscheiden, die nicht nur in den Erziehungswissenschaften, sondern auch in der Philosophie wie auch in der wissenschaftlichen Forschung ganz allgemein ihre Bedeutung haben. Gleichzeitig repräsentieren diese drei ausgewählten Sichtweisen die wichtigsten erkenntnistheoretischen Ansätze unseres Jahrhunderts: Behaviorismus, Kognitivismus und Konstruktivismus. Als zentrale Vergleichskategorien, die die paradigmatischen Unterschiede deutlich machen sollen, haben wir das in diesen drei Ansätzen implizierte Lernmodell herangezogen. In allen drei Fällen beruht es auf einer ganz bestimmten Vorstellung von der Arbeits- und Funktionsweise des menschlichen Hirns. Von dieser zentralen Annahme haben wir dann die Konsequenzen für andere Dimensionen, wie Lehrstrategie und Lernziele, dargelegt.

Auch wir vertreten in diesem Buch nicht nur ein ganz bestimmtes Lernparadigma, sondern unsere Darstellung in den ersten zwei Kapiteln hatte bereits implizit diese Sichtweise – in unserem Fall der Konstruktivismus – als Grundlage. Wir möchten hier nun unsere Auffassung im Vergleich mit den anderen Lernparadigmen explizit darstellen.

3.5.1 Behaviorismus

3.5.1.1 Theorie und zentrale Hypothese

Wir müssen zuerst einmal zwischen methodologischem und logischem Behaviorismus unterscheiden. Methodologischer Behaviorismus ist hauptsächlich eine Methode, den menschlichen Geist zu untersuchen. Was Geist wirklich ist, wie er funktioniert und aus welchen analytisch unterscheidbaren Teilen er besteht, diese Frage ist nicht Gegenstand des methodologischen Behaviorismus, sondern der Philosophie. Etwas vereinfacht ausgedrückt lautet das Credo des methodologischen Behaviorismus: „Überlassen wir die philosophischen Fragestellungen den Philosophen, wir kümmern uns um den menschlichen Geist als Verhalten. Die [behavioristische] Psychologie ist die Wissenschaft vom geistigen Verhalten." (vgl. z.b. die Arbeiten von Watson 1930 und Skinner 1938, 1953, 1957, 1968, 1986).

Logischer Behaviorismus hingegen versucht, eine wissenschaftliche Erklärung der Welt und damit auch des menschlichen Geistes zu geben und ist eng mit dem logischen Positivismus verknüpft. Eine seiner Hauptaussagen ist, daß die Verifikation von Sätzen nur durch die externe Beobachtung des Verhaltens möglich ist. Mit diesem Ansatz werden vor allem die Namen Hempel und Gilbert Ryle in Verbindung gebracht (Ryle 1969). Im folgenden betrachten wir hauptsächlich den methodologischen Behaviorismus näher.

Behavioristische Lehrstrategien gehen davon aus, daß wir Lehrende wissen, was die Lernenden zu lernen haben: Lernen wird als konditionierter Reflex gesehen, der durch Adaption erworben wird. Wir müssen daher den StudentInnen „nur" den geeigneten Stimulus präsentieren, um ein bestimmtes Verhalten hervorzurufen. Die theoretischen und didaktischen Schwierigkeiten bestehen vor allem darin, diese geeigneten Stimuli zu erforschen und sie mit adäquatem Feedback zu unterstützen, um die richtigen Verhaltensweisen zu verstärken.

Der Behaviorismus ist nicht an den im Gehirn ablaufenden spezifischen Prozessen interessiert. Das Gehirn wird als *black box* aufgefaßt, die einen Input (Reiz) erhält und darauf deterministisch reagiert. Das Modell dieser Lerntheorie ist das Gehirn als passiver Behälter, der gefüllt werden muß. Der Behaviorismus ist nicht an bewußten (kognitiven) Steuerungsprozessen, sondern vor allem an Verhaltenssteuerung interessiert.

Der Behaviorismus ist heute stark in Mißkredit geraten, und kaum jemand hängt dieser Theorie explizit an. Das Reiz-Reaktions-Schema scheint für den komplexen menschlichen Lernprozeß viel zu einfach zu sein. Wir

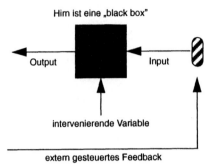

Abb. 11: Lernmodell des Behaviorismus (schematisch)

möchten hier jedoch im Hinblick auf den für Experten notwendigen Lernprozeß festhalten, daß der Behaviorismus in einem kleinen, begrenzten Bereich große Erfolge erzielt hat – andernfalls wäre es nicht zu verstehen, wieso er sich so lange als herrschende Wissenschaftsauffassung halten hätte können. Wir meinen hier das Trainieren von körperlichen Fertigkeiten.

Zwar ging das Üben von körperlichen Verhaltensweisen oder Fähigkeiten mit der theoretischen Negation geistiger Prozesse vor sich, doch gelang es behavioristischen Lerntheoretikern, „spontane" Verhaltensreaktionen anzuerziehen. Typische Beispiele sind die nach dem Drill & Practice-Muster konzipierten Sprachlabors: Es wird so lange geübt, bis auf einen bestimmten Stimulus quasi automatisch ein bestimmter Response erfolgt. Andere Beispiele solcher „hirnloser" Übungsmethoden sind die Fingerübungen beim Lernen von Maschinschreiben, Klavierspielen, Jonglieren.

Wir erwähnen bewußt solche – für die pädagogische Lerntheorie – triviale Tätigkeiten, weil wir der Auffassung sind, daß sie ein bestimmtes Spektrum von Fähigkeiten abdecken, die heute meistens unberücksichtigt bleiben: die automatische, scheinbar gedankenlose Ausübung einer Fertigkeit. Im Unterschied zu den Behavioristen meinen wir jedoch, daß diese spezialisierten Fähigkeiten nicht nur einen hohen Grad an kognitiver Tätigkeit voraussetzen, sondern überhaupt erst auf einer bestimmten kognitiven Lernstufe sinnvoll geübt werden können.

3.5.1.2 Kritiken

- „Qualia": Der Behaviorismus vernachlässigt die sogenannten „Qualia" des menschlichen Geistes. Gemeint sind damit die Qualitäten von

Geisteszuständen, also *wie* sich eine Wahrnehmung, eine Handlung ... anfühlt. Ein geistiger Zustand besteht nicht aus bloßem Verhalten. Der Behaviorismus kann nicht beantworten, wie es sich beispielsweise anfühlt, sich zu schämen. Beschämtsein muß sich nicht darin ausdrücken, daß jemand errötet.

- *Super-Schauspieler:* Wir können uns vorstellen, daß mit ein und demselben geistigen Zustand verschiedene Verhaltensweisen verbunden sind. Um einem Publikum Scham zu signalisieren, wird ein guter Schauspieler in seiner Darbietung erröten. Auf der anderen Seite gibt es Menschen, die darin geübt sind, ihre Gefühle nicht zu zeigen.

- *Zirkularität:* Um beispielsweise das aus einem Wunsch resultierende Verhalten zu erklären, müssen wir voraussetzen, daß etwas Bestimmtes geglaubt wird. „Glauben" ist aber selbst wiederum ein geistiger Zustand. Geistige Zustände sind miteinander verbunden, ein einzelner Zustand läßt sich nicht alleine analysieren.

- *Kausalität:* Verhalten läßt sich nicht auf geistige Zustände reduzieren. Geistige Zustände verursachen ein Verhalten und bestehen selbst nicht wiederum aus geistigen Zuständen. Schmerz verursacht einen Schrei, der Schrei ist nicht der Schmerz selbst.

- *Fehlende Erklärungskraft:* Um einigen dieser Schwierigkeiten zu begegnen, wurde im Behaviorismus der Begriff der Dispositionen (Neigungen) eingeführt: Zucker neigt dazu, sich in Wasser aufzulösen, Glas neigt zum Zerbrechen. Diese Erklärung funktioniert nun zwar unter physikalischen Bedingungen. Bis heute hat aber niemand die Natur von geistigen Neigungen erklären können, ohne wieder auf geistige Zustände rekurrieren zu müssen.

3.5.2 Kognitivismus

3.5.2.1 Theorie und zentrale Hypothese

Das moderne und heute wahrscheinlich dominante Paradigma des Kognitivismus betont im Gegensatz zum Behaviorismus die inneren Prozesse des menschlichen Hirns und versucht, die verschiedenen Prozesse zu unterscheiden, zu untersuchen und miteinander in ihrer jeweiligen Funktion in Beziehung zu setzen. Für den Kognitivismus ist das menschliche Hirn keine *black-box* mehr, bei der nur Input und Ouput interessieren, sondern es wird versucht, für die dazwischenliegenden geistigen Prozesse ein theoretisches Modell zu entwickeln.

Es gibt wiederum eine ganze Reihe unterschiedlicher Ausprägungen des Kognitivismus, auf die wir hier nicht näher eingehen können. Grob gesagt ist ihnen jedoch allen gemeinsam, daß der Prozeß des menschlichen Denkens im Wesen ein Prozeß der Informationsverarbeitung ist. Auf dieser sehr abstrakten Ebene sind menschliches Hirn und Computer äquivalent: Beide sind Geräte zur Informationsverarbeitung. Daher rührt die enge Beziehung zwischen Kognitivismus und dem Forschungsprogramm der Künstlichen Intelligenz.

Je nachdem, wie stark diese Annahme vertreten wird, können wir nach Searle „starke" und „schwache" Künstliche Intelligenz (KI) unterscheiden (Searle 1986). Vertreter der „starken" KI wie Herbert Simon (1969) und Marvin Minsky (1985) gehen davon aus, daß es sich bei dieser Analogie zwischen Hirn und Computer nicht bloß um eine methodologische Vorgangsweise handelt, sondern daß diese Analogie substantiell und wörtlich zu nehmen ist. Unsere Aufgabe ist es demnach, das Programm des menschlichen Geistes zu entdecken. Die Experimente der KI geben uns dazu wichtige Hinweise. Die andere, weit „schwächere" Vorstellung läßt sich auf diese Debatte nicht ein und geht vielmehr davon aus, daß die Analogie der Informationsverarbeitung in erster Linie als eine heuristische Forschungsannahme zu dienen hat. In unserer Definition gehört auch der Konnektionismus (vgl. Rumelhart/McClelland 1986), der sich mit der Informationsverarbeitung in neuronalen Netzen beschäftigt, zum Kognitivismus.

Obwohl sich alle Kognitivisten einig sind, daß wir die inneren Prozesse des menschlichen Hirns zu studieren haben, stehen sie vor dem Problem, daß niemand in der Lage ist, den Informationsfluß im Hirn direkt zu beobachten. Selbst wenn wir in der Lage wären und es moralisch vertretbar wäre, menschliche Hirne zu öffnen, könnten wir aus der hochkomplexen und verteilten Neuronenaktivität nicht viel entnehmen. So müssen die Kognitivisten „leider" – wie alle anderen Psychologen auch – ihre Schlüsse aus indirekter Evidenz ziehen. Eine der wichtigsten Methoden dabei ist es, adäquate Wissensrepräsentationen und Algorithmen zu finden, mit denen die Eigenheiten menschlicher Denkprozesse, wie erinnern, vergessen, lernen und so weiter, erklärt werden können. Ein geeignetes Medium für die Untersuchung und Beforschung dieser Repräsentationsstrukturen ist wiederum der Computer, was – neben der „harten" KI – ein weiterer Grund dafür ist, daß die kognitivistischen Ansätze eng mit dem Computer verbunden sind. Wenn sich ein Computerprogramm wie ein Mensch verhält, d.h. wenn es ähnliche Zeitunterschiede bei der Lösung verschieden schwieriger Aufgaben aufweist oder dieselben Fehler wie ein Mensch

macht, so zählt dies als Evidenz dafür, daß die angenommene Wissensrepräsentation psychologisch real sein könnte.

Im Gegensatz zum Behaviorismus wird das menschliche Hirn nicht
mehr als bloß passiver Behälter gesehen, sondern es wird ihm eine eigene
Verarbeitungs- und Transformationskapazität zugestanden. Die Sichtweise des Hirns als ein informationsverarbeitendes Gerät, in etwa wie es
der Computer ist, wird als wichtige heuristische Metapher betrachtet. Individuellen Unterschieden in der Ausübung gewisser Funktionen wird
weit weniger Bedeutung zugemessen, als es im Behaviorismus der Fall ist.

Das typische Paradigma dieses Ansatzes ist das der Problemlösung: Es
geht nicht mehr darum, auf gewisse Stimuli die (einzig) richtige Antwort
zu produzieren, sondern weit allgemeiner darum, richtige Methoden und
Verfahren zur Problemlösung zu lernen, deren Anwendung dann erst die
(eine oder mehreren) richtigen Antworten ergeben. Aus der Sichtweise vernetzter Systeme geht es auch nicht mehr darum, die eine richtige Antwort
im Sinne einer Maximierung zu finden, sondern es können vielmehr verschiedene Verfahren zu optimalen Ergebnissen führen.

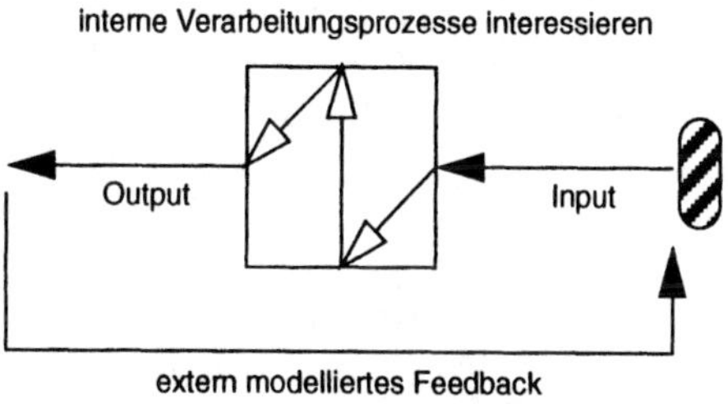

interne Verarbeitungsprozesse interessieren

Abb. 12: Lernmodell des Kognitivismus (schematisch)

Neben den nachfolgenden traditionellen Kritiken möchten wir hier vor allem die relativ geringe Rolle des Körpers im kognitivistischen Paradigma
betonen. Historisch als Gegenreaktion zum Behaviorismus entstanden,
scheint uns hier eine gewisse Überreaktion stattgefunden zu haben: So wie
der Behaviorismus das körperliche Verhalten überbetont, so findet im Kognitivismus unserer Aufassung nach eine zu starke Konzentration auf geistige Verarbeitungsprozesse statt. Aus diesem Grund tun sich die Kognitivisten auch schwer, körperliche Fertigkeiten und Fähigkeiten zu erklären
beziehungsweise zu simulieren. So ist es doch bezeichnend, daß es zwar
sehr gute Schachcomputer oder Elektronen„gehirne" überhaupt gibt, aber
Roboter beim für Menschen einfachen Prozeß des Gehens immer noch
größte Probleme haben.

3.5.2.2 Kritiken

- „Qualia": Ähnlich wie beim Behaviorismus wird von einigen Philosophen argumentiert, daß der Kognitivismus die Qualität menschlicher Geisteszustände, das Bewußtsein unberücksichtigt läßt.
- Irrelevanz: Es ist möglich, beliebige Systeme unter dem Gesichtspunkt der Informationsverarbeitung zu untersuchen. So verarbeitet ein Bach, wenn er einen Hügel hinunterfließt, in gewisser Weise Informationen beispielsweise über den Grad der Steilheit des Hügels. Was ist an dieser Informationsverarbeitung aber psychologisch relevant? Selbst die immer wieder zitierten Zeitmessungen, die Hinweise auf die Adäquatheit computer-modellierter Wissensrepräsentationen im Vergleich zu menschlichen Denkprozessen geben sollen, sind nur gewagte indirekte Schlüsse, die immanent noch keineswegs auch tatsächliche psychologische Bedeutung haben müssen.
- Individualismus: Der Kognitivismus untersucht den individuellen menschlichen Geist. Es gibt aber in den Sozialwissenschaften (vgl. v.a. die Arbeiten von George Herbert Mead (1934) und der darauf basierenden Schule des symbolischen Interaktionismus) den Ansatz, daß sich Geist nicht als eine Substanz in einem menschlichen Hirn lokalisieren läßt, sondern als eine Beziehung von Menschen zur Welt beziehungsweise zu anderen Menschen zu sehen ist. Geistige Prozesse sind ohne soziale Kommunikation weder wahrnehmbar noch können sie sich ohne diese soziale Kommunikation in der biologischen Evolution entwickeln (vgl. Wygotski 1988). Möglicherweise kann hier der neue Konnektionismus mit dem Begriff des „sozial verteilten Geistes" neue Einsichten liefern, bisher ist jedoch die Ausrichtung des Kognitivismus eindeutig individualistisch.
- Propositionalität: Es gibt zunehmende philosophische Bedenken darüber, ob sich alles Wissen (besonders jenes, das sich sprachlich nicht ausformulieren läßt, sondern sich in körperlichen Fertigkeiten und Fähigkeiten zeigt) repräsentieren, vor allem propositional repräsentieren läßt (Searle 1983, Dreyfus 1985, Dreyfus/Dreyfus 1987, Wittgenstein 1984a). Diese Kritik haben wir ausführlich bereits in Kapitel 1.3, S. 30ff. geführt.
- Repräsentation: Kognitivismus ist an den Repräsentationalismus mit allen dazugehörigen Begriffen wie propositionaler Gehalt, logische Beziehungen, Wahrheitsbedingungen, Ausrichtungen und so weiter gebunden (Searle 1983, S. 156). Repräsentationen bilden in einem gewissen Sinn eine objektive Wirklichkeit ab, selbst wenn diese Spiege-

lungen ihren eigenen, im Begriff der „mentalen Modelle" erfaßten Gesetzen folgen (vgl. *Kapitel 5.2.2.1*, S. 147ff.). Das ist die Hauptkritik am Kognitivismus aus konstruktivistischer Sicht.

3.5.3 Konstruktivismus

3.5.3.1 *Theorie und zentrale Hypothese*

Der Konstruktivismus lehnt die Gültigkeit einer sogenannten „objektiven" Beschreibung oder Erklärung der Realität ab. Um keine Mißverständnisse aufkommen zu lassen: Die Konzeption einer außerhalb unseres Geistes existierenden Realität „da draußen" wird nicht verneint, sondern nur, daß diese Realität unabhängig, d.h. objektiv wahrgenommen werden kann. Realität wird als eine interaktive Konzeption verstanden, in der Beobachter und Beobachtetes gegenseitig und strukturell miteinander gekoppelt sind.

Die konstruktivistische Idee entstand nach dem Zweiten Weltkrieg in den USA im Gefolge einiger kybernetischer Arbeiten, die sich mit Problemen der Selbstregulation, Autonomie und Formen hierarchischer Strukturen beschäftigten. Als prominente Forscher, die mit diesem Ansatz verbunden sind, sind Maturana, Varela und Heinz von Foerster zu nennen, viele Ideen finden sich aber auch im Werk von Gregory Bateson wieder (Maturana 1987, Varela 1988, von Foerster 1987, Bateson 1987, 1988).

Lernen wird im konstruktivistischen Ansatz als ein aktiver Prozeß gesehen, bei dem Menschen ihr Wissen in Beziehung zu ihren früheren Erfahrungen (bzw. Wissen) in komplexen realen Lebenssituationen konstruieren. Im praktischen Leben sind Menschen mit einzigartigen, nicht vorhersehbaren Situationen konfrontiert, deren Probleme nicht bereits offensichtlich sind. Im Gegensatz zum Kognitivismus steht nicht das Lösen bereits präsentierter Probleme im Vordergrund, sondern das eigenständige Generieren von Problemen. Probleme bieten sich nicht von selbst an, sondern müssen erst in verwirrenden, unsicheren, unvorhersehbaren und zum Teil chaotischen Situationen konstruiert werden (vgl. Donald Schön 1983, 1987). Die Leistung des Praktikers besteht gerade darin, daß er einer unsicheren, instabilen Situation durch die Konstruktion beziehungsweise Implementierung einer gewissen Sichtweise (= Problemsicht) erst Sinn gibt (vgl. *Kapitel 3*, S. 77ff.).

Für den Konstruktivismus ist der menschliche Organismus ein informationell geschlossenes System, welches auf zirkulärer Kausalität und Selbstreferentialität beruht und autonom strukturdeterminiert ist. Autopoietische Systeme, wie Maturana Systeme mit diesen Eigenschaften nennt, haben keinen informationellen Input und Output. Sie stehen zwar in einer energetischen Austauschbeziehung mit ihrer Umwelt, nicht aber in einer informationellen, d.h. das System erzeugt selbst diejenigen Informationen, die es im Prozeß der eigenen Kognition verarbeitet.

Dementsprechend wird die aktive beziehungsweise konstruktive Rolle des/der Lernenden betont. Nicht mehr das autoritäre Lehrermodell (Behaviorismus), aber auch nicht der Tutor, der beobachtet und hilft (Kognitivismus), steht im Vordergrund, sondern die eigene, persönliche Erfahrung. Der Lehrer nimmt die Rolle eines Coaches oder Trainers ein und verliert damit viel von seiner Unfehlbarkeit. So wie beispielsweise ein Fußballtrainer öfters danebenschießt, ja oft nicht einmal der beste Spieler seiner Mannschaft ist, so wird auch die Lehrkraft einer Kritik der praktischen Situation ausgesetzt. Ihre lehrende Funktion nimmt sie einerseits auf Grund ihrer großen Erfahrung wahr, andererseits aber dadurch, daß sie relativ selten „Fehler" begeht.

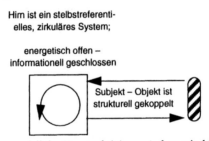

Abb. 13: Lernmodell des Konstruktivismus (schematisch)

Die Auffassungen des Konstruktivismus zu Wissen und Weltverständnis sind keineswegs unangefochten. Nach wie vor dominieren objektivistische Theorien der Referenz, vor allem in der Sprachphilosophie. Von dieser Seite kommen auch die Kritiken am Konstruktivismus.

3.5.3.2 Kritiken

- *Sprachlicher Determinismus*: Sprache, so vertritt der Konstruktivismus, formt die Realität entsprechend unseren kommunikativen Notwendigkeiten und sozialen Gegebenheiten. Ein bekanntes Beispiel dafür ist die Anzahl der Ausdrücke für „Schnee" in den Eskimo-Sprachen.
  Uns scheint jedoch diese rigorose Interpretation der Sapir-Whorf-Hypothese (z.B. von Winograd/Flores 1987, vgl. Sapir 1921, Whorf 1956), wonach die Wahrnehmung von Realität ohne Sprache über-

haupt unmöglich sei, überzogen. Auch Tiere ohne propositional ausdifferenziertes Sprachvermögen nehmen Realität wahr, beziehungsweise – in den Begrifflichkeiten des Konstruktivismus – „konstruieren Realität" und verhalten sich entsprechend ihrer Sinneswahrnehmung.

• *Solipsismus*: Immer wieder wird natürlich auch das Solipsimusargument gegen Vertreter des Radikalen Konstruktivismus vorgebracht. Gibt es nun eine Realität unabhängig von uns und unserer Wahrnehmung oder nicht?

Wir meinen, daß es gilt, zwischen der Welt „da draußen", der Welt außerhalb unseres Geistes, und dem Begriff der „Realität" zu unterscheiden. Selbstverständlich existiert die Welt nicht nur in unserem Kopf als Vorstellung (= solipsistischer Standpunkt). Wenn wir beispielsweise an Kokosnüsse denken, dann haben wir weder echte Kokosnüsse in unserem Hirn, noch existiert nur unser Gedanke, unsere Vorstellung von einer Kokosnuß. Die unabhängig von uns existierende Kokosnuß ist aber nur soweit real, als wir sie mit unseren Sinnesorganen wahrnehmen. Realität ist relativ zum Beobachter. So wie die Kokosnuß auf eine ganz bestimmte Weise für einen Frosch real ist, so ist sie es auch auf eine ganz bestimmte Weise für uns Menschen. Wir können aber unseren, den menschlichen Standpunkt nicht verabsolutieren und als den einzig realen behaupten. Auch die Vorstellung einer komplett unabhängigen „objektiven" Realität (Wahrnehmung) verlangt ein übernatürliches Wesen (z.B. Gott) und ist eine metaphysische Vorstellung.[8]

• *Wissenschafts-Argument*: Wenn es kein universelles Referenzsystem, sondern nur Beobachter-relative Referenzsysteme gibt, dann besteht die Welt aus einer Unzahl verschiedener Realitäten. In diesem Fall wäre aber wissenschaftliche Forschung unmöglich, alle Wahrnehmung wäre nur subjektiv und hätte nur relativen Wert.

Wir haben bereits ausgefürt, daß Wahrheit ein relationales System ist und es keine objektive Wahrheit gibt. (vgl. *Kapitel 1.2.3*, S. 28ff.)

• *Relativismus*: Wenn jeder Beobachter sein eigenes Referenzsystem hat und es keine allgemein gültigen (Wahrheits)Kriterien gibt, woraus zieht der Konstruktivismus dann das Recht, daß sein eigener Ansatzpunkt richtig beziehungsweise gültig ist?

Aus der Tatsache, daß Wahrheit nur relativ zu sehen ist, ist noch nicht zu schließen, daß es für bestimmte Gebiete, Situationen nicht (relativ) gültige Kriterien gibt. Aus der Wahrheit der Relativitätstheorie läßt

---

8. Wir gehen auf die Bedeutung des Realitätsbegriffs im Zusammenhang des Lernens mit Software noch genauer ein (vgl. *Kapitel 4.1*, S. 114ff.).

sich nicht die Ungültigkeit der Newton'schen Physik behaupten. Letztere ist vielmehr ein Sonderfall und gilt für bestimmte Situationen (niedrige Geschwindigkeiten und niedrige Masse).

• *Biologismus*: Der Konstruktivismus scheint eine biologische und individualistische Schlagseite zu haben und hat bisher ernste Schwierigkeiten, soziale Faktoren und Prozesse wie Sprache oder Gesellschaft befriedigend zu erklären.

Wir möchten mit der im nächsten Abschnitt folgenden Darstellung einer sozialwissenschaftlich-konstruktivistischen Handlungstheorie gerade dieses Manko zu beheben versuchen.

3.5.4 Zusammenfassung

Kategorie	Behaviorismus	Kognitivismus	Konstruktivismus
Hirn ist ein	passiver Behälter	informationsverarbeitendes „Gerät"	informationell geschlossenes System
Wissen wird	abgelagert	verarbeitet	konstruiert
Wissen ist	eine korrekte Input-Outputrelation	ein adäquater interner Verarbeitungsprozeß	mit einer Situation operieren zu können
Lernziele	richtige Antworten	richtige Methoden zur Antwortfindung	komplexe Situationen bewältigen
Paradigma	Stimulus-Response	Problemlösung	Konstruktion
Strategie	lehren	beobachten und helfen	kooperieren
Lehrer ist	Autorität	Tutor	Coach, (Spieler)Trainer
Feedback	extern vorgegeben	extern modelliert	intern modelliert

Tab. 3: Lernparadigmen

Die zusammenfassende Tabelle zeigt recht deutlich, daß sich die drei Lernparadigmen in praktisch jeder relevanten Kategorie stark voneinander abheben. Es ist hoffentlich bereits deutlich geworden, daß wir uns vor allem dem konstruktivistischen Paradigma verpflichtet fühlen. Im nächsten Kapitel wollen wir nun versuchen, den konstruktivistischen Ansatz speziell auf das Lernen mit Software anzuwenden.

Teil II

Software

4

Interaktivität und Software

Die im *Kapitel 2.2.2, S. 56ff.* dargelegten allgemeinen Grundzüge der Verstehenden Soziologie sind unseres Erachtens für das Lernen mit interaktiver Software deshalb vollinhaltlich anzuwenden, weil die „Generalthesis des alter ego" (Schütz 1974, S.137-162) – also die Annahme, daß wir auf fremde Bewußtseinserlebnisse hinsehen können und dabei der wahrgenommene Leib als Anzeichen und Ausdrucksfeld fremder Bewußtseinserlebnisse dient –, auch für Lernsoftware gültig ist. Sinnsetzung (und damit Lernen) ist nicht auf die Gleichzeitigkeit von Sinnsetzendem und Sinndeutendem beschränkt, sondern kann an allen Objektivationen fremder Bewußtseinserlebnisse ansetzen. Diese Objektivationen können sowohl konstituierte Handlungsgegenständlichkeiten (vollzogene Bewegungen, Gesten oder Handelnsresultate), aber auch Artefakte (Zeichen im engeren Sinne oder produzierte Gegenstände der Außenwelt, Geräte, Denkmäler etc., aber eben auch Software) sein.

Interpretieren wir ein Erzeugtes nur als Erzeugnis, also als Gegenständlichkeit, dann heißt das, daß wir unsere erfahrenden Akte in Selbstauslegung unter ein bereits vorrätiges Deutungsschema subsumieren. Dieser „objektive Sinnzusammenhang", wie Schütz ihn nennt, ist nichts anderes als die Einordnung erfahrender Erlebnisse von einem Erzeugten in den Gesamtzusammenhang der Erfahrung des Deutenden und damit wesentlich subjektiv, das heißt von der Situationsbezogenheit des Wissenserwerbs, den subjektiven Lebenswelterfahrungen des Individuums und den damit verbundenen biographischen Prägungen abhängig. Der Zusammenhang zwischen individuellem Wissenserwerb und gesellschaftlichen Rahmenbedingungen wird durch die bereits vorfindlichen Deutungsschemata (z.B. Sprache, Institutionen ...) hergestellt. In der unhinterfragten Anwen-

113

dung von Deutungsschemata verbergen sich im Bewußtsein bereits früher abgelagerte Erfahrungszusammenhänge, die Schütz unter den Kategorien von Routinewissen (Fertigkeiten, Gebrauchs- und Rezeptwissen) beschreibt.

Ausgangspunkt für die Anwendung der Arbeiten von Schütz für das Lernen mit Software, wie wir sie hier zu umreißen versuchten, muß unserer Meinung nach *die phänomenologische Beschreibung der spezifischen Form von objektiver Sinndeutung*, wie sie sich in der Interaktion zwischen Mensch und Programm (als sinnhaftes Erzeugnis eines alter ego) zeigt, bilden. Solche Untersuchungen können von der kommunikationsorientierten und prototypischen „face-to-face"-Interaktionsform des geschlossenen Sinnbereichs der Alltagswelt (vgl. Berger/Luckmann 1980, S. 31ff.) eine theoretische Brücke zu den im Mensch-Computer-Sinnbereich üblichen „face-to-interface"-Interaktionsformen schlagen.

4.1 Interaktion Mensch-Computer

An die Arbeiten von William James anknüpfend sieht Schütz Realität oder Wirklichkeit als eine Beziehung zwischen Objekt und Subjekt. Ein Ding ist für Schütz dann wirklich, wenn es in einer bestimmten Beziehung zu uns steht, wenn es unser Interesse weckt und unsere Sinne anregt. Realität ist danach – wie in der heute modernen konstruktivistischen Sichtweise – eine interaktive Konzeption, nicht objektiv vorgegeben (vgl. *Kapitel 3.5.3*, S. 107ff.), sondern ein Verhältnis zu unserem emotionalen und tätigen Leben. Der Ursprung aller Realität ist damit subjektiv (vgl. Schütz 1971, Bd. I, S. 237).

Selbstverständlich wird damit nicht automatisch eine außerhalb unseres Geistes existierende Welt „da draußen" negiert und ein solipsistischer Standpunkt („die Welt existiert nur in meinem Kopf") eingenommen. Die Rede vom subjektiven Ursprung der Realität, beziehungsweise der Wirklichkeit als einem Sinnhorizont bedeutet nur, daß es nicht alleine auf das Objekt der Erkenntnis, sondern auf die Beziehung zwischen Subjekt und Objekt ankommt. Erkenntnis beziehungsweise Wahrnehmung geht immer von einem Subjekt aus; Subjekt und Objekt sind strukturell miteinander gekoppelt. Es gibt keine vom Beobachter unabhängige Wahrnehmung oder Erkenntnis, weder in den Naturwissenschaften (vgl. z.B. die Heisenbergsche Unschärferelation) und schon gar nicht in den Sozialwissenschaften.

Je nach dem in der Situation vorherrschenden Erlebnis- beziehungsweise Erkenntnis*stil* gibt es für Schütz unterschiedliche – im Prinzip sogar unendlich viele – Realitätsbereiche, die er als *geschlossene Sinngebiete* bezeichnet (Schütz/Luckmann 1988, S. 48ff, Schütz 1971, S. 237-298).

> Die Geschlossenheit eines Sinngebietes – der alltäglichen Lebenswelt, der Traumwelt, der Welt der Wissenschaft, der Welt religiöser Erfahrung – beruht auf der Einheitlichkeit des ihm eigenen Erlebnis- beziehungsweise Erkenntnisstils. Einstimmigkeit und Verträglichkeit hinsichtlich dieses Stils sind demnach auf ein gegebenes Sinngebiet beschränkt. (Schütz/Luckmann 1988, S.49)

In seinem Lebenswerk hat Schütz vor allem für die „ausgezeichnete Wirklichkeit" („Paramount-Reality"), die sogenannte Alltagswirklichkeit, diesen spezifischen Erlebnis- und Erkenntnisstil zu beschreiben versucht. Ähnlich umfassende und detaillierte Analysen für andere geschlossene Sinnbereiche stehen noch aus.

Wir vertreten in diesem Buch die konstruktivistische These, daß auch die Mensch-Computer-Interaktion als ein eigener Realitätsbereich, d.h. als geschlossene Sinnstruktur mit spezifischen Erlebnis- beziehungsweise Erkenntnisstil anzusehen ist. Diese Idee ist nicht ganz neu. Einen allerersten Anlauf zur Untersuchung des Systems Mensch-Computer als geschlossenem Sinnbereich unternahm Michael Heim (1987). Er bleibt allerdings bei reiner Textverarbeitung und den damit verbundenen spezifischen Problemen von Sprache und vor allem Schrift als Ausdrucks- und Deutungsschema stehen. Unter Einbeziehung moderner Software ist dies ungenügend, weil auch andere Zeichensysteme (z.B. grafisch-deiktische Benutzeroberflächen, Computergrafik und -animation) einzubeziehen sind (vgl. *Kapitel 7.2, S. 225ff.*).

Die Alltagswirklichkeit ist in der Verstehenden Soziologie deshalb vor allen anderen Realitätsbereichen ausgezeichnet,

- weil nur in der Alltagswelt echte Kommunikation stattfindet (selbst die Stimmen im Traum oder von Schizophrenen werden als Stimmen halluziniert und verweisen auf Vorgänge in der Alltagswelt) und
- weil sie die übergeordnete Wirklichkeit ist, zu der wir (meistens) immer wieder zurückkehren (z.B. wenn wir aus dem Traum aufwachen, das Buch wieder zumachen, der Theatervorhang fällt usw.).

Die Welt des Alltags ist daher der Urtypus unserer Realitätserfahrung und wird von Schütz als ausgezeichnete Wirklichkeit („Paramount Reality") bezeichnet. Von der alltäglichen Lebenswelt her gesehen erscheinen die anderen Sinnbereiche nur als Quasi-Realitäten. Umgekehrt erscheint von einer wissenschaftlichen Einstellung oder von religiösen Trancezuständen gesehen die Alltagswirklichkeit als Quasi-Realität.

Der Übergang von einem geschlossenen Sinngebiet zur Alltagswirklichkeit ist nur durch eine „Sprung" möglich. Dieser Sprung kommt einem Schockerlebnis gleich und tritt bei jedem Wechsel zwischen Sinngebieten ein. Dieses Schockerlebnis ist nichts anderes als das plötzliche Wechseln von einem Erlebnisstil zu einem anderen.

Diesen „Schock" erleben wir aber nicht nur, wenn wir aus dem Traum aufwachen, der Vorhang nach dem Theaterstück fällt, wir nach dem Kino wieder auf die Straße treten, sondern auch, wenn wir uns der verstrichenen Zeit, die wir bereits mit einer bestimmten Arbeit am Computer sitzen, plötzlich gewahr werden. Die Beschreibungen des Arbeitsstils von Programmierern (z.b. Weizenbaum 1978) oder Hackern (z.b. Kidder 1981, Heine 1985) sind für uns ein erstes Indiz dafür, daß die Beziehung Mensch-Computer tatsächlich als ein eigener Sinnhorizont betrachtet werden kann.

Wenn sich in der Interaktion mit der Software ein ganz spezifischer Erkenntnis- und Erlebnisstil ausdrückt, so muß sich dies durch verschiedene Phänomene beschreiben lassen. Schütz erwähnt sechs Charakteristika, die die Besonderheit eines Erlebnisstils ausmachen:

- eine spezifische Spannung des Bewußtseins
- eine vorherrschende Form der Spontaneität
- eine besondere Epoché (d.h. Zuwendung zur Wirklichkeit)
- eine spezifische Form der Sozialität
- eine spezifische Form der Selbsterfahrung und
- eine ganz spezifische Zeiterfahrung beziehungsweise Zeitperspektive

4.1.1 Bewußtseinsspannung

Darunter ist nach Henry Bergson die Art der Einstellung zu unserem Leben zu verstehen (*attention à la vie*). Handeln beispielsweise hätte danach die höchste Bewußtseinsspannung, weil es durch eine Einstellung der vollsten Aufmerksamkeit auf das Leben und seine Erfordernisse geprägt ist. Schütz bezeichnet diesen höchsten Grad an Bewußtseinsspannung mit *heller Wachheit*. Das Ich lebt voll in seinen Akten.

Zum Unterschied davon hätte beispielsweise der Traum die geringste Bewußtseinsspannung, weil er mit einem Mangel an Veränderungsinteresse (und zwar der Alltagswelt!) einhergeht. Schlaf ist völlige Entspannung des Bewußtseins und mit einer völligen Abkehr vom Alltagsleben verbunden. Obwohl das Ich perzipiert (z.B. Wärme, Licht und Geräusche wahrnimmt), wendet es sich diesen passiven Wahrnehmungen nicht aktiv zu. Es besteht kein Interesse, die Perzeptionen in Apperzeptionen (sinnvolle Erlebnisse) zu verwandeln.

In dem Kontinuum Alltag – Traum liegt die Bewußtseinsspannung in der Welt der Computererfahrung sicherlich irgendwo zwischen diesen Extremen. Insgesamt ist der Grad an Bewußtseinsspannung (Konzentration) jedoch als sehr hoch anzusehen und daher näher bei der hellen Wachheit als bei der Entspanntheit des Traumes anzusiedeln.

Eine wichtige Besonderheit im Umgang mit dem Computer sehen wir jedoch darin, daß es – entsprechend der verwendeten Software – zu ganz unterschiedlichen Bewußtseinsspannen und damit unterschiedlichen Graden von Weltabkehr kommen kann. Obwohl dies in gewisser Weise auch für andere Sinnprovinzen und hier vor allem auf die sogenannten Phantasiewelten zutrifft (z.b. wie weit jemand sich in die Film-, Theater-, Buchwelt hinein „lebt"), so gibt es unserer Meinung nach in der Computerwelt zwei Spezifika:

- Während die Stärke der Bindung an eine Phantasiewelt (Illusion) als eine Kombination von sinnlichen Realitätseffekten (z.b. realistische Filmeffekte, Soundsystem etc.) und persönlicher Imaginationskraft (die sowohl von allgemeinen biographischen Faktoren als auch persönlich erlebten inhaltlich ähnlichen Lebenserfahrungen abhängt) erscheint, beeinflußt bei der Welt der Computererfahrung der Typ der verwendeten Software das Nahe- beziehungsweise Fernverhältnis zur Alltagswelt: Je nachdem, ob sich jemand zeitweilig in die Sinnprovinz des Computers begibt, weil er sie als direktes Mittel zu Veränderung der Alltagswelt verwendet (z.b. Textverarbeitung), oder aber aus ihr flüchten will (z.b. Spielsoftware), ergeben sich unterschiedliche Spannungsgrade des Bewußtseins.

- Je komplexer die Software ist und je mehr Wahrnehmungskanäle in die Sinnprovinz aktiv einbezogen sind, desto stärker ist die Bindung. Zum Unterschied von traditionellen Phantasiewelten wird jedoch bei der Welt der Computererfahrung durch die zusätzliche Dimension der Interaktion (im Extremfall sogar durch Einbeziehung aller Sinnesorgane z.b. hören-sehen-bewegen bei sogenannten „Virtual Reality"-Programmen) eine weitere Erhöhung der Spannung des Bewußtseins notwendig erreicht. Dies kann so weit gehen, daß ein Wechsel beziehungsweise eine Verwechslung zwischen „normaler" Realität und Quasi-Realität stattfindet.

4.1.2 Form der Spontaneität

Die Interaktivität ist auch für die vorherrschende Form der Spontaneität charakteristisch. Während beispielsweise das Tagträumen in Passivität, wissenschaftliches Arbeiten in Denkakten und das Alltagsleben in Wirkakten verläuft (vgl. *Abbildung 6*, S. 60), ergibt sich im Umgang mit dem Computer eine vielseitige Mischung:

Bei geübten Computerbenutzern können die für die Interaktion notwendigen Aspekte soweit automatisiert sein, daß sie – ähnlich wie Gang oder Gesichtsausdruck – bereits als Äußerungen des spontanen Lebens aufgefaßt werden können. Dies ist beispielsweise bei den unwillkürlichen, spontanen Mausbewegungen der Fall, die automatisch auf eine visuelle Perzeption des Bildschirmgeschehens reagieren. Die Auge-Hand-Koordination von geübten Benutzern ist bereits soweit automatisiert, daß sie unterhalb der Bewußtseinsschwelle stattfindet. Wir glauben, daß sich bei einer genaueren Analyse (z.b. über Video) auch ganz subjektiv charakteristische Stile der Maushandhabung nachweisen lassen. Wir denken beispielsweise an die Art und Weise, wie die Maus unbewußt geschüttelt wird, um Unregelmäßigkeiten bei der Mausführung, wie sie durch Verschmutzungen der Kugel entstehen können, zu beseitigen. Oder an die Art und Weise, wie bei einer extrem weiten Mausbewegung die Maus wieder in die Mitte des Mauspads positioniert wird. In diesen hier beschriebenen Ausnahmefällen zeigen sich die subjektiven Eigenheiten unseres Erachtens nur deutlicher als im „normalen" Ablauf, sollten sich aber auch bei ganz normaler Nutzung (z.B. wie ein Menüpunkt ausgewählt wird) nachweisen lassen.

Je nachdem ob kognitive Aufgaben (z.B. Lösung eines mathematischen Problems) oder aber manuelle Aufgaben (z.B. Textverarbeitung, Erstellung einer Grafik) vorherrschen, überwiegen Denk- oder Wirkakte. Charakteristisch in der Welt der Computererfahrung jedoch ist es, daß eines nie ohne das andere vor sich gehen kann, das heißt daß also eine Kombination beider Handlungsformen wesentlich ist. Nur in der Utopie (Phantasiewelt) gibt es Computer, die nur mehr mit Denkakten gesteuert werden.

4.1.3 Form der Zuwendung zur Wirklichkeit

Im Alltag wird unser Interesse durch pragmatische Relevanz geprägt. Eine Sache interessiert uns nur insoweit, als ihre Kenntnis für unser Handeln ausreicht und zu unseren Interpretations- und Deutungsschemata nicht im Widerspruch steht. Diese für die Alltagswirklichkeit typische pragmatische Einstellung wird in der Phänomenologie als die *natürliche Einstellung* bezeichnet. In ihr wird die „Welt, wie sie sich mir als daseiende gibt" (Husserl) fraglos akzeptiert.

In der sogenannten „phänomenologischen Reduktion" hingegen wird versucht, durch eine radikale Einstellungsänderung eine „Einklammerung" beziehungsweise „Ausschaltung" dieser Vor-Urteile vorzunehmen. Dies ist jedoch – wie Schütz bereits nachgewiesen hat (1974, S. *55f.*) – für die sozialwissenschaftliche Analyse des Alltagslebens, der sogenannten mundanen Sozialität, nicht notwendig.

Die Darstellung der beiden Extreme (fraglose Voraussetzung der Welt, wie sie mir erscheint = natürliche Einstellung, und der Versuch, durch Einklammerung zu transzendentalen Erfahrungen zu kommen = Epoché) zeigt aber den Einstellungswechsel auf, der mit jedem geschlossenen Sinngebiet notwendig verbunden ist. Dieser Wechsel der Einstellung ist es, der als Sprung, Schock oder manchmal auch als Zusammenbruch empfunden wird. Der extreme Fall des Zusammenbruchs tritt immer dann ein, wenn spontan und fraglos vorausgesetzte „Annahmen" sich plötzlich als falsch beziehungsweise der Situation nicht angemessen zeigen. Nach einem Ausdruck von Heidegger „meldet sich die Welt zu Wort" (Heidegger 1986, §16), was sich in einer Auffälligkeit, Aufdringlichkeit und Aufsässigkeit des Dinges, in einer Störung, zeigt. Gerade in diesen Brüchen erweist sich recht deutlich, welche Voraussetzungen fraglos hingenommen wurden, in welchen Punkten die äußere Welt beziehungsweise ihre Objekte suspendiert wurden.

Unseres Erachtens lassen sich in der Computerwelt zwei Arten von Suspendierungen unterscheiden:

- Einerseits werden die besonderen Wirkformen im Umgang mit dem Computer zumindest zeitweise suspendiert, indem sie mit den traditionellen Wirkakten im Alltagsleben gleichgesetzt werden. Das Motto: Was ich tue, verändert die Welt so nachhaltig, daß ich nur durch weiteres Wirken zu einer oft nur angenäherten Ausgangssituation zurückkehren kann. Beispielsweise ist das, was ich geschrieben habe und am Bildschirm auch tatsächlich sehe, scheinbar bereits „im Kasten". Mit Programmabstürzen oder Stromausfällen bricht die Computerwelt zusammen und meldet sich die Alltagswelt recht drastisch zu Wort.
- Jede Software stellt sich den BenutzerInnen mit einem bestimmten Interface (Benutzeroberfläche) dar. Wie im Alltag, wo sich mir in der face-to-face-Interaktion der Leib meines Gesprächspartners als Ausdrucksfeld für seine subjektiven Erlebnisse darstellt (z.B. Freude,

Schmerz), so präsentiert sich das Interface als Anzeichen für die Funktionen der Software, die von den BenutzerInnen ensprechend gedeutet und interpretiert werden. Diese (z.b. durch frühere Erlebnisse mit anderer Software) vorerfahrenen Deutungsschemata dienen als nicht hinterfragte Interpretationsrahmen im Umgang mit der (neuen) Software. Wenn sich die Software nicht so verhält, wie intuitiv erwartet wird, kommt es ebenfalls wieder zum Bruch: Das bisher fraglos vorgegebene Deutungsschema wird problematisch und fordert seine Aufmerksamkeit, beziehungsweise explizite Überprüfung (z.B. durch Nachlesen der Softwarebedienung im Handbuch).

4.1.4 Form der Sozialität

Traditionellerweise wird in sozialwissenschaftlichen Studien dieser Aspekt der Computerwelt besonders negativ hervorgehoben: Der Umgang mit dem Computer ersetze die Mensch-Mensch-Kommunikation durch eine Mensch-Maschine-Kommunikation, führe zur sozialen Isolierung und in Extremfällen sogar zu gravierenden psychischen Störungen wie Autismus.

Interessanterweise ist diese scharfe Kritik an anderen geschlossenen Sinnprovinzen (z.B. an der Buchwelt) nicht geführt worden. Tatsächlich nimmt der Computer auch unter dem Aspekt der Sozialität eine zwischen Alltags- und Traumwelt vermittelnde Position ein: Während das Alltagsleben wesentlich sozial ist, können wir nur einsam träumen. In der Welt der Computererfahrung hingegen gibt es – wie bei der Gruppe der Phantasiewelten – eine ganze Reihe sozialer Aspekte:

- So wie jede Maschine kann auch der Computer, wenn er als Werkzeug verwendet wird, im Rahmen einer gesellschaftlichen Arbeitsteilung seinen Sozialcharakter andeuten. Das konzentrierte Arbeiten an einer manuellen Drehbank ist in dieser Hinsicht wahrscheinlich nicht mehr oder weniger sozial als das Schreiben eines Textes mit dem Computer. In beiden Fällen handelt es sich um eine Interaktion Mensch-Maschine, in beiden Fällen kann Sozialität (z.B. Gespräche führen) für die Erfüllung der Arbeitsaufgabe störend sein.

- So wie allgemein in Phantasiewelten gemeinsam phantasiert werden kann (z.B. Kino, Theater oder Lesung), so kann auch der Computer gemeinsam benutzt werden. Dies wird zum Teil beispielsweise beim Lernen mit dem Computer bewußt angewendet, indem Gruppen von zwei bis drei StudentInnen vor dem Bildschirm sitzen. Allerdings ist echte Sozialität nur zwischen den eigentlichen Arbeitsphasen mit dem Computer möglich (z.B. Diskussion der Ergebnisse oder was weiter gemacht werden soll), die tatsächliche Bedienung muß allein vollzogen werden (eintippen, Mausklick).

• Darüber hinaus bietet der Computer jedoch noch eine ganz spezifische Form von Sozialität, die Kommunikation über Datenleitungen. Während das gemeinsame Phantasieren beispielsweise beim Theaterspielen die körperliche Präsenz der Mitspieler zur Voraussetzung hat, findet mit dem Computer eine medial vermittelte Interaktion unter Ausschluß der körperlichen Präsenz der Kommunikationspartner statt. Auch der normale, per Post beförderte Brief stellt nur eine Objektivation von Gedankeninhalten eines alter ego dar, die zudem – gemessen am Leib als maximale Symptomfülle – nur mehr ein bereits stark reduziertes Ausdrucksfeld der subjektiven Sinnzusammenhänge repräsentiert. In der *electronic mail* tritt durch die medial vermittelte Form der Mitteilung noch eine weitere Entsubjektivierung, das heißt Reduzierung der Symptomfülle, auf: Es kommt nun immer weniger auf die Form des Briefes (Art des Briefpapiers, Briefform wie Abstände, Zentrierung usw.) an, was von den Kommunikationspartnern oft als stark entlastend und zeitsparend empfunden wird. Andererseits können durch rasche Rückmeldungen Deutungs- und Interpretationsprozesse viel leichter korrigiert werden. Unter diesem Zeitaspekt ähnelt die Kommunikation über den Computer sowohl in den Möglichkeiten als auch in den Zwängen bereits teilweise einer Alltagssituation: In beiden Realitätsbereichen können etwaige Mißverständnisse rasch korrigiert werden, in beiden Welten muß jedoch, um der Gefahr einer Kommunikationsstörung entgegenzuwirken, auch tatsächlich rasch geantwortet werden. So wie ich im Alltag auf eine an mich gestellte Frage aus Gründen der Höflichkeit und sozialen Kooperationsbereitschaft möglichst bald antworten sollte, so zwingt auch die Telekommunikation über den Computer zur sofortigen Antwort.

4.1.5 Form der Selbsterfahrung

Die Selbsterfahrung am Computer läßt sich durch zwei Tendenzen charakterisieren:

• Einerseits kann sie die vielfältigsten Formen annehmen, indem ich mein Selbst, beispielsweise während eines Adventurespiels, imaginiere. Obwohl ich sowohl meine körperlichen als auch meine physischen Attribute umfingieren kann (z.B. indem ich mich als tapferer Held, starker Riese oder lustiger Zwerg phantasiere), ist meine Vorstellung zum Unterschied des reinen Phantasierens nicht nur durch die primordiale Erfahrung meines Leibes begrenzt – ich kann mich als Zwerg oder Riese vorstellen, aber immer nur als eine nach außen abgegrenzte Innerlichkeit (vgl. Schütz/Luckmann 1988, S. 58) –, sondern auch durch die Möglichkeiten der Software und der von ihr verlangten körperlichen Geschicklichkeit. Obwohl ich mir relativ einfach vorstellen kann, daß ich einem auf mich abgeschossenen Pfeil hurtig ausweiche, benötige ich im entsprechenden Adventurespiel auch noch die richtige und zeitgerechte körperliche Reaktion.

- Durch diese körperliche Involviertheit gewinnt die Computerwelt einen ganz besonderen Wirklichkeitsakzent. So wie ich mich im Computerspiel als imaginierte Figur erlebe, die ich durch Auge und Hand steuere, so erfahre ich mich auch in der Textverarbeitung vor allem als Auge und Hand. Dies wird besonders deutlich bei Sehstörungen, Sehnenscheidenentzündung oder „Nintendonitis", wie in Amerika die Entzündung des Daumens beim Computerspiel genannt wird.[9] Diese reduzierte Selbsterfahrung wird beispielsweise dadurch deutlich, daß sowohl Hunger- als auch Schmerzgefühle (mit Ausnahme der Rükkenschmerzen, die ihre Ursache oft in langer Computerarbeit selbst haben) zeitweilig nicht mehr wahrgenommen werden.

4.1.6 Form der Zeiterfahrung

Gerade die besondere Zeitperspektive im Umgang mit dem Computer war oft Gegenstand sozialwissenschaftlicher und vor allem psychologischer Untersuchungen. Das, was unter dem Phänomen des Flußerlebens in der psychologischen Literatur berichtet wird (Csikszentmihalyi 1987), kann als unterschiedliche Wahrnehmung der Zeit charakterisiert werden. Zwischen der inneren Zeitwahrnehmung und der „objektiven" Zeit der Alltagswelt kommt es zu großen Diskrepanzen. Im Zusammenhang mit der Computerwelt fällt auf, daß die Zeitperspektive oft völlig verloren geht. Besonders bei intensiver Beschäftigung mit dem Computer (z.B. Programmierer, Spieler) kommt es oft erst im Morgengrauen zu einem erschreckenden Zurückkehren in die Alltagswirklichkeit. Die physikalische Zeit ist weit rascher verstrichen, als es die innere subjektive Zeit empfunden hat. Während beim eintönigen Warten wenig aktive Erlebnisse passieren und daher die innere Zeit viel länger erscheint als die tatsächlich verstrichene, können wir in der Computerwelt den gegenteiligen Effekt registrieren. Und dies, obwohl wir bei Software mit Phantasieaspekten keine feste Zeit-

---

9. Nintendo ist der Name einer der größten Firmen für Computerspiele.

stelle in der „objektiven" Zeit durchlaufen (z.b. indem Jahrzehnte in der Software vergehen, bis der Prinz alle Abenteuer erfolgreich bestanden hat, oder gar in der Evolutionssimulation Jahrhunderttausende verstrichen sind).

4.1.7 Das Interface als grenzüberschreitende Enklave

Kommunikation findet immer nur in der Alltagswirklichkeit statt. Wenn beispielsweise WissenschafterInnen miteinander kommunizieren, so tun sie dies nicht (mehr) in der Wissenschaftswirklichkeit, sondern in einer speziellen „Wirbeziehung". Diese hat eine wechselseitige „Dueinstellung" zur Grundlage, die im krassen Gegensatz zur „objektiven"[10] und typisierenden Sinndeutung der Wissenschaftswirklichkeit steht.

Die Inhalte und Probleme anderer Realitätsbereiche sind aber nicht verschwunden, wenn ich den Realitätsakzent (wieder) auf die Alltagswirklichkeit lege. So erinnere ich mich (manchmal) noch an meine Traumprobleme oder während des Theaterstücks erlebte Sinnstrukturen. Sie haben aber ihre damalige Bedeutung und Dringlichkeit verloren. Diese „neutralisierten" Probleme hinterlassen in gewisser Weise eine Lücke: Ich kann mich zwar an sie erinnern und sie durch Sprache (oder andere Zeichensysteme) sogar in die Alltagswirklichkeit übersetzen, sie verlieren aber damit ihre vorherige Sinnstruktur. Selbst die ausführlichste und intensivste Beschreibung meines Alptraumes ist nur eine Enklave in der Alltagswirklichkeit, ein Abklatsch meines „wirklichen", der Traumwelt zugehörigen Alptraumes.

Der „neutralisierte" Inhalt des Traumes gehört jedoch beiden Wirklichkeitsbereichen an. Die Beschreibung ist „wirklich" im Alltag und bezieht sich auf die Traumwelt, der Traum selbst ist „wirklich" in der Traumwelt, bezieht sich dabei aber auf die Alltagswelt. Ein Thema, das auf diese Art zwei Wirklichkeitsbereiche umspannt, nennen Schütz/Luckmann (1990, S. 195) ein *Symbol*. Inhalte einer Wirklichkeit können in einer anderen nur symbolisch repräsentiert werden.

Unter diesem Gesichtspunkt läßt sich das Interface einer Software selbst als ein grenzüberschreitendes Symbolsystem auffassen, das zwei Wirklichkeitsbereiche (Computerwelt und Alltagswirklichkeit) miteinan-

---

10. Wir setzen hier „objektiv" unter Anführungszeichen, weil darunter nicht etwa eine „wahre", „unabhängige" Deutung zu verstehen ist, sondern mit Schütz bloß die subjektive Deutung *fremder* Bewußtseinserlebnisse. Zum Unterschied davon bedeutet subjektives Sinnverstehen jenen Sinn, den der Sinnsetzende mit seinem Bewußtseinserlebnis selbst verbindet.

der verbindet. Dieser Brückencharakter der Interface-Symbole ist besonders bei WIMP-Software (= Windows, Icons, Menus und Pointer) deutlich zu sehen und wird von uns noch ausführlich beschrieben (vgl. *Kapitel 7.2.1, S. 227ff.*). Charakteristika von WIMP-Software sind nämlich:

- Kontinuierliche Repräsentation des jeweilig interessierenden (Software-)Objektes.
- Physische Aktionen der Alltagswirklichkeit, wie beispielsweise Bewegung und Klicken der Maus, repräsentieren Aktionen des Programmes.
- Symbolhafte Repräsentation aller Objekte und Handlungen und ihre leichte Übertragbarkeit durch Verwendung von Metaphern aus der Alltagswirklichkeit (z.b. Schreibtisch, Papierkorb, Mappen oder Folder usw.).
- Unmittelbares symbolisches Feedback aller ausgeführten Handlungen beziehungsweise deren Wirkungen auf die entsprechenden Objekte statt nur „stiller" und unsichtbarer Programmabläufe (z.b. Selektion ausgewählter Objekte, Ablegen von Objekten im Papierkorb oder Folders usw.).

Die Symbole einer WIMP-Oberfläche repräsentieren einerseits die Aktionen dieser Software selbst (= Realitätsakzent „Computerwelt"), andererseits zeigen sie dem Benutzer an, was gerade mit der Software geschieht oder welche Aktionen (Alltagswirklichkeit) zu setzen sind, damit etwas Bestimmtes geschieht (= Realitätsakzent „Alltagswelt"). Das Interface umspannt somit zwei Wirklichkeitsbereiche.

4.2 Medienpädagogik und Software

Mit diesem Kapitel beginnen wir nun, die überwiegend theoretischen Erörterungen für unsere spezielle Fragestellung – dem Lernen mit Software – weiter zu konkretisieren. Als Verbindungsglied zwischen Theorie und Praxis bedienen wir uns dabei der Medienpädagogik: Unserer Meinung nach sollte das Lernen mit Software (bzw. mit dem Computer) ein integraler Bestandteil der Medienpädagogik sein.

4.2.1 Teilgebiete der Medienpädagogik

Die Frage, was heute unter einer modernen Medienpädagogik verstanden werden kann, ist allerdings gar nicht so einfach zu beantworten und führt selbst bereits zu einer kontroversiellen und zum Teil stark emotionalisierten Debatte. Wir haben es mit den unterschiedlichsten Teilbereichen (wie

Mediendidaktik, Medienerziehung, Medienkunde, Unterrichtstechnologie, Bildungstechnologie, Medieninformatik, Medienpraxis usw. usf.) zu tun. Selbstverständlich ist die Vielfalt der Begriffe kein Zufall, sondern drückt verschiedene theoretische Ansätze und Schwerpunktsetzungen aus.

Angesichts der babylonischen Begriffsverwirrung ist es schon entlastend, feststellen zu dürfen, daß zumindest die Ausgangsfrage „Was ist Medienpädagogik?" anscheinend korrekt ist. Übereinstimmend wird der „Begriff ‚Medienpädagogik' als übergeordnete Bezeichnung für alle pädagogisch orientierten Beschäftigungen mit Medien in Theorie und Paxis verstanden" (Issing 1987, S.24, ähnlich auch Petermandl 1991). Er umfaßt damit alle Bereiche, die für Menschen, ihre Erziehung, ihre berufliche oder allgemeine Aus- und Weiterbildung und/oder Erwachsenenbildung von Bedeutung sind.

Will man jedoch diese allgemeinste Ebene verlassen und über die einzelnen Elemente und Bereiche der Medienpädagogik etwas erfahren, so überwiegen bald die Unterschiede in Zielsetzung und Gewichtung. Sehr stark vereinfacht (vgl. genauer dazu Baumgartner 1993b) lassen sich in der Diskussion jedoch meistens zwei große Spannungsfelder lokalisieren:
- theorie- versus technologieorientierte Ansätze
- theorie- versus praxisorientierte Ansätze

Abbildung 14, S. 125 benennt einige Bereiche, die in der Literatur der Medienpädagogik zugeordnet werden, erhebt jedoch weder Anspruch auf Vollständigkeit und postuliert auch keine endgültigen und definitiven Bereichsgrenzen.

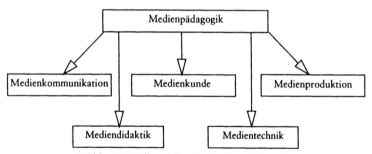

Abb. 14: Teilbereiche der Medienpädagogik

Das Spannungspotential ergibt sich aus den Zielsetzungen der hier aufgeführten Bereiche: Während beispielsweise Medienkommunikation und Mediendidaktik in verstärktem Ausmaß forschend und theoriebildend tätig sind, überwiegt in Medienkunde und Medientechnik die Vermittlung von Informationen und in der Medienproduktion der praktische Aspekt.

Dieses letzte Teilgebiet muß selbst wiederum – je nachdem, ob eher die Produkt*erstellung* oder die Produkt*gestaltung* im Vordergrund steht – in einen technischen und einen künstlerisch orientierten Bereich unterteilt werden.

4.2.2 Der Computer als Lernmedium

Das Problem besteht unserer Meinung nach in erster Linie nicht darin, daß es unterschiedliche Bereiche mit verschiedenen Schwerpunkten gibt, sondern daß verschiedene Teile sich so weit voneinander abgesondert und verselbständigt haben, daß keine gemeinsame Basis mehr vorhanden ist. In der wissenschaftlichen Öffentlichkeit werden die Kontrahenten vereinfacht meist als Theoretiker/(Sozial- bzw. Kommunkations-)Wissenschafter auf der einen Seite und Technologen/Praktiker auf der anderen Seite wahrgenommen.

Nach dem auf den Behaviorismus zurückgehenden pädagogischen Desaster der „Lernmaschinen" schlägt historisch die Waage zweifellos zugunsten einer eher theoretisch orientierten, dem kommunikationswissenschaftlichen Paradigma verpflichteten Medienpädagogik aus. Begriffe wie „Unterrichtstechnologie", „instructional technology", aber auch die moderneren Bezeichnungen „Bildungstechnologie" oder „Medieninformatik" scheinen diese gescheiterten Ansätze nach wie vor zu repräsentieren und daher historisch überholt zu sein.

Obwohl auch wir diese Abkehr von einer technologiezentrierten Medienpädagogik vertreten und beispielsweise auch mit diesem Buch begründen möchten, sehen wir doch die Gefahr, daß in einer Überreaktion das Pendel zu weit in Richtung Theorie ausschlägt. Manchmal hat es nämlich den Anschein, daß mit der Betonung der sozialwissenschaftlichen und kommunikationstheoretischen Anteile der Medienpädagogik die Rolle der Medien und die durch die neue Technologie geschaffenen (u.a. auch pädagogischen) Möglichkeiten stark vernachlässigt oder gar ignoriert werden.

Als Beispiel für diese These sei die starke Vernachlässigung des Computers und damit von Lernsoftware erwähnt. Nach wie vor konzentriert sich die Medienpädagogik auf die klassischen analogen audio-visuellen Medien wie Film und Fernsehen, und neuerdings auch Video und Bildplatte. Das zeigt sich sowohl in Studien- und Lehrplänen als auch in der Institutionalisierung.

In der medienpädagogischen Lehre kommt der Computer – wenn überhaupt – nur in seiner Werkzeugfunktion (z.B. für Videoschnitt, Videotitel, Ansteuerung der Bildplatte) zum Einsatz, selten jedoch in der Eigenschaft als interaktives multimediales Medium (Baumgartner/Payr 1992). Während beispielsweise in Österreich die wissenschaftliche Nutzung des Mediums Film für den Hochschulbereich dem „Bundesinstitut für den Österreichischen Wissenschaftlichen Film" (ÖWF) und in Deutschland dem „Institut für den Wissenschaftlichen Film" (IWF) übertragen wurde, gibt es ähnliche institutionelle Einrichtungen im Zusammenhang mit dem neuen Medium Computer noch nicht.

Allerdings ist das österreichische Bundesministerium für Wissenschaft und Forschung in dieser Richtung mit dem jüngst an uns vergebenen Forschungsprojekt „Software in der universitären Lehre – Eine Initiative zur mediendidaktischen Integration des Computers" (Oktober 1993 – September 1995) tätig geworden. Umso erstaunlicher ist es, daß gerade von sozialwissenschaftlicher (soziologischer, pädagogischer, psychologischer und hochschuldidaktischer) Seite die Möglichkeiten dieses neuen Mediums in der Lehre bislang so wenig erforscht wurden.

Wir möchten damit nicht behaupten, daß die meiste sich heute tatsächlich auf dem Markt befindliche Software modernen pädagogischen und didaktischen Grundsätzen genügt. Gerade das Gegenteil ist der Fall! Häufig entspricht Bildungssoftware weder in ihrer Benutzeroberfläche noch in ihrem Inhalt und didaktischem Konzept modernen kognitionspsychologischen und pädagogischen Anforderungen. Diese Kritik an den realen Produkten darf jedoch nicht mit einer Kritik (und eventuell daraus folgenden Abstinenz) der Möglichkeiten von Neuen Medien gleichgesetzt werden. So läßt sich ja auch nicht eine Kritik an Form und Inhalt von Büchern zu einer Kritik an der Technologie des Buchdrucks generalisieren.

Mit dieser Vernachlässigung des Computers stiehlt sich die Medienpädagogik unserer Auffassung nach aus der damit verbundenen sozialen Verantwortung: Statt sich eingehend und im Detail mit möglichen pädagogischen und didaktischen Verbesserungen zu beschäftigen und an der Gestaltung guter Software sowohl theoretisch und forschend als auch gestaltend mitzuwirken, wird pauschalierend mit dem Finger auf die Fehler des Produkts gezeigt. Damit aber werden keine konkreten Alternativen erforscht und mögliche Gestaltungsspielräume nicht genutzt.

4.3 Interaktivität

4.3.1 Interaktivität und Medienpädagogik

Wird die mediale Rolle des Computer vernachlässigt, so wird auch Interaktivität – eine der wesentlichsten Eigenschaften der Neuen Medien, für die der Computer paradigmatisch steht – zu wenig berücksichtigt. Unter Interaktivität meinen wir hier die Möglichkeit, daß der Benutzer nicht bloß Rezipient ist, sondern in den medial vermittelten Informations-, Kommunikations- und Lernprozeß gestaltend einbezogen ist. Das betrifft sowohl die Gestaltung der Inhalte, ihre Reihenfolge als auch die Zeitdauer, die mit einzelnen Phasen des Prozesses zugebracht wird. Die Interaktion kann die verschiedensten und vielfältigsten Formen annehmen: Texteingabe, Zeigen auf ein Grafikobjekt, selbständiges Aufsuchen von Daten (Hypertext), „entdeckendes" Arbeiten in sogenannten Mikrowelten, zeitkritische Justierung komplex vernetzter Parameter in Simulationen und so weiter.

Bei den klassischen Print- oder audio-visuellen Medien ist eine Gestaltung des Prozeßablaufs entweder dem Medium nur äußerlich (z.b. indem ein bestimmtes Buch, Radio- oder Fernsehprogramm ausgewählt, weggelegt beziehungsweise abgeschaltet wird), oder bloß auf einseitige Aktionen (ohne „Inter") des prinzipiell als linear konzipierten Mediums reduziert (z.B. Wiederholen, Überspringen von Buchkapiteln, Videosequenzen).

Schon der Begriff „Benutzer" drückt dieses aktivere Verhältnis zum Medium aus. Während die traditionellen Ausdrücke der klassischen audio-visuellen Medien, wie beispielsweise „Hörer" oder „Seher" eine eingeschränkte, nur auf die rezeptive Verarbeitung von speziellen Wahrnehmungskanälen abzielende Begrifflichkeit zur Grundlage haben, schlägt sich im Benutzerbegriff ein instrumentelles Verhältnis zum Medium nieder.

Auch die modernere kommunikationstheoretische Variante der Medienpädagogik schöpft das im Begriff der Interaktivität breit angelegte Handlungsspektrum nicht aus, solange sie beim Sender-Empfänger-Modell und der bloßen Informationsübertragung stehenbleibt. Wird jedoch Kommunikation – unserer Ansicht nach richtigerweise – selbst als sozialer Handlungsprozeß gesehen, so stellt sich die Frage, warum dieser theoretische Ansatz dann nicht gerade den Interaktivitätsbegriff ins Zentrum seiner Forschungs- und Gestaltungsbemühungen stellt.

Lenkt man das Augenmerk auf die Interaktivität der neuen Medien, so erhält man damit einen sozialwissenschaftlich orientierten Ausgangspunkt für eine integrative Theoriebildung. Sämtliche Interaktions- beziehungsweise Handlungstheorien können nun auf ihre Brauchbarkeit für die Medienpädagogik geprüft und gegebenenfalls adaptiert werden. Dem Begriff der „Interaktivität" – der ja historisch aus den Sozialwissenschaften entnommen wurde, aber im Zusammenhang mit dem Computer technisiert und damit seiner handlungstheoretischen Dimension beraubt wurde – kann so seine ursprüngliche Bedeutung wiedergegeben werden.

Ein weiterer Vorteil dieser Sichtweise ist es, daß mit dem zentralen Gesichtspunkt der Interaktivität sozialwissenschaftliche Handlungstheorien sich nicht bloß auf abstrakte Theorie – wie dies bisher in den kommunikationswissenschaftlichen Ansätzen meist der Fall war – zu beschränken brauchen. Sie können ihre Wirkung durchgängig bis auf die unterste, praktische Ebene der (Software-)Entwicklung ausdehnen. Damit aber ergibt sich für die Medienpädagogik historisch erstmals die Chance, die Trennung zwischen Theorie und Technologie beziehungsweise zwischen Medientheorie und Medienpraxis mit einem integrativen Ansatz aufzuheben. Gerade dieser Möglichkeit einer neuen Ausrichtung der Medienpädagogik wurde in der bildungswissenschaftlichen Landschaft bisher noch zu wenig Aufmerksamkeit geschenkt.[11]

Dient der Begriff der Interaktivität als zentraler Ausgangspunkt für die sozialwissenschaftliche Theoriebildung, so ergeben sich daraus drei Schlußfolgerungen:

• Zum Unterschied von Untersuchungen, die die inneren, hardwaremäßigen Strukturen des Computers (Mikroprozessor, binäre Logik, getakteter Quarzkristall usw.) in den Vordergrund stellen, muß das zentrale Augenmerk auf die Software gelegt werden.

• Gleichzeitig werden wir auf dieser Grundlage zeigen, wie die verschiedenen Ausprägungen von Interaktivität als wichtigstes Unterscheidungsmerkmal für die Kategorisierung von Lernsoftware herangezogen und in die pädagogische Theoriebildung integriert werden können.

• Statt allgemein vom Human-Computer-Interface zu sprechen, müssen die durch die Software ermöglichten Interaktionsformen untersucht

---

11. Auch der Zusammenhang zwischen einer pädagogischen (Meta)theorie (z.B. „educational philosophy", hier gibt es im deutschsprachigen Raum nicht einmal einen geeigneten Begriff) und einer wie immer gearteten praktischen Umsetzung (Aus- und Weiterbildung, Erwachsenenbildung, Berufspädagogik ...) müßte unter dem Gesichtspunkt der interaktiven Medien gesondert und im verstärkten Ausmaße untersucht werden und könnte zu neuen Gesichtspunkten führen.

und handlungstheoretisch interpretiert beziehungsweise kategorisiert werden.

Selbstverständlich ist eine Interaktion mit dem Computer (bzw. der auf ihm laufenden Software) nicht mit einer Mensch-Mensch-Interaktion gleichzusetzen. Worin bestehen aber die sozialwissenschaftlich relevanten Unterschiede und möglicherweise auch vorhandenen Gemeinsamkeiten? Erst eine Beantwortung dieser Frage kann die Tragfähigkeit des Begriffs der Interaktivität für die pädagogische Theoriebildung des Umgangs mit dem Computer zeigen.

Wichtig für unseren Zusammenhang einer handlungstheoretischen Grundlegung des Lernens mit Software ist es nun, daß nach unserer im *Kapitel 2, S. 45ff.* kursorisch dargestellten Handlungstheorie eine ganz bestimmte Sichtweise von Interaktion gefördert wird.

4.3.2 Eingabemedium ist irrelevant

Für den Begriff der Interaktivität ist nicht die Art der körperlichen Bewegung und damit das Eingabemedium ausschlaggebend. Unser Begriff der Interaktivität ist also neutral gegenüber dem verwendeten Eingabe- beziehungsweise Steuerungsmedium (Tastatur, Maus, Grafikstift, Joystick, Sprache etc.). Obwohl das verwendete Eingabemedium den Grad der kognitiven Anforderung und damit den Übergang von willkürlicher zu unwillkürlicher Spontaneität beeinflußt, ist dieser Gesichtspunkt unserer Auffassung nach für handlungstheoretische und didaktische Gesichtspunkte in den meisten Fällen nicht relevant.

Eine Konsequenz dieser Sichtweise ist es, daß wir für unsere handlungstheoretisch motivierte Typenbildung auf keine kognitionspsychologischen Untersuchungen und Experimente zurückzugreifen brauchen (z.B. Eingabegeschwindigkeit von Maus versus Tastatur oder Trackball, oder Vergleich von Geschwindigkeitsvorteilen von Pop-Up-Menüs versus Pull-Down-Menüs). Umgekehrt fassen wir mit Schütz unter Handlung auch jede Interaktivität, die sich nicht offen als Körperbewegung zeigt (vgl. *Kapitel 2.2.2.1, S. 56ff.*) Eine gedankliche Problemlösung (z.B. Rechenoperation) ist danach eine Handlung, egal ob das Ergebnis niedergeschrieben wird oder nicht (= verdeckte Handlung mit durchgeführter Umsetzungsabsicht). Umgekehrt ist in diesem Sinne jedoch auch eine neue Idee oder Erkenntnis – ähnlich wie eine Phanatasievorstellung – eine (verdeckte) Handlung.

4.3.3 Verhalten ist nicht Interaktivität

Wir fassen daher den Begriff der Interaktion so abstrakt, daß handlungs-
relevante Zusammenhänge gegenüber den dabei konkret verwendeten
Körperbewegungen neutral sind. Die Handlung heißt beispielsweise „Datei öffnen" und nicht etwa „mit dem Mauszeiger zum Dateimenü fahren,
Maustaste drücken, die Option ‚Datei öffnen' auswählen, Maustaste auslassen". Dementsprechend fällt auch das Drücken etwa der Enter- oder
Return-Taste noch nicht unter den Begriff der Interaktivität. Auch die
bloße Wahrnehmung dargestellter Informationen ist nach Schütz als Verhalten aus dem Handlungsbegriff ausgeblendet.

4.3.4 Motivstruktur von Interaktivität

Interaktivität – wie wir sie hier fassen – ist daher nicht bloßes (automati-
sches) Tun, sondern prospektive, auf planvolles Zukünftiges ausgerichtete
Erlebniserwartung. Handeln vollzieht sich nach einem Entwurf und ist an
der *modo futuri exacti* abgelaufenen phantasierten Handlung orientiert.
Die dafür jeweiligen Handelnsabläufe (Maus bewegen, Mausknopf drük-
ken ...) sind sich vollziehende Teilhandlungen und stehen zur phantasierten Handlung wie das Teil zum Ganzen.

4.3.4.1 Um-Zu-Motiv

Auch wenn es für einen Computerneuling vielleicht den Anschein hat, als
ob beispielsweise der Mausklick eine eigene besondere Handlung dar-
stellte, so ist zu betonen, daß er – für sich genommen – keinen eigenen Sinn
hat. Die Maustaste wird nicht aus sich heraus gedrückt,[12] sondern *um* etwas *zu* erreichen. Die im *modo futuri exacti* als abgelaufen entworfene
Handlung dient für die Interaktion als das *Um-zu-Motiv* der einzelnen
Teilhandlungen.

4.3.4.2 Unechtes Weil-Motiv

Ist der imaginierte Handlungsentwurf bereits ausgeführt, dann erscheint
das vormalige Um-zu-Motiv nun als *unechtes Weil-Motiv*: „Ich habe die
Maustaste gedrückt, weil ich eine Datei öffnen wollte." Einmal (Um-zu-
Motiv) wird vom So und Jetzt ein in der Zukunft liegendes Handlungsziel

---

12. Einzige Ausnahme ist das Trainieren im Umgang mit der Maus, wo ein geziel-
ter Mausklick selbst bereits die Handlung ist. Es ist ähnlich wie bei isometrischen
Gymnastikübungen, wo beispielsweise das Augenrollen selbst bereits eine Handlung *sui generis* darstellt.

in den Blick genommen, ein andermal (unechtes Weil-Motiv) wird auf einen abgeschlossenen, in der Vergangenheit liegenden Handlungsentwurf zurückgeblickt.

4.3.4.3 Echtes Weil-Motiv

Zum Unterschied davon handelt es sich um ein *echtes Weil-Motiv*, wenn aus abgeschlossenen, vorvergangenen Erlebnissen die Konstituierung des Entwurfs selbst erklärt wird. In der echten Weil-Relation trägt also sowohl das motivierende als auch das motivierte Erlebnis den Zeitcharakter der Vergangenheit. Da das motivierende Erlebnis gegenüber dem motivierten Erlebnis in der Vorvergangenheit liegt, können wir das echte Weil-Motiv als ein Denken *modo plusquamperfecti* bezeichnen.

> Das echte Weil-Motiv motiviert also die *Konstituierung* des Entwurfes, das unechte Weil- oder Um-zu-Motiv motiviert auf Grund des konstituierten Entwurfes die sich konstituierende Handlung. In der Um-zu-Relation ist motivierend der bereits vorvergangene Entwurf, (er) motiviert das Handeln, welches sich auf Grund des Entwurfes vollzieht. In der echten Weil-Relation ist motivierend ein dem Entwurf vorangegangenes Erlebnis, motiviert der sich konstituierende Entwurf selbst. (Schütz 1974, S. 124, Hervorhebung von uns)

Im obigen Beispiel würden wir einen Mausklick mit einem echten Weil-Motiv etwa so begründen: „Ich klickte mit der Maus, *weil* ich ich mit dem Zeiger bereits über dem entsprechenden Objekt angelangt war." Sowohl der Handlungsentwurf (z.B. Dateiaufruf) als auch die Handlung selbst sind abgeschlossen und liegen in der Vergangenheit. Der Sinnzusammenhang des echten Weil-Motivs wird nicht nur (wie beim unechten Weil-Motiv) im Rückblicken erfaßt, sondern es ist der Rückblick selbst, der das Motiv überhaupt erst *konstituiert*. „Der Sinnzusammenhang der echten Weil-Relation ist also immer eine Selbstauslegung ex eventu." (a.a.O., S. 125)

4.3.5 Interaktivität und Lernziel

Nach unserer Sichtweise ist es daher entscheidend, den Begriff der Interaktvität mit Handlungszielen auf höheren Ebenen zu koppeln. Im Zusammenhang einer handlungsorientierten Medienpädagogik und hier speziell des Lernens mit Software wollen wir Handlungsziele und Lernziele gleichsetzen. Konkret bedeutet dies, daß die in *Abbildung 10*, S. 96 aufgestellten Lernziele auch als Ebene der Handlungsentwürfe dienen sollen.

Es ergibt sich somit eine hierarchische Größenordnung von Handlung, die jeweils mehrere mikrodidaktische Einheiten zusammenfaßt und sich nicht mit einem Minischema Präsentation-Aktion-Feedback zufriedengibt. Das folgende Beispiel, einem „Klassiker" zur Gestaltung von Lernsoftware entnommen, illustriert diese untere Betrachtungsebene (*Abbildung 15*, S. 133).

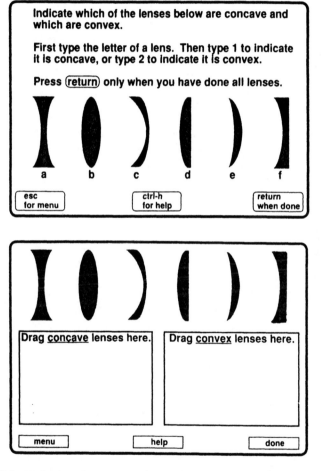

Abb. 15: Keyboard question with complicated directions (above) and Mouse question with simple directions (Alessi/Trollip 1991, S. 62)

Wir halten die Beschäftigung mit Interaktionen auf der Mikroebene aus mehreren Gründen für nur beschränkt sinnvoll:

- Der Kontext, in dem eine einzelne Interaktion sinnvoll oder aber auch unsinnig sein mag, bleibt unberücksichtigt.

- Statt die Gestaltung von Interaktionen als die Gestaltung von dynamischen Handlungsprozessen aufzufassen, werden sie als eine Serie statischer Bildschirmfolgen abgehandelt.

- Gleichzeitig wird der Blick von der Gestaltung des dynamischen Lernprozesses beziehungsweise der Lern*umgebung* weggelenkt und auf die Gestaltung linearer Sequenzen von Mikrointeraktionen reduziert.

- Es besteht die Gefahr, daß die aufgestellten normativen und kontextunabhängigen Regeln übergeneralisiert werden (z.b. „Auswahlantworten sind didaktisch schlecht."[13])

- Die Gestaltung komplexer Lernumgebungen ist nicht auf eine Reihe isolierter mikrodidaktischer Interaktionen reduzierbar.

- Es besteht die Gefahr, daß Mediendidaktik auf eine Anhäufung phrasenhafter und normativer Merksätze reduziert wird, die zum Teil trivial und peinlich sind (z.b. „Do not use questions with negative words." Alessi/Trollip 1991, S. 58).[14]

Das Beispiel einer „optischen Werkbank" soll die von uns in diesem Bericht bevorzugte Sichtweise illustrieren. BenutzerInnen werden Werkzeuge zur Verfügung gestellt, mit denen sie die optischen Eigenschaften verschiedener Linsenformen selbständig untersuchen können („entdeckendes Lernen"). Die bewußte *inhaltliche* Ähnlichkeit zur *Abbildung 15*, S. 133 soll die Unterschiede im *didaktischen* Ansatz besonders deutlich hervorheben. Besonders bemerkenswert in unserem Zusammenhang ist es, daß eine komplette Auflistung aller möglichen Interaktionsformen im Werkbankbeispiel dem didaktischen Charakter der Lernumgebung qualitativ nicht gerecht werden kann. Reihenfolge der Interaktionen, Wiederholungen, Strategien und so weiter, all dies bliebe dabei außer Betracht. Es zeigt sich

---

13. Wenn wir uns beispielsweise eine Sprachlernsoftware vorstellen, in der ein authentischer Videoclip vorgespielt und anschließend das Verständnis mit einer inhaltlich sorgfältig ausgewählten Multiple-Choice-Frage (vielleicht sogar selbst wiederum in der Form verschiedener authentisch gesprochener Videoclip-Antworten) geprüft wird, so kann dies – abhängig vom darauf folgenden Feedback – durchaus sinnvoll sein. Wenn wir uns eine Lernumgebung nicht als eine Serie von aufeinanderfolgenden Auswahlantworten, sondern sowohl im Inhalt als auch in der Form variabel und einfallsreich vorstellen, was ist dann von einem apodiktischen Verbot von Auswahlantworten zu halten?
14. Darin sehen wir einen wesentlichen Grund, warum sich viele PädagogInnen mit Schaudern und zu Recht von der Mediendidaktik und insbesondere der Didaktik interaktiver Software abwenden.

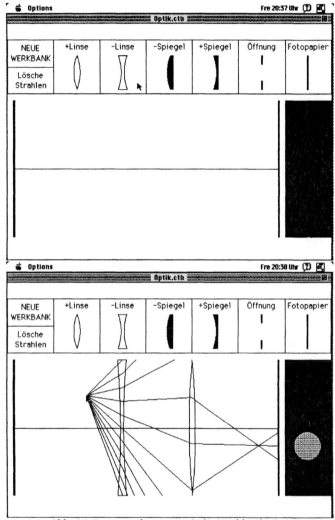

Abb. 16: Lernumgebung „Optische Werkbank" in *cT*
Start (oben) und ein Experiment

hier wieder einmal das Grundgesetz der Gestalttheorie, daß das Ganze nicht auf die Summe der Einzelteile reduziert werden kann.

Von diesem allgemeinen und hierarchisch abstrakten Begriff der Interaktivität ausgehend, wollen wir daher auch versuchen, eine Typologie

135

von Bildungssoftware zu entwerfen, die die im theoretischen Teil aufgestellten Kategorien des heuristischen Würfelmodells auf Software anwendet.

5

Software-Typologie

Wir gehen in diesem Buch von der These aus, daß sich in jeder Bildungssoftware ein theoretisches Lernmodell niederschlägt. Egal ob dieser theoretische Ansatz nun von den AutorInnen der Software auch tatsächlich expliziert worden ist oder nicht, spiegelt Lernsoftware – angefangen vom behandelten Thema über den Aufbau des Softwarepaketes bis hin zur Benutzeroberfläche – ein pädagogisches und didaktisches Modell wider, das in ihr implementiert wurde. Und noch ein Schritt weiter: Nicht nur das Produkt, die Bildungssoftware selbst, hat solch ein spezifisches Modell implementiert, sondern auch die Werkzeuge selbst, die zur Entwicklung der jeweiligen Software herangezogen werden. Bestimmte Entwicklungswerkzeuge eignen sich besonders für die Implementierung bestimmter theoretischer Modelle, für andere dagegen weniger.

Unter *Lernsoftware* verstehen wir Software, die eigens für Lehr- und Lernzwecke programmiert wurde und deren hauptsächlicher Zweck der Einsatz im Bildungsbereich darstellt. *Bildungssoftware* hingegen fassen wir etwas allgemeiner, da wir darunter alle Arten von Software verstehen, die sich für Bildungszwecke verwenden läßt. Egal ob sie nun speziell für (Aus)Bildungszwecke programmiert worden ist (wie z.b. ein Sprachlernprogramm = Lernsoftware) oder quasi „bloß" für die Veranschaulichung eines Sachverhaltes (z.b. Spreadsheet oder Tabellenkalkulation = Werkzeug) „zweckentfremdet" wurde.

Wir führen diese Unterscheidung ein, weil unserer Auffassung nach Lernen nicht bloß auf die Aneignung besonders (didaktisch) aufbereiteter Inhalte zu reduzieren ist, sondern vielmehr mit neu gewonnenen Erfahrungen zusammenhängt, sei dies nun in einem speziell organisierten Setting mit eigens aufbereiteten Inhalten (Unterricht) oder im Bewältigen von Alltagssituationen. Aus diesem Grunde haben wir in diesem Buch immer zwischen dem natürlichen Erwerb von Fertigkeiten und einem didaktisierten

Lernprozeß unterschieden. Wir fassen Lernen als einen aktiven Erkenntnisprozeß auf und versuchten ihn sowohl aus erkenntnistheoretischer (*Kapitel 3.5*, S. 99ff.), (kognitions-)psychologischer (*Kapitel 1*, S. 19ff.) als
auch sozialwissenschaftlicher beziehungsweise handlungstheoretischer
(*Kapitel 2.2*, S. 52ff.) Perspektive zu beschreiben.

Wir verwenden im folgenden vorzugsweise den allgemeinen Begriff
„Bildungssoftware" (oder englisch: *educational software*) und nicht etwa
einen der vielen modischen Begriffe wie Courseware, Teachware, Computer Assisted Instruction, Computer Based Training ...Wie wir noch zeigen
werden (vgl. *Kapitel 5.8*, S. 173ff.), entsprechen diese Begriffe bereits einem ganz bestimmten Modell des Lernens und sind daher als Eingangs-
voraussetzung für unsere Fragestellung nicht brauchbar. Im Gegenteil: Die
Sinnhaftigkeit unseres Ansatzes soll sich unter anderem auch darin zeigen,
daß die heillose Vielfalt von Begriffen, die im Zusammenhang computerunterstützten Lernens verwendet werden, eine theoretisch fundierte Bestimmung und Abgrenzung erfahren.

5.1 Ein heurstisches Lern(software)modell

Jede Typologie von Bildungssoftware geht von einem zugrundeliegenden
Schema aus, das es ermöglicht, Software nach einer oder mehreren Dimensionen zu ordnen. Bevor wir darzulegen versuchen, wie unser Kategorisie-
rungsschema, das auf Handlungs- und Lernziele aufbaut, konkret aussieht, müssen wir uns zuerst von einigen anderen gängigen Schemata ab-
grenzen:

5.1.1 Technische Komplexität

Eine Typologie der Bildungssoftware nach technischer Komplexität würde
etwa mit solcher Software beginnen, die einfach technisch zu realisieren
ist, und bei aufwendigen, komplexen Programmen enden. Solch ein Kate-
gorisierungsschema scheint auf den ersten Blick aus pädagogischer Sicht
völlig abwegig, und kaum ein Mediendidaktiker würde es wohl offen verwenden und theoretisch untermauern. Tatsächlich „schleicht" sich das
Kriterium „technische Komplexität" jedoch immer wieder ein. So wird
beispielsweise etwa gerne „Interaktives Video" oder „Multimedia" als eigene Kategorie von Bildungssoftware angeführt (wie z.B. bei Mandl et al.
1990).

Mit diesen Begriffen wird allerdings nichts über die Didaktik der Software selbst ausgesagt, die solche technischen Elemente verwendet. In einer

didaktisch ausgerichteten Typologie haben sie daher unseres Erachtens nichts verloren. Da diese modischen Begriffe aber bereits zu einer heillosen Verwirrung geführt haben, ist es notwendig, sie ein wenig genauer zu betrachten.

5.1.2 Multimedia und Medienintegration

Unter dem Modewort „Multimedia" wird derzeit eine Ansammlung von neuen Techniken diskutiert und beworben, die so neu gar nicht sind: Schließlich wurde schon der Diavortrag mit Begleitmusik vor Jahren als „Multimedia-Show" verkauft. Im Grunde sagt der Begriff daher nicht viel mehr aus, als daß verschiedene Medien zusammengenommen und über den Computer verbunden und gesteuert werden: Videorecorder, Tonband, Bildplattenspieler, und so weiter.

Das eigentlich Neue, was sich in diesem Bereich in den letzten Jahren technisch getan hat und sich ständig weiterentwickelt, wird durch den verwaschenen Namen Multimedia nicht erfaßt: Wir nennen es die „Medienintegration". Darunter ist gemeint, daß nun nicht mehr der Computer als Steuerpult (Schnitt- oder Tonstudio) zu den audiovisuellen Medien bloß additiv dazukommt, sondern daß der Computer als virtuell universelle Maschine diese Medien ersetzt.

Technisch wird dies erst durch die Vereinheitlichung aller audiovisuellen Daten in digitaler Form ermöglicht. Alle Datenarten – Bilder, Töne, Filme, Animationen – werden dadurch den traditionellen Computerdaten (Zahlen und Zeichen) in ihren Merkmalen gleichgestellt, das heißt sie sind von einem bestimmten Speichermedium unabhängig und mit Software beliebig verarbeitbar. Die CD-ROM wurde zum Prototyp des medienintegrierten Datenspeichers, aber nicht deshalb, weil es sich hier um ein spezifisches Speichermedium handelt (wie es z.B. die gleich aussehende Audio-CD ist), sondern nur, weil damit erstmals ein Datenträger gefunden wurde, der den für audiovisuelle Daten notwendigen enormen Speicherplatz für wenig Geld ins Haus bringt. Vom Datenformat her sind die Daten auf CD-ROMs identisch mit denen, die sich auf Festplatten, Disketten und so weiter speichern lassen.

Obwohl durch die Medienintegration das Ansprechen verschiedener menschlicher Wahrnehmungskanäle gleichzeitig erfolgen kann und damit zweifellos ein höherer Grad von Aufnahmekapazität, aber auch Motivation erreicht werden kann, ergibt sich daraus nicht notwendig ein bestimmter didaktisch sinnvoller Interaktionstyp. Oder umgekehrt formuliert: Multimediale Software verhindert nicht, daß „alte", pädagogisch nicht immer sinnvolle und historisch bereits seit langem in Verruf geratene mikrodidaktische Interaktionsformen (wie z.b. multiple-choice) im neuen Gewand wieder massenhaft angewendet werden.

5.1.3 Interaktives Video

Der Begriff „Interaktives Video" stammt vor allem aus der Unterhaltungselektronik und wurde in die Mediendidaktik übernommen. In der Unterhaltungselektronik werden damit Systeme bezeichnet, die Video so speichern, daß ein wahlfreier Zugriff und damit die Möglichkeit des benutzergesteuerten Abrufens von Videosequenzen besteht. Das ist beispielsweise bei bestimmten Bildplatten der Fall und bei der neueren Entwicklung der CD-I (CD Interactive).

Interaktives Video ist daher in erster Linie eine Technik, die von speziellen Hardware-Entwicklungen geprägt wurde. Im Zuge der fortschreitenden Medienintegration wurde der Begriff allerdings auch für Software verwendet, die nur mehr den Computer als Abspielgerät verwendet und Videosequenzen beinhaltet. Auch hier bezieht sich aber der Begriff der Interaktivität vor allem auf die Steuerungsmöglichkeiten des Benutzers. Wie im vorigen Abschnitt ausgeführt, wird damit kein bestimmter Interaktionstyp gemeint.

In bezug auf medienintegrierte Software ist daher die Bezeichnung „Interaktives Video" heute irreführend: Was interaktiv ist, ist die Software, die verschiedenste und keineswegs immer sehr anspruchsvolle Interaktionstypen zuläßt, während das integrierte Video meist nur als Präsentationsform Verwendung findet: Auf eine bestimmte Interaktion des Benutzers – meist nur in der Form einer traditionellen *multiple-choice* Auswahl –, wird die eine oder andere Videosequenz abgespielt. Ist sie fertig, folgt wieder eine Interaktion, und so weiter. Die eigentliche Interaktion *mit* dem Video – das Eingreifen des Benutzers in die gerade laufende Videosequenz – findet erst in den allerwenigsten (und bislang meist experimentellen) Programmen statt.

Interaktives Video ist daher aus der Sicht einer Typologie von Bildungssoftware unter didaktischen Gesichtspunkten keine eigene sinnvolle Kategorie.

5.1.4 Hypertext

Hypertext ist in den letzten Jahren zu einem beliebten und vielbehandelten Thema in der Informations- und Computerwissenschaft geworden, wie die zahlreichen Veröffentlichungen dazu zeigen (vgl. Gloor 1990, Kuhlen 1991, Shneiderman/Kearsley 1989). Ein Hypertext läßt sich am einfachsten als ein vernetztes Informationsangebot umschreiben. Oft wird die Einbindung von multimedialen Elementen in ein solches Informationsangebot durch den Namen „Hypermedia" hervorgehoben. Da aber der Textbegriff der Linguistik und vor allem der Semiotik auch nicht auf rein sprachliche beziehungsweise schriftliche Dokumente beschränkt sein muß (vgl. Hodge/Kress 1988), kann ein Hypertext in unserem Verständnis durchaus Bilder, Filme, Ton, Grafik und so weiter umfassen.

Von der Struktur her ist ein Hypertext eine Ansammlung von Dokumenten (Knoten), die durch bestimmte Verbindungen (sogenannte Links) miteinander verknüpft sind. Das Besondere an diesen Verbindungen ist, daß sie – etwa im Gegensatz zu den Verweisen in diesem Buch – durch den Leser (Benutzer) aktivierbar sind: Eine Interaktion mit diesen Verbindungen führt zu ihrem Zielpunkt, einem anderen Knoten. Diese aktiven Verbindungen ermöglichen neue, nicht lineare Strukturen von Texten, die uns aus dem Umgang mit gedruckten Materialien noch wenig vertraut sind. Die Möglichkeiten und Schwierigkeiten, die sich für LeserInnen von Hypertexten daraus ergeben, bilden (meist unter dem Schlagwort „Navigation") ein Hauptthema der schon erwähnten umfangreichen Literatur über Hypertext.

Das Interesse der Mediendidaktik richtet sich vor allem auf die Form des Lernens mit Hypertext, bei dem Dokumente (Informationen) nach Bedarf und Wunsch des Lernenden benutzergesteuert aufgesucht werden. Die Grundidee von Hypertext – Benutzersteuerung und nichtlineare Verknüpfungen – sind inzwischen in Lernsoftware beinahe zu einer Selbstverständlichkeit geworden und haben frühere, im wesentlichen sequentielle und starre Abläufe weitgehend ersetzt.

Da sich einerseits Hypertextstrukturen und die dafür typischen Interaktionsformen – benutzergesteuertes Aufsuchen von Informationen – in vielen Typen von Bildungssoftware finden, andererseits aber in Hypertexten auch andere Interaktionsformen integriert sein können, bildet Hypertext für uns ebenfalls keine eigene, in sich geschlossene Kategorie von Bildungssoftware.

5.1.5 Handlungstheoretisch motivierte Typologie

In unserem medienpädagogischen Ansatz ist Interaktivität ein zentraler Begriff, der die Perspektive auf eine sozialwissenschaftliche Grundlegung dieser Disziplin öffnet. Wir betrachten Interaktivität als kennzeichnendes

Merkmal des Computers und damit von Software. Daraus geht jedoch hervor, daß wir den allgemeinen Begriff von „Interaktivität" nicht gleichzeitig als generellen Wertmaßstab für Bildungssoftware verwenden können. Vielmehr ist es notwendig, verschiedene grundlegende Typen von Interaktivität zu unterscheiden. Da wir Interaktivität handlungstheoretisch begründet haben, ist es nur konsequent, die Softwaretypologie auf Handlungsziele zurückzuführen. Als Ausgangspunkt dafür wählen wir das im *Kapitel 3.4, S. 95ff.* entwickelte heuristische Lernmodell. Statt jedoch die unterschiedlichen Stufen (Neuling ... Expertentum) auf der Y-Achse aufzutragen, wählen wir eine adäquate Software-Bezeichnung. Die beiden Abbildungen (*Abbildung 10, S. 96* und *Abbildung 17, S. 142*) unterscheiden sich daher nur in der am äußersten linken Rand aufgetragenen Beschreibung der Y-Achse.

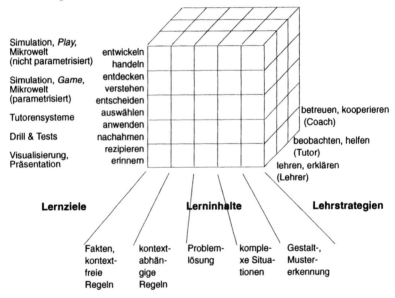

Abb. 17: Ein heuristisches Lern(software)modell

Wir verfolgen damit ein zweifaches Ziel:
- Einerseits sollen die allgemeinen pädagogischen Kategorien (Lernziele, Lerninhalte und Lehrstrategien) weiterhin ihren Sinn behalten. Statt sich jedoch auf das Verhältnis von Mensch-Mensch (LehrerIn-

StudentIn) zu beziehen, werden sie nun auf das Mensch-Computer-Interface angewendet (Software-StudentIn).

- Gleichzeitig wollen wir zeigen, daß unsere theoretische Sichtweise sich auch mit der Alltagswirklichkeit verträgt. Wir wollen also nicht alle Begrifflichkeiten entsprechend unserer Theorie neu entwickeln, sondern vielmehr darlegen, wie sich die im Alltag verwendeten Standardbegriffe in unsere Theorie einordnen lassen.

Wir werden daher in den folgenden Abschnitten jeweils eine Software in den uns interessierenden Punkten beschreiben und mit Grafiken der Benutzeroberfläche illustrieren. Damit diese Darstellung nicht übermäßig durch die Zufälligkeiten unserer Softwareauswahl belastet wird, versuchen wir, unser Beispiel als gutes oder schlechtes Beispiel zu klassifizieren und als Kontrast zumindest noch ein weiteres Beispiel zu erwähnen. Wir hoffen, damit eine gewisse Vorstellung von der Bandbreite und der möglichen unterschiedlichen Implementierung der einzelnen didaktischen Softwaretypen geben zu können. Über diesen Versuch einer handlungstheoretisch motivierten Softwaretypologie hinausgehend werden wir bei jeder einzelnen Kategorie dazugehörige zentrale Begriffe von Softwareeigenschaften in ihrem mediendidaktischen Bezug diskutieren. Damit wollen wir der Gefahr einer allzu groben schematischen Gliederung in Softwaretypen vorbeugen.

5.1.6 Idealtypus

Wir wollen daher bereits an dieser Stelle betonen, daß die von uns dargelegte Typologie von Softwarearten selbstverständlich niemals oder zumindest sehr selten in reiner Form in der Praxis (d.h. in kommerziellen Softwareprodukten) anzutreffen ist. Meistens sind reale Softwareprodukte durch ein durchmischtes Set verschiedener von uns beschriebenen Charakteristika gekennzeichnet. Wir beschreiben in gewisser Weise „Idealtypen" von Software. Damit meinen wir – in Anlehnung an den von Max Weber entwickelten und von Alfred Schütz konkretisierten Begriff – abstrakte und damit anonymisierte Eigenschaften von Software. Eigenschaften, die für eine bestimmte Art von Software „typisch" sind, auch wenn sie in ihrer Gesamtheit und jeweiligen Ausprägung keine konkrete, am Markt befindliche Software auch tatsächlich vollinhaltlich beschreiben. Unsere Typologie beschreibt „leere" Typen.

Durch die abstrahierende Typenbildung wollen wir vor allem auf Homogenisierung (d.h. Gleichartigkeit) und Iterierbarkeit (d.h. wiederholte Anwendbarkeit) abstellen. Oder einfach in der Alltagssprache formuliert:

Wir isolieren und überzeichnen absichtlich einzelne Merkmale und Eigenschaften, um „ideale", in der Praxis rein kaum vorkommende Trennmerkmale für Kategorisierungs- und Einordnungszwecke zu erhalten. Unser Ziel ist es, Bildungssoftware (in Abhängigkeit von den Inhalten, Lernzielen und Zielgruppen) auf der Ebene der Lehrstrategie vergleichbar zu machen und damit die Auswahl zu erleichtern. Gleichzeitig soll das gesamte lernorganisatorische Setting in den Blick kommen: Lernsoftware ist *ein* mögliches Hilfsmittel für den Unterricht und zieht ihre Stärken und Schwächen aus der ganzheitlichen (sozialen) Lernsituation.

Umgekehrt kann das Würfelmodell auch als Heuristik eingesetzt werden, indem die Frage gestellt wird: Mit welchem Typus von Software kann ich bei meiner Zielgruppe (= Lernstufe und Lernziel) die besten Erfolge erzielen? Oder für den Entwickler von Lernsoftware: Welchen Interaktivitätstypus soll ich in der zu programmierenden Software bevorzugen beziehungsweise welche Kombinationen von Interaktionstypen wie gewichten?

5.2 Präsentations- und Visualisierungssoftware

Die Präsentation von Informationen mit dem Computer ist zusammen mit den frühen, behavioristisch beeinflußten Lernmaschinen in Verruf geraten. Unter „Präsentation" wurde dabei in erster Linie die Bildschirmseite verstanden, die aufgrund der beschränkten technischen Möglichkeiten oft nur Text und noch nicht einmal Grafik enthielt. Dieser Präsentation folgte dann eine „Interaktion" – eine Frage oder Auswahl, oft genug aber bloß der Befehl zum Weiterblättern. Während aber die Entwickler und Theoretiker der Bildungstechnologien von dieser in ihren Augen steinzeitlichen Software nichts mehr wissen wollten, kommt die Präsentation von Inhalten in neuer und modernerer Form als Visualisierungssoftware wieder zu ihrem Recht und zwar:

- als Visualisierungs-Software, die komplexe Gebilde und Vorgänge modelliert
- als Multimediasoftware: Darunter werden alle Präsentationstechniken zusammengefaßt, die über Text und Grafik hinausgehen, also Bild, Ton und Video (vgl. *Kapitel 5.1.2*, S. 139ff.)
- als Hypertexte, sofern sie keine aktive (Um)Gestaltung durch den Benutzer vorsehen (vgl. *Kapitel 5.1.4*, S. 140ff.)

Diese Zuordnung von zum Teil hardware- und softwaretechnisch recht komplexen Produkten zu einem scheinbar simplen und überwunden geglaubten Softwaretyp mag im ersten Augenblick als Widerspruch erscheinen. Es besteht jedoch unserer Meinung nach kein direkter Zusammenhang zwischen technischer und didaktischer Komplexität. Die Gleichung: „Komplexe didaktische Aufgaben können nur durch komplexe Software erfüllt werden" ist unseres Erachtens in dieser apodiktischen Form falsch. Konkret heißt das, daß die von unserem Lernmodell her gesehen „unteren" Stufen (Interaktionsformen) nicht vernachlässigt werden sollten und man sich daher nicht nur noch auf Software konzentrieren sollte, die beispielsweise den Weg von der Stufe der Kompetenz zur Gewandtheit erleichtert. Im Gegenteil: Gerade unser heuristisches Lernmodell sollte es ermöglichen, den verschiedenen Typen von Software ungeachtet des dahinter stehenden technischen und finanziellen Aufwands ihren geeigneten Platz zuzuweisen.

Leider tritt gerade im Wissenschaftsbereich eine Überbetonung der „höheren" Softwaretypen (wie z.b. Simulationen, Mikrowelten) auf, weil sie sowohl theoretisch als auch programmtechnisch anspruchsvoller sind. Wir wollen uns jedoch bei unserer didaktisch orientierten Typologie von Software einzig von pädagogischen Zielen leiten lassen. Ob der entsprechende Softwaretypus dann programmiertechnisch anspruchsvoll ist oder nicht, betrachten wir für unsere Fragestellung als zweitrangig.

5.2.1 Softwarebeispiel

Beispiele für Visualisierungs-Software lassen sich überall dort finden, wo die herkömmlichen Medien wie Druck oder Dia die Möglichkeiten der Darstellung einschränken: Sei es durch ihre fehlende Dreidimensionalität, sei es durch die vorher festgesetzte Beschränkung auf eine oder wenige bestimmte Darstellungsweisen. Die Bedeutung der Visualisierung wollen wir am Beispiel chemischer Verbindungen illustrieren und verwenden dazu das Programm *Balls & Sticks*.

Abb. 18: Darstellungsformen in *Balls & Sticks*

Balls & Sticks stellt Modelle komplexer chemischer Moleküle dar und gibt dem Benutzer zahlreiche Möglichkeiten, sich diese Moleküle zu betrachten.

145

Abb. 19: Darstellung eines Moleküls aus verschiedenen Winkeln in *Balls & Sticks*

Die Abbildungen zeigen nur einige der Varianten, in denen dieses Visualisierungswerkzeug verwendet werden kann. Neben den verschiedenen Darstellungsformen und -winkeln, die für jedes Molekül gewählt werden können, gibt es auch die Möglichkeit, selbst Atome mit ihren Eigenschaften und Darstellungsmerkmalen zu definieren, die Modellierung der chemischen Verbindungen zu beeinflussen, Größe, Farben und Beschriftungen zu wählen, und so weiter. Das Programm wird im wesentlichen über Menüs gesteuert, von denen die in der *Abbildung 20*, S. 146 wiedergegebenen gleichzeitig einen Einblick in die Funktionsvielfalt der Software bieten.

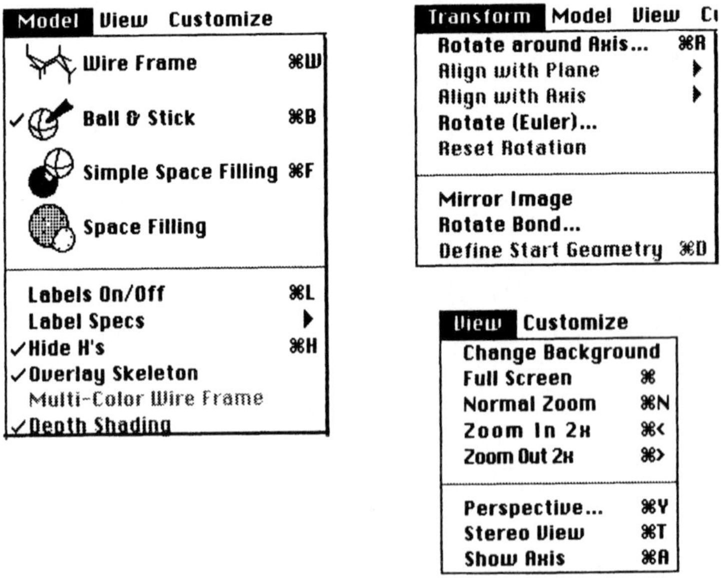

Model	View	Customize
⌇ Wire Frame		⌘W
✓ Ball & Stick		⌘B
Simple Space Filling		⌘F
Space Filling		
Labels On/Off		⌘L
Label Specs		▶
✓ Hide H's		⌘H
✓ Overlay Skeleton		
Multi-Color Wire Frame		
✓ Depth Shading		

Transform	Model	View	Cu
Rotate around Axis...			⌘R
Align with Plane			▶
Align with Axis			▶
Rotate (Euler)...			
Reset Rotation			
Mirror Image			
Rotate Bond...			
Define Start Geometry			⌘D

View	Customize
Change Background	
Full Screen	⌘
Normal Zoom	⌘N
Zoom In 2x	⌘<
Zoom Out 2x	⌘>
Perspective...	⌘V
Stereo View	⌘T
Show Axis	⌘A

Abb. 20: Menüs in *Balls & Sticks*

5.2.2 Didaktische Konzepte

5.2.2.1 WYSIWYG und der Aufbau mentaler Modelle

Das Ziel von *Balls & Sticks* ist einzig und allein die Darstellung von chemischen Molekülen. Da die Bedeutung einer solchen Visualisierung für die Entwicklung von Vorstellungsbildern und mentalen Modellen im Lernprozeß übereinstimmend anerkannt wird, erübrigt sich eine Diskussion der Rolle solcher Visualisierungswerkzeuge im Lernprozeß. Die von uns ausgewählte Software halten wir daher für ein relativ gutes Beispiel, das die Sinnhaftigkeit und enorme Bedeutung von Präsentationssoftware deutlich unterstreicht.

Das ist leider nicht immer der Fall. Im Prinzip verwendet jede Software in irgendeiner Art und Weise den Bildschirm und muß daher – in der einen oder anderen Form – ihre Inhalte präsentieren. Das trifft für die aus einer Tabellenkalkulation erzeugten Grafiken (Charts) genauso zu wie für die Texte eines Textverarbeitungsprogrammes. Denn gerade die Präsentation von Inhalten ist ein Aspekt, der praktisch in jeder Art von Bildungssoftware eine Rolle spielt: Die Parameter einer Simulation müssen ebenso dargestellt (präsentiert, visualisiert) werden wie das Szenario eines Spiels oder die Objekte einer Mikrowelt.

Ein entscheidendes Kriterium für die didaktische Sinnhaftigkeit von Visualisierungen besteht unserer Meinung nach darin, daß die Benutzer beim Aufbau *adäquater* mentaler Modelle unterstützt werden. Dies hängt sowohl von der Darstellung als auch von den zur Verfügung stehenden Manipulationsarten der am Bildschirm repräsentierten Objekte ab.

„What You See Is What You Get" (WYSIWYG) heißt das Prinzip, das eine möglichst exakte Übereinstimmung zwischen Bildschirmdarstellung und nachfolgenden Operationen sichern soll. Ursprünglich stammt der Begriff aus der Domäne der Textverarbeitungsprogramme, wo lange Zeit die ausgedruckten Texte nicht den Bildschirmdarstellungen entsprachen. So wurde beispielsweise kursiver Text am Bildschirm unterstrichen dargestellt oder noch schlimmer: Unsichtbare Steuercodes veranlaßten den Drucker Schriftart und Schriftgrad zu ändern, ohne dies am Bildschirm in irgendeiner Weise anzuzeigen. Wir wollen WYSIWYG aber ganz allgemein für die Übereinstimmung von Darstellung und/oder Manipulation mit einem mentalen Modell verwenden.

Ein mentales Modell ist eine gedankliche Konstruktion (Vorstellung) des interessierenden Sachverhaltes, die uns beim Handeln anleitet. Was nun im jeweiligen Fall als adäquat zu gelten hat (wir haben absichtlich nicht das Wort „richtig" verwendet), ist die im Einzelfall zu treffende didaktische Entscheidung. Ein einfaches Beispiel aus dem Alltag, die Konstruktion von Funktionsmodellen von Raumthermostaten soll diesen wichtigen Zusammenhang erläutern:

Es zeigte sich in Befragungen (Kempton 1987, S. 222ff.), daß Menschen zwei völlig unterschiedliche kognitive Modelle von Temperaturreglern haben: das Feedback-Modell und das Ventil-Modell.

„Anhänger" der Ventiltheorie bedienen den Thermostaten wie ein Gaspedal: Je höher er steht, desto mehr leistet der Brenner, desto mehr Wärme kommt von der Heizung und desto schneller erwärmt sich das Haus. Die Aufrechterhaltung einer konstanten Raumtemperatur hängt davon ab, die geeignete Einstellung zu finden. In dieser Stellung fließt dann ebenso viel Wärme zu wie verlorengeht.

Das Feedback-Modell ist eine Vereinfachung des wissenschaftlichen Modells; man ist daher versucht, es das „richtige" zu nennen. Das Modell besagt, daß die Raumtemperatur der Einstellung auf dem Thermostaten entspricht. Sinkt die Temperatur, so schaltet der Thermostat den Brenner ein. Die Leistung des Brenners ist konstant, die abgegebene Wärme hängt daher nur zusammen mit der Zeitspanne, in der der Brenner läuft.

Aus Studien über Energieverbrauch und Heizverhalten standen auch Messungen zur Verfügung, bei denen Raumtemperatur und Thermostateinstellungen zwei Jahre hindurch aufgezeichnet wurden. Die Aufzeichnungen belegten, daß die Hausbewohner tatsächlich entsprechend ihrem Modell vom Thermostat handelten.

Die Pointe an dieser Untersuchung ist aber, daß unter bestimmten Gesichtspunkten das Ventilmodell in der Praxis besser funktioniert als das wissenschaftlich „richtigere" Modell des einfachen Feedbacks, das beispielsweise den Temperaturverlust nach außen nicht berücksichtigt. Das wissenschaftlich „falsche" Ventilmodell führt hingegen (wenn auch aus anderen Gründen) zu praktisch brauchbaren Vorhersagen wie beispielsweise, daß bei kaltem Wetter der Thermostat etwas höher als normal eingestellt werden muß, oder daß bei höherer Raumtemperatur auch mehr Öl verbraucht wird.

Wären in dieser Untersuchung nur Interviews durchgeführt worden, so wäre vermutlich als Bezugspunkt für den Vergleich der beiden Modelle nur die „wissenschaftlich richtige" Erklärung geblieben.[15] *Handeln hat*

---

15. Wie etwa bei Collins/Gentner: Ihre Studie über „naive" physikalische Modelle macht Aussagen über die logische Konsistenz und die „Korrektheit" der Modelle ihrer Versuchspersonen, geht aber mit keinem Wort darauf ein, wie etwa Menschen mit solchen „falschen" Modellen leben (Collins/Gentner 1987, S. 263f.).

aber seine eigene Richtigkeit. Wir *leben* so, als ob ein Stuhl ein fester, undurchdringlicher Körper wäre, und nicht ein leerer Raum, in dem vereinzelt Atome schweben. Im Paradigma der Kognitionswissenschaft ist Handlung meistens sekundär: Kognitive Modelle kommen zuerst; wir handeln *nach* ihnen (im doppelten Sinne). Das Wissen um die funktionalen Merkmale eines Stuhls, daß er etwas ist, „worauf man sitzen kann" (objektivierende Einstellung), ist eben nicht dasselbe wie die körperliche Erfahrung des Auf-dem-Stuhl-Sitzens (Dreyfus 1985, S. 83), die es uns erlaubt, uns unser ganzes Leben lang auf Stühle zu setzen, ohne sie auf ihre Funktion zu prüfen (performative Einstellung).

5.2.2.2 Steuernde und didaktische Interaktionen

Präsentations- beziehungsweise Visualisierungssoftware können wir allgemein dadurch charakterisieren, daß sie sich auf Interaktionen der Steuerung der Software beschränkt. Die didaktische Interaktion, das heißt die inhaltliche Transformation der am Bildschirm dargestellten Objekte zu kognitiven Modellen findet außerhalb der Software statt. Im Fall von *Balls & Sticks* wäre dies beispielsweise die Projektion der Molekülmodelle im Rahmen einer Vorlesung oder die Benutzung der Software durch Studierende als begleitendes Hilfsmittel zu einem Chemielehrbuch.

Wir hoffen, daß inzwischen klar geworden ist, daß der Verzicht auf didaktische Interaktionen in einer Software keineswegs ein Nachteil sein muß. Im Gegenteil: Möglicherweise wird die Software dadurch flexibler und vielseitiger anwendbar, gerade weil eine bestimmte didaktische Interaktion *nicht* in der Software festgeschrieben ist. Es bleibt dem lernorganisatorischen Setting und dem Einfallsreichtum der Lehrkräfte überlassen, wie sie die Software tatsächlich im Unterrichtsgeschehen einsetzen. Ein prototypischer Anwendungsfall wäre beispielsweise sogenannte *Ressourceware*, das ist Software, die in erster Linie Materialien zur Verfügung stellt (z.B. Texte, Grafiken, Animationen, Videoclips ...), die dann entsprechend der Zielgruppe und den Lernzielen variabel eingesetzt werden können.

Ein weiteres wichtiges Argument gegen starr einprogrammierte didaktische Interaktionen sehen wir auch darin, daß die Steuerung und damit Handlungsorientierung beim Benutzer bleibt. Statt eine vorprogrammierte Sequenz der Software durchlaufen zu *müssen*, können – wenn dies die Software unterstützt – individuell Lernende autonom entscheiden, was sie mit den angebotenen Inhalten machen. Und schließlich kann dieser Verzicht oft der einzige Weg sein, um Peinlichkeiten der Anthropomorphisierung des Computers (z.B. als Dialogpartner in einem Sprachlernprogramm: „Das hast Du aber gut gemacht!" und ähnliches) zu entgehen. Bezogen auf das Lernmodell kann man darüber allerdings aussagen, daß Visualisierungssoftware eine „frühe" Stufe auf dem Weg zum Experten anspricht: Es geht hier erst einmal darum, sich Fakten anzueignen. Damit wird nochmals deutlich, daß wir unter „Fakten" viel mehr verstehen als bloße (propositionale) Merksätze wie „Wasser hat die Formel H_2O" und unter ihrer Aneignung mehr als das Auswendiglernen und Erinnern solcher Sätze. Wir verstehen darunter auch Vorstellungen und Modelle von Inhalten und Zusammenhängen des jeweiligen Gebiets. Ausschlaggebend für die Zuordnung zur ersten Stufe des Würfelmodells ist für uns in erster Linie, daß in Visualisierungssoftware noch keine Verfahren erlernt werden sollen und weder vorgefundene Probleme zu lösen noch komplexe „Fälle" beziehungweise Situationen zu bewältigen sind.

Bereits am Beispiel der Software *Balls & Sticks* wird die Schwierigkeit der Abgrenzung verschiedener Software-Typen deutlich. Unter einem anderen Gesichtspunkt ließe sich diese Software nämlich auch als ein Modellierungswerkzeug für chemische Moleküle betrachten, als eine „chemische Mikrowelt", und nicht als eine Präsentationssoftware.

Das Problem dieser Zuordnung weist auf eine alternative Lesart des heuristischen Lernmodells hin: Es kann nicht nur als eine grobe Typologie von Lernsoftware benutzt werden, sondern kann auch als eine feingliedrige Hilfe zur Kategorisierung von Software*elementen* dienen.

5.2.2.3 Multiple Repräsentation

Die durch die Medienintegration vereinheitlichte Digitalisierung aller Datenarten eröffnet auch neue Möglichkeiten, Inhalte und Situationen am Bildschirm auf unterschiedliche Arten, vielleicht sogar gleichzeitig, zu präsentieren: als Text, Bild, Ton oder wie auch immer. Diese Variation der Präsentationsform hat nicht nur unter dem Gesichtspunkt der Abwechslung und der Ästhetik eine wichtige Funktion: Gerade als Komponente komplexer Lernsoftware (z.B. Simulationen, Spiele) bedeutet sie auch eine Auswahl an Möglichkeiten für den Benutzer, eine komplexe Situation zu verstehen und zu überblicken. Sowohl die unterschiedliche Darstellungsform als auch die verschiedenen Gliederungsgesichtspunkte helfen BenutzerInnen, gewisse Aspekte komplexer Zusammemhänge deutlicher zu erkennen.

So bieten etwa die weiter unten besprochenen Simulationsspiele (vgl. *Kapitel 5.6.1*, S. 167ff. und *Kapitel 5.7*, S. 171ff.) stets mehrere Ansichten von ein und derselben Sachlage. In *SimAnt* (*Abbildung 21*, S. 151) kann nicht nur zwischen einem Längsschnitt und der Draufsicht gewechselt werden, sondern zusätzlich noch zwischen verschiedenen Maßstäben, die die Ameisen in beinahe natürlicher Größe, das aktuelle Spielfeld oder den gesamten zu erobernden Garten zeigen.

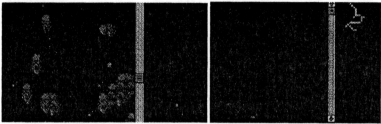

Abb. 21: Multiple (grafische) Repräsentation am Beispiel von *SimAnt*

Zur Veranschaulichung wollen wir dies am *Macintosh*-Betriebssystem darlegen: Die Dateien auf einem Speichermedium können in mehrfacher Weise auf dem Bildschirm repräsentiert werden. Entweder in Symbol- oder Listenform, oder auch kombiniert. Die Symbole können je nach Wahl groß oder klein, mehrfärbig oder einfärbig sein. Die Gliederung kann unter anderem nach Erstellungsdatum, Größe, Farbe, Etikett, Kommentar, Name, Programmtypus der Datei gewählt werden. Diese Darstellung kann für eine detailliertere Betrachtung expandiert oder für einen Überblick kontrahiert werden. Die Kombination der verschiedenen Darstellungsformen und Gliederungsmöglichkeiten erleichtert sowohl die Suche nach bestimmten Dateien beziehungsweise Dateitypen als auch die Dokumentation (Ausdruck) wesentlich.

Selbstverständlich muß das jeweilige Repräsentationssystem selbst erlernt werden. Das ist zwar eine zusätzliche, dazwischengeschaltete Arbeit, die aber für viele Aufgaben nicht nur unumgänglich, sondern so wichtig ist, daß sie ein eigenes Teil(lern)ziel bildet. Zwar bedeutet das Lesen von Musiknoten noch nicht, daß die betreffende Person dann auch gut musizieren kann; jedoch ist das Beherrschen des Notensystems dafür wohl unerläßlich (vgl. *Kapitel 3.3.6*, S. 93ff.). Mit Repräsentations- oder Notationssystemen[16] lassen sich gewisse Sachverhalte oft besser und exakter darstellen. Repräsentationssysteme sind systematische Deutungs- und Interpretationsschemata, die einen objektivierenden Charakter haben. Als

16. Nach Goodman (1973) ist das Notensystem so umfassend, systematisch und konsistent, daß es eine beliebige Anzahl authentischer Aufführungen des Musikstücks ermöglicht. Er bezeichnet diese spezielle Art von Repräsentationssystemen als *Notationssysteme*.

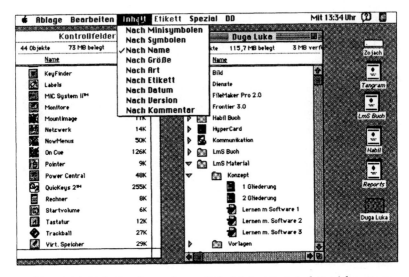

Abb. 22: Multiple Repräsentation am Beispiel des *Macintosh*-Betriebssystems

Standard gelten sie nicht nur für mich, sondern sind allgemein gültig. Das Wort „Haus" beispielsweise hat in der gleichen (deutschen) Sprachgemeinschaft einen Inhalt, der unabhängig davon ist, in welcher seelischen Verfassung ich mich beim Sprechen gerade befinde und mit welcher Betonung ich es gerade ausspreche.

Unter didaktischen Gesichtspunkten sind bei der Verwendung von Repräsentationssystemen vor allem zwei Punkte zu beachten:

• Repräsentationssysteme müssen sowohl aussagekräftig als auch leicht erlernbar sein: Welchen Sinn macht es, ein kompliziertes System als Hiflsmittel zu erlernen, wenn die Komplexität dieses Systems derart hoch ist, daß es leichter ist, direkt die betreffende Sache anzuwenden? Es ist dies eine Frage der Verhältnismäßigkeit der Mittel. Wenn ich mich für einen einzigen konkreten Fall in einer Fremdsprache verständigen muß (z.B. im Urlaub), so macht es wenig Sinn, mit dem Erlernen des kompletten grammatikalischen System zu beginnen, wenn ich dadurch meine alltäglichen Lebensbedürfnisse (z.B. Einkaufen gehen) gerade nicht befriedigen kann.

• Die Landkarte ist nicht die Landschaft (vgl. Bateson 1987, S. 40f.): Damit soll klargelegt werden, daß die Repräsentation des Dinges nicht das Ding selbst ist. Wenn wir an Kokosnüsse denken, dann haben wir keine Kokosnüsse im Hirn, wenn wir das Wort Kokosnuß auf ein Blatt Papier schreiben, dann ist dies bloß eine Repräsentation, aber nicht die Kokosnuß selbst. Dieser simpel erscheinende Sachverhalt wird vor allem dann unklar, wenn es sich um sehr komplexe Repräsentationssysteme handelt, in denen wir uns „bewegen", das heißt ihre Elemente manipulieren und transformieren.[17] Ein aktuelles Beispiel für das „Versinken" in Repräsentationssystemen bieten die neuen Möglichkeiten der „Virtual Reality": Gekoppelt mit multipler Repräsentation auf mehreren Wahrnehmungskanälen gleichzeitig ist das (Repräsentations)System so allmächtig, daß es nicht nur mit der Alltagswirklichkeit verwechselt wird, sondern im jeweiligen Augenblick auch tatsächlich eine eigene Realität (Sinnbereich) für das jeweilige Individuum konstituiert.

5.2.2.4 Komplexitätsreduktion

Die Idee dieses didaktischen Konzeptes ist es, komplexe Software so zu gestalten, daß sie bereits mit einigen wenigen Kommandos und Einstellungen brauchbare Ergebnisse liefert. Beim ersten (Lern)Einstieg werden nur die essentiellen, für die spezifische Softwarekategorie typischen Bedienungselemente erwähnt beziehungsweise vermittelt. Dutzende (oder gar hunderte) anderer Kommandos oder Parametereinstellungen bleiben den BenutzerInnen (vorerst) verborgen, indem sie mit gängigen Standardwerten (*Defaultwerten*) voreingestellt werden. Damit ist der didaktische Vorteil einer Reduzierung von Komplexität wohl offensichtlich: Es kann einfach und relativ bald mit dem entsprechenden Softwarepaket gearbeitet werden.

Häufig kann es sogar vorkommen, daß Benutzer die vielen anderen (ihnen vorerst unbekannten) Funktionen für ihre speziellen (Lern)Ziele gar nicht benötigen. In diesem Fall ist zwar die Komplexitätsreduktion ebenfalls didaktisch sinnvoll, doch stellt sich die Frage, ob nicht mit „Kanonen auf Spatzen" geschossen wird: Eine relative einfache (Lern)Aufgabe wird mit einer komplexen (und damit meist teuren und langsamen) Software erledigt. Warum einen Lastwagen fahren, wenn man nur zwei Personen transportieren will? Wäre für den konkreten Awendungsfall nicht eine einfache, speziell für den Lernzweck zugeschnittene Software geeigneter als eine „Allround"-Software?

---

17. Interessanterweise neigen wir vor allem in politisch brisanten Angelegenheiten dazu, die Repräsentation als die Sache selbst anzusehen. Das öffentliche Verbrennen einer Nationalflagge wird sowohl von jenen Personen, die sie verbrennen, als auch vom Nationalstaat selbst als eine reale (und nicht symbolische) Verunglimpfung des Staates empfunden beziehungsweise geahndet.

In Visualisierungssoftware wird bereits durch die grafische Darstellung eine notwendige Vereinfachung vorgenommen. So wird beispielsweise bei *SimAnt* (*Abbildung 21*, S. 151) auf den natürlichen Formenreichtum der Umwelt von Ameisen verzichtet. Eine weitere Reduktion der natürlichen Komplexität wird aber jeweils beim Wechsel verschiedener Repräsentationsformen vorgenommen, damit die gesamte dargestellte Situation für den Benutzer noch erfaßbar bleibt: Während die Gesamtdarstellung wegen ihres Maßstabs viele verschiedene Elemente zeigt, werden diese nur durch einfache Farbpunkte symbolisiert. Die Detaildarstellung zeigt zwar einzelne Elemente genauer, beschränkt sich dafür aber auf eine absolut geringere Anzahl von Elementen.

Im Beispiel der *SimAnt*-Software wird zusätzlich auch Ton verwendet. Damit sollen Ereignisse angezeigt werden, die augenblicklich nicht sichtbar sind beziehungsweise in der gerade aktiven Darstellungsform nicht repräsentiert werden können. Dies zeigt, daß die Technik der multiplen Repräsentation auch zur Komplexitätsreduktion verwendet werden kann.

5.3 Drill- und Testsoftware

Eigentlich ist der geläufige Name für diesen Softwaretyp „Drill & Practice". Damit werden jene weit verbreiteten Formen von Bildungssoftware verstanden, die zur Festigung von bereits gelernten Inhalten dienen sollen. Darunter fallen Lückenfüller ebenso wie etwa Vokabeltrainer, Grammatiktests, Rechenaufgaben oder Maschinschreib-Trainer.

Der Name für diese Kategorie ist unseres Erachtens jedoch recht unglücklich gewählt: Während Drill den Beigeschmack von sturer Dressur hat, ist „practice" in unserem erweiterten handlungsorientierten Sinne als „Praxis" viel zu umfassend für die damit gemeinte Software: Es kann die Ausübung einer komplexen (kognitiven) Tätigkeit auf der Ebene von Expertentum oder Gewandtheit ebenso bedeuten wie jede Art des mechanischen Einübens von Fertigkeiten. Wir wollen diesen Softwaretyp daher durch die treffendere Bezeichnung „Drill & Test"-Software umschreiben.

In der Reaktion auf den Behaviorismus als dominantem Lernparadigma (vgl. *Kapitel 3.5.1*, S. 101ff.), in dem den Formen von Drill als Verstärkung eines Reiz-Reaktions-Schemas große Bedeutung zugemessen wurde, kam auch das (Ein)Üben pädagogisch in Verruf. Während unser Lernmodell aber keineswegs zur Verteidigung des Behaviorismus antrat, sollte doch aus den bisherigen Ausführungen hervorgehen, daß wir der Rolle des Einübens von körperlichen, aber auch kognitiven Fertigkeiten große Bedeutung zumessen.

Bei körperlichen Fertigkeiten wie radfahren, maschinschreiben oder tanzen wird kaum jemand die Notwendigkeit des Einübens abstreiten. In unserer Sichtweise wird Experten jedoch auch eine mentale Beherrschung seiner Fertigkeit zugestanden, die den angeführten körperlichen Fertigkeiten durchaus ähnlich ist. Damit kann in unserer Auffassung auch jenen Typen von Software, die zum Einüben von Fertigkeiten konzipiert wurden, aber durch die wissenschaftstheoretische Entwicklung in Verruf geraten sind, durchaus eine positive Rolle im Lernprozeß zufallen. Selbstverständlich bedeutet dies jedoch nicht, daß wir damit automatisch alle Arten von verfügbarer „Drill & Test"-Software rechtfertigen oder gutheißen wollen.

5.3.1 Software als autoritärer Lehrer

Im Gegenteil: „Drill & Test"-Software ist verantwortlich dafür, daß das computeruntertützte Lernen in pädagogischer Hinsicht noch nicht salonfähig geworden ist. Sie ist die derzeit am Markt am häufigsten vorfindliche Lernsoftware. Diese real existierenden Beispiele repräsentieren für kritische Pädagogen eine Horrorvision, weil sie oft für sture, mechanische und bis ins kleinlichste Detail gehende Kontrollmaßnahmen verwendet werden. Manchmal wird dies sogar noch (naiv) mit nicht zu vertretenden didaktischen Grundsätzen offen begründet:

> Der hohe didaktische Wert von Plato resultiert aus der dem Studenten aufgezwungenen Disziplin. „Auslassen" einer Frage oder „Überblättern" einer Seite ist – im Gegensatz zu Arbeitsbüchern – nicht möglich. (Paulitsch o.J.)

Unter diesem Gesichtspunkt kann Lernsoftware auch dazu eingesetzt werden, um die – besonders bei Erwachsenen – bereits brüchig gewordene Autoritätsrolle von LehrerInnen neu zu untermauern. Die Software ist scheinbar unpersönlich und damit kritikfest. Unsinnige didaktische Interventionen können nicht *ad personam* diskutiert, kritisiert und gegebenenfalls modifiziert werden. Daß sich hinter jeder Lernsoftware lerntheoretische Annahmen und ein didaktisches Konzept verbirgt, ist nicht so offensichtlich und wird durch technischen Firlefanz oft verschleiert.

Die große Verbreitung von „Drill & Test"-Software ist nicht auf pädagogische, sondern vor allem auf technische Ursachen zurückzuführen. Jene Interaktionsformen, die mit dem Begriff des Drill verbunden sind, sind programmtechnisch besonders leicht zu realisieren. Traditionell wurde der Erfolg des Übens daran gemessen, wie viele als richtig gewertete mikrodidaktische Interaktionen der Benutzer (oft auch noch innerhalb welcher Zeitspanne) ausführen kann. Da zählen und Zeit messen mit Software leicht realisierbar ist, haben diese beiden Kriterien andere, sinnvollere Maßstäbe für die Aneignung einer Fertigkeit durch den Lernenden „spontan" ersetzt. Zur Verbreitung dieser Softwareart hat sicher auch noch beigetragen, daß das institutionalisierte Bildungswesen traditionell den Erfolg oder Mißerfolg ebenfalls genau nach diesen quantitativen Parametern bemaß und darüber oft genug die eigentlichen Lernziele und die zu erwerbenden Fertigkeiten aus den Augen verlor.

5.3.2 Softwarebeispiele

5.3.2.1 Fingeralphabet

Am Deutschen Zentrum für Gebärdensprache in Hamburg wurde das einfache Übungsprogramm *Fingeralphabet* (in *HyperCard*) entwickelt (*Abbildung 23*, S. 157). Es dient als Hilfe zum Erlernen des internationalen Fingeralphabets, das als ein erstes und rudimentäres Verständigungsmittel mit Gehörlosen das Buchstabieren von Namen, einzelnen Wörtern und so weiter ermöglicht. Das Erlernen des Fingeralphabets steht auch am Anfang des Erwerbs der Gebärdensprache durch Hörende, die damit ihnen unbekannte Gebärden ersetzen beziehungsweise erfragen können. Gehörlose beherrschen das Fingeralphabet natürlich flüssig und buchstabieren schnell und geläufig darin. Für die erste Kommunikation mit Gehörlosen ist es daher für Hörende wichtig, das Fingeralphabet geläufig benutzen, vor allem aber verstehen zu können. Dazu ist einige Übung notwendig, die mit diesem Programm unterstützt werden soll.

Neben einem Visualisierungsteil, in dem gewünschte Buchstaben angezeigt werden, ist der Modus „Selbsttest" eindeutig als Drill zu klassifizieren: Ein Wort aus der im Programm gespeicherten Liste wird zufällig ausgewählt und mit Fingeralphabet buchstabiert. Der Übende muß anschließend das abgelesene Wort eingeben. Bei einer falschen Antwort kann der Benutzer entscheiden, ob das Wort wiederholt oder die Lösung gleich angezeigt werden soll. Der Benutzer kann außerdem wählen, wie lange jeder einzelne Buchstabe dargestellt werden soll.

Als eine Steigerung des Schwierigkeitsgrades können Textdateien geladen und buchstabiert werden. Durch die Vorbereitung dieser Textdateien kann beispielsweise ein Lehrer allmählich Wortlänge, Anzahl verschiedener Buchstaben und so weiter ändern. Das Programm kann allerdings Buchstaben nur einzeln darstellen und zeigt daher bereits bei Buchstabenkombinationen, die speziell ausgedrückt werden („sch", Verdopp-

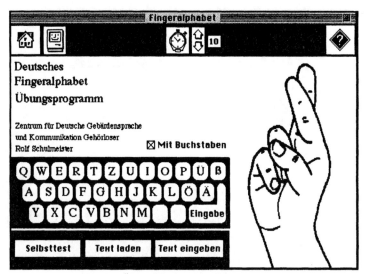

Abb. 23: Übungsprogramm *Fingeralphabet*

lungen) seine Grenzen. Trotzdem kann es unseres Erachtens als eine gute Anwendung eines Drills bezeichnet werden, die ihre didaktische Berechtigung hat.

5.3.2.2 Number Munchers: Drill und Spiel

Das zweite Beispiel, das wir hier anführen, ist *Number Munchers*, ein Spiel für Kinder zum Üben von Zahlenbegriffen und Grundrechenarten (*Abbildung 24*, S. 158). Diese Software ist nach dem Muster des bekannten *Pacman*-Computerspiels konzipiert: Die Spielfigur hat die Aufgabe, Felder, die eine bestimmte Bedingung erfüllen, „aufzufressen". In der Abbildung beispielsweise müssen alle Felder, die als Rechenergebnis 33 haben, „gefressen" werden. Die Spieler werden dabei aber von anderen, „bösen" Figuren gehindert und müssen sich zwischendurch auch mal auf sichere Plätze retten (Felder mit fetten Ecken). Sind alle passenden Felder geleert, gelangt der Spieler in die nächste Spielstufe mit einer etwas komplizierteren Aufgabe.

Auch hier zeigen sich die Schwierigkeiten mit einer Typologie von Bildungssoftware: Von den Inhalten her (Anwenden von kontextfreien Regeln und zeitkritisches Verhalten) entspricht diese Software dem typischen Einsatzgebiet von Drill & Tests. Gleichzeitig ist es aber auch ein Spiel, in dem sich der Lernende in „seine" Figur, den Zahlenfresser, hineinversetzt

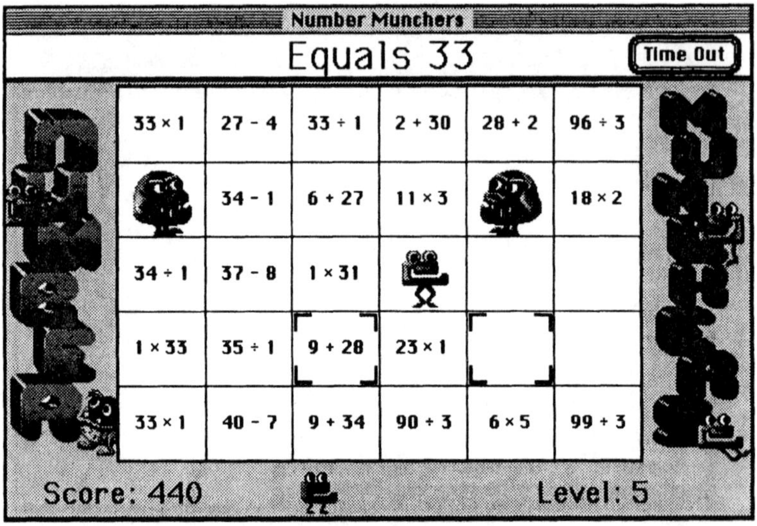

Abb. 24: *Number Munchers*

und sie unbeschadet durch das Spielfeld zu führen versucht (vgl. *Kapitel 5.6.2, S. 169ff.*).

Beide von uns gewählten Beispiele halten wir für ihren begrenzten Verwendungszweck für didaktisch sinnvoll und brauchbar. Wir wollten damit zeigen, daß – entgegen der landläufigen Ansicht – auch „Drill & Test"-Software pädagogisch nutzbringend verwendet werden kann.

5.4 Tutorensysteme

Unter dem Begriff „Tutorensystem" oder nur „Tutorial" fassen wir jene Arten von Lernsoftware zusammen, bei denen der Computer tatsächlich die Rolle des „Tutors" übernehmen soll: Das heißt, es sollen sowohl Inhalte vermittelt als auch eingeübt und eventuell sogar überprüft werden. Entscheidend für die Kategorisierung von Software als tutorielles System ist es in unserer Auffassung jedoch, daß in erster Linie kein Faktenwissen, sondern Regeln und ihre Anwendung, also vor allem prozedurales Wissen vermittelt werden sollen. Von der Konzeption her haben wir hier also Bildungssoftware mit einem relativ umfassenden didaktischen Anspruch vor uns. Aus der Sicht unseres Würfelmodells handelt es sich dabei in der Y-Achse um die Kombination von Präsentation (Darstellung von Inhalten) und Drill (Einüben von Inhalten). Da dieser Softwaretyp sehr häufig vorkommt und gerade in der Kombination beider Stufen eine eigene didaktische Qualität gewinnt, wollen wir ihn in unserer Typologie auch gesondert ausweisen.

5.4.1 Softwarebeispiel

Der umfassende Anspruch ist auch der Grund dafür, daß sich Tutorials gerade in jenen Bereichen durchsetzen, in denen andere, „klassische" Formen des Lehrens nicht angebracht oder durchführbar sind. So sind den Computerbenutzern Tutorensysteme für Software inzwischen relativ vertraut: Komplexe Soft- oder Hardwarepakete enthalten manchmal interaktive Lernprogramme, die dem neuen Benutzer den Einstieg und die ersten Schritte erleichtern sollen. Sie können zwar nicht die Beschäftigung mit dem Handbuch ersetzen, wohl aber oft eine erste Einführung oder Einschulung durch den Händler – diese wird nicht immer angeboten, und wohl nur in den seltensten Fällen genau dann, wenn der neue Benutzer sie braucht oder wünscht. Das Tutorensystem tritt dabei kaum in Konkurrenz mit anderen Bildungsangeboten: meistens ist es die einzige zeitlich und räumlich mögliche Form des Lernens.

So werden beispielsweise *Macintosh*-Computer mit einer Einführungsdiskette ausgeliefert, die interaktiv die ersten Schritte im Umgang mit dem Betriebssystem vermittelt (*Abbildung 25*, S. 160). Beim Benutzer werden praktisch keine Computerkenntnisse vorausgesetzt: Er muß nur die Diskette in das Laufwerk stecken und starten können. Selbst so grundlegende Prozeduren wie die Mausbenutzung werden mit einfachen Animationen interaktiv eingeübt.

In einem kleinen Fenster wird die Benutzeroberfläche des *Macintosh* simuliert. Kurze Erklärungen folgen Anweisungen, mit denen die Benutzer einfache Aktionen ausführen können, wie beispielsweise Fenster öffnen und schließen, Dateien und Ordner anlegen und löschen, Dateien benennen und sichern und so weiter. Nach diesem Anweisungsteil wird das eben Gelernte noch einmal geübt, wobei die Aufgabenstellung etwas umfassender und komplexer ist. Dabei kann nach Bedarf mit der Taste „Führe mich" eine schrittweise Hilfe für die Lösung der Aufgabe abgerufen werden.

Lernende müssen zur Lösung der in diesem Tutor gestellten Aufgaben nicht nur die relevanten Prozeduren anwenden können, sondern oft auch zwischen ihnen eine Auswahl treffen und sich für einen (vermuteten) Lösungsweg eigenständig entscheiden.

Abb. 25: *Macintosh* Intro

5.4.2 Künstliche Intelligenz und Benutzermodellierung

Allerdings halten wir das von uns gewählte Beispiel insgesamt für ein schlechtes Beispiel der von uns zu charakterisierenden Softwarekategorie. Die Ursache liegt darin, daß die angewendeten Prozeduren relativ trivial erscheinen und kaum in sinnvolle propositional formulierte Regeln transformiert werden können. Der von uns hier vor allem gemeinte Idealtypus „Tutorensystem" umfaßt in erster Linie sehr spezielle und teure Expertensysteme, die die Konzepte der sogenannten „Künstlichen Intelligenz" anwenden.

Die Lehrstrategie, bei der dem Lernenden ein Problem gestellt wird und das Lernziel in den Verfahren zur Lösung dieses Problems besteht, ist das prototypische Einsatzgebiet für Tutorensysteme. Nicht zufällig jedoch sind die Problemstellungen in einem einfachen Programm wenig umfassend (sie gehen selten über einen oder zwei der vorher gelernten Verfahrensschritte hinaus): Je umfassender eine Problemstellung, desto zahlreicher die möglichen Lösungswege. Die Software müßte demnach in der Lage sein, alle Lösungsansätze der BenutzerInnen einem Verfahren zuzuordnen und die Lernenden dementsprechend durch Hilfe und Rückmeldungen weiterzuführen, was rasch zu einer kombinatorischen Explosion von vorzusehenden Reaktionen führt.

Gerade für die Entwicklung von Tutorensystemen erhoffte sich die Mediendidaktik daher Anregung und Unterstützung von der Künstlichen Intelligenz-Forschung. „Intelligente Tutorensysteme" (ITS) müßten nicht nur Wissen über die inhaltliche Seite der Problemstellung in geeigneter Form repräsentieren, sondern auch Wissen über Lehren und Lernen. Die Aktion des Lernenden würde dabei Inferenzen auslösen darüber, welcher Wissensstand beziehungsweise welche Lücken bei den Lernenden vorhanden sind, welches ihre vermutlich bevorzugten Lösungsverfahren wären und welche Art von Hilfestellung sie brauchen. Das System konstruiert dabei ein individuelles „Benutzermodell" vom jeweiligen Lernenden.

Der hohe Entwicklungsaufwand für solche ITS wie auch die Schwierigkeiten mit der notwendigen Formalisierung von „Lehr-Expertentum" haben dazu geführt, daß intelligente Tutorensysteme meist Experimente geblieben sind. Einzelne Programme, wie beispielsweise der *LISP-Tutor* (Carnegie-Mellon University, vgl. Mandl et al. 1990), sind zwar erfolgreich im Einsatz, von dem in der KI-Forschung propagierten Siegeszug intelligenter Tutorensysteme ist aber weit und breit wenig zu spüren.

5.5 Simulationen

Simulationen sind Modelle, die komplexe Sachverhalte oder Situationen aus bestimmten inhaltlichen Bereichen (z.B. Wirtschaft, Biologie, Klima usw.) abbilden. Voraussetzung für eine Simulation ist, daß sich diese Sachverhalte durch mathematische Relationen und Parameter ausdrücken lassen. Die Aufgabe der Lernenden besteht darin, durch Verändern von Parametern gewünschte Einflüsse auf die Situation auszuüben. Da diese Parameter jedoch meistens komplex miteinander vernetzt sind, hat die Maximierung eines Faktors meist auch – unerwünschte – Auswirkungen auf andere Faktoren. Es geht also darum, diese Wechselwirkungen herauszufinden und statt einer Maximierung einzelner Werte die Optimierung möglichst vieler Parameter anzustreben (vgl. die dabei entstehenden kognitiven Anforderungen: Dörner 1989).

In Simulationssoftware sehen sich Lernende einer komplexen Situation gegenüber, die es zu bewältigen gilt. Erschwerend kommt hinzu, daß die Ausgangssituation nicht statisch und determinierbar ist. Das heißt, es gibt keinen ausgezeichneten Ruhezustand, in dem schrittweise ein bewußter Entscheidungsprozeß nach gelernten Regeln stattfinden kann. Die Situation verändert sich ständig von selbst, sodaß die BenutzerInnen in das laufende Geschehen andauernd zeitkritisch eingreifen müssen. Es kommt vor allem darauf an, die Situation in ihrer Gesamtheit (Gestalt) zu erfassen, sich auf sie motivational einzulassen. Das Ziel des Lernens mit Simulationen ist die Bewältigung komplexer Situationen auf dem Niveau von Gewandtheit oder Expertentum.

5.5.1 Softwarebeispiel

Das hier für unsere Typologie verwendete Beispielprogramm *SimEarth* wird als Spielsoftware kommerziell vertrieben. Inhalt der Simulation ist die Erd- und Evolutionsgeschichte einschließlich der Geschichte der Zivilisation. Dieser große Rahmen zwingt dem Programm starke Vereinfachungen bei der Modellierung auf, obwohl dabei immer noch eine Vielzahl von Parametern übrigbleibt. Am ehesten kann als Ziel der Simulation die Schaffung und Weiterentwicklung von lebensfähigen Zivilisationen betrachtet werden, die schließlich eine erfolgreiche Auswanderung von der Erde zu Ende der Lebenszeit unserer Sonne und damit ein hypothetisches Überleben der Zivilisation auf einem anderen Planeten ermöglichen. Die Lebenszeit der Erde und der Sonne ist demnach die dynamische Situation, die sich ständig – auch ohne Eingriffe des Spielenden – durch Zeit, Naturkatastrophen, Ressourcenknappheit, Kriege und so weiter verändert.

Die Parameter, auf die die SpielerInnen Einfluß nehmen können, reichen von der Plattentektonik des Planeten bis zur Ressourcenverteilung für Kultur, Wissenschaft, Landwirtschaft und so weiter. Die Einflüsse dieser Parameter zeigen sich manchmal erst in Zeiträumen von Jahrmillionen – beispielsweise wenn sich herausstellt, daß sich auf einem Planeten mit zu wenig Landmasse Tierpopulationen und damit intelligente Wesen nicht genügend weiterentwickeln können.

Der Grundstein einer so komplexen Simulation ist die geeignete und anpaßbare Repräsentation der Situation (vgl. *Kapitel 5.2.2.3, S. 150ff.*) und der Einflußfaktoren. Wie im später noch besprochenen Spiel *SimAnt* (von derselben Firma) wird der jeweilige Planet durch Karten in verschiedenem Maßstab repräsentiert. Verschiedene Hilfsfenster stellen den Stand und die Entwicklung bestimmter Parameter und einzelner „Beteiligter" (Tiergattungen, Zivilisationen, Ressourcen usw.) grafisch aufbereitet dar.

Eine besondere Herausforderung für Gestalter von Simulationen stellen die Steuerungsmöglichkeiten für die BenutzerInnen dar. Während das Programm intern mit Zahlenwerten arbeitet, würde die Eingabe und Veränderung von wenig aussagekräftigen Zahlen die BenutzerInnen irritieren und langweilen. In *SimEarth* wurden dafür Kontrollfenster geschaffen, die zusätzlich zur aktuellen (relativen) Größe eines Parameters die Wechsel-

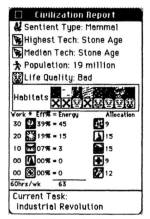

Abb. 26: Hilfsfenster in *SimEarth*: Übersicht über den Zustand der Zivilisation

wirkungen innerhalb einer zusammengehörenden Gruppe von Faktoren grafisch darstellen und steuerbar machen. Der selektierte Parameter kann mit einem Schieberegler verändert werden, der dazugehörige Pfeil zeigt durch seine Dicke den aktuellen Wert des Parameters an (*Abbildung 27*, S. 163).

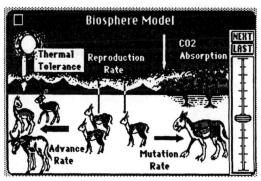

Abb. 27: Steuerung von Parametern in *SimEarth*

Die Steuerungsmöglichkeiten der BenutzerInnen beschränken sich in dieser Simulation aber nicht nur auf die Justierung globaler Parameter, sondern umfassen auch lokale „Schöpfungsakte". In einer Detailkarte können beispielsweise Vulkanausbrüche in einer bestimmten Gegend des Planeten hervorgerufen werden, eine Tiergattung oder ein bestimmtes Biotop in eine neue Region verpflanzt werden.

Diese vielfältigen Möglichkeiten und Instrumente bringen jedoch einen Nachteil mit sich, der leicht zur Überforderung der BenutzerIn führt: Es ist kaum möglich, gleichzeitig alle Entwicklungen auf lokaler und globaler Ebene auch nur zu beobachten, geschweige denn die Wechselwirkungen eingehend zu ergründen. Die Schaffung der für das Alltagsverständnis so wichtigen *ceteris paribus*-Situation, die das Verfolgen eines bestimmten Parameters ermöglichen würde, ist damit beinahe unmöglich.

5.5.2 Didaktische Konzepte

5.5.2.1 Szenarien als Komplexitätsreduktion

Neben der Modellierung ist eine weitere Methode, um Komplexität (in Simulationen) zu reduzieren, die Vorgabe von „Szenarien". Darunter werden bestimmte Ausgangssituationen verstanden, die die Wahl der zu verändernden Parameter einschränken und damit vereinfachen sollen.

In *SimEarth* sind dies vordefinierte Anfangsbedingungen von Planetenentwicklungen zu einem bestimmten Zeitpunkt. Es gibt beispielsweise „Stag Nation", eine zivilisierte Welt, die aus einer bevölkerungs- und ressourcenarmen Entwicklungslaufbahn herausgeführt werden soll. Hier können bevorzugt die Steuerungen jener Parameter geübt werden, die die Entwicklung der Zivilisation beeinflussen.

Allerdings erfolgt die Verwendung von Szenarien in der von uns betrachteten Software nicht so systematisch, wie das gerade für Lernende auf der Neulings- oder Anfängerstufe notwendig wäre: Der Verlauf der Simulation ist auch nach Wahl eines bestimmten Szenarios unbeschränkt komplex, das heißt alle Arten von Naturereignissen und unvorhergesehenen Entwicklungen, die in der „vollen" Simulation auftreten, kommen auch hier vor, sodaß die Komplexität schon nach kurzer Zeit wieder enorm angewachsen ist.

Die Kritik an dieser Software soll auf die Schwierigkeiten von Simulationen im allgemeinen hinweisen. Ein großer Teil dieser Probleme liegt in der Modellierung der Situation begründet und in der Auswahl der zu modellierenden Parameter. Schon darin drücken sich die Lernziele einer Simulation aus: Während in einer stark vereinfachten Situation das Ziel darin bestehen kann, einzelne Parameter und ihre Wechselwirkung zu ergründen und zu bewältigen, muß sich das Augenmerk in einer komplexen Modellierung auf die Gesamtsituation und die Möglichkeiten, darin ohne gesicherte Regeln und Erkenntnisse zu handeln (improvisieren und/oder „lavieren"), richten.

5.5.2.2 Strukturwissen komplexer Systeme

Die zum Teil abschreckende Komplexität der Software *SimEarth* hat allerdings noch zwei weitere Gründe:

- Einerseits gibt es keine Erfahrungen mit der Fertigkeit des „Weltgestaltens" und daher auch keinen vorbereitenden Lernprozeß, der zu diesem Expertentum führen könnte. Gerade in diesem Fall kann jedoch Software eine virtuelle Welt repräsentierten (vgl. *Kapitel 3.3.6*, S. 93ff.), in der Eingriffe ohne den üblichen (langen) Zeithorizont und die notwendigerweise damit verbundenen Gefahren von irreversiblen Prozessen geübt werden können.

- Andererseits gibt es noch wenige Erfahrungen damit, wie die für eine Steuerung von komplexen dynamischen Situationen erforderlichen Fähigkeiten systematisch und ihrer natürlichen Komplexität entkleidet angeeignet werden können. Zum Teil widerspricht dies auch den Ausgangsbedingungen: Entweder ist eine Situation komplex vernetzt, dann hat es auch keinen Sinn, einzelne Parameter isoliert herauszugreifen. Andererseits gibt es ein auf der Metaebene angelagertes „Struktur"wissen über komplexe Systeme, das durchaus trainiert werden kann.

Erwähnen wollen wir hier vor allem den differenzierten Umgang mit Zielen. Im Umgang mit komplexen Systemen lassen sich folgende Ziele unterscheiden (vgl. Dörner 1989):

- positive (Anstrebungs) und negative (Vermeidungs)Ziele
- spezifische und globale Ziele
- unklare und klare Ziele
- einfache und mehrfache (= Polytelie, Vielzieligkeit) Ziele
- implizite und explizite Ziele

Alleine durch diese Differenzierung von Zieltypen lassen sich bestimmte Eigenheiten und Steuerungsmöglichkeiten komplexer Systeme kognitiv leichter erfassen. Die analytische Betrachtungsweise kann dann in einer nachfolgenden Integrationsphase ingesamt zu einer höheren praktischen Fertigkeit in der Steuerung komplexer System führen.

5.5.2.3 Spielzeug und Spiel, Play und Game

Bei *SimEarth* handelt es sich nach Ansicht der Herstellerfirma eher um ein „Spielzeug" als um ein Spiel. Unter Spiel (Game) wollen wir ein System von Regeln mit einer vorgegebenen Zielsetzung (Gewinnsituation) verstehen. Meistens drückt sich dies sogar in einer Wettkampfsitation aus, die in ein sogenanntes Nullsummenspiel mündet. Entsprechend der Spieltheorie wird darunter eine Situation verstanden, in der ein Vorteil eines Spielers automatisch mit dem Nachteil eines anderen Spielers verbunden ist. Da sich in der Summe alle Gewinne und Verluste ausgleichen, können Gewinne nur auf Kosten anderer Spieler erreicht werden. Ein typisches Nullsummenspiel ist Schach: Jeder Figuren- oder Positionsgewinn der einen Partei ist mit einem gleich großen Nachteil der anderen Partei gekoppelt.

Im Kontrast dazu wollen wir den Begriff des Spiel*zeugs* oder (Rollen)Spiels (Play) einführen: Damit bezeichnen wir Situationen, die zwar durch ein Regelwerk geleitet werden, bei denen jedoch eindeutige Gewinnsituationen entweder fehlen oder nicht bloß als Nullsummenspiel vorliegen. Es können daher in diesem Spieltypus zwei oder auch mehr Gewinner vorkommen. Ein häufig auftretender Fall ist, daß die Konstruktion des Regelwerkes selbst Teil des Spieles ist (z.B. in der Definition der Rollen beim Rollenspiel) und ausgehandelt wird. Das Regelwerk bietet sozusagen nur einen Rahmen (= Zeug), *mit* dem (jedoch nicht: *innerhalb* von dem!) dann gewisse Positionen, Punkte, Vorteile … aus einer unbeschränkten Menge erzielt werden können.

Sozialpsychologisch sind diese beiden Spieltypen für die Entwicklung der Persönlichkeitsstruktur in der Kindheit von größter Bedeutung. Wie George Herbert Mead (1934) aufzeigt, wird in der Rollenübernahme auf der „Play"-Stufe die signifikante Rolle spezifischer Bezugspersonen (Vater, Mutter, Schwester, Bruder …) gelernt. Kinder konstruieren in diesen Rollenspielen soziale Realität und erlernen (auch emphatisch) den Umgang mit diesen Situationen. Sie erleben sich in verschiedenen Rollen und können sich daher in verschiedener Weise sehen (einmal als sorgender Familienvater, ein andermal als behütetes Kind). Allerdings fehlt Kindern auf dieser Stufe noch ein einheitliches homogenes Selbst.

Dieses integriertere Selbst vereinigt viele Rollen in einer einzigen Persönlichkeit, indem das Kind die Rolle des „Verallgemeinerten Anderen" *(the generalized other)* annimmt. Gemeint ist damit die Vorstellung, daß die jeweilige Rolle in Abstimmung mit den anderen (Mit)Spielern (bzw. Gesellschaftsmitgliedern) eingenommen wird. Beispielsweise ist jemand im Fußball dann ein guter Stürmer, wenn er sich (implizit) klar ist, was er in der betreffenden Situation als Verteidiger, Tormann … machen würde. In einem gewissen Sinne ist er gerade deshalb ein guter Stürmer, weil er nicht nur die Rolle des Stürmers, sondern die der gesamten Mannschaft in sich vereint. Er ist gleichzeitig gegnerischer Verteidiger oder Tormann, mitlaufender Stürmer der eigenen Mannschaft, Schieds- und Linienrichter. Dadurch, daß er alle diese Funktionen mental in sich vereinigt, reflektiert er deren Rollen und richtet seine ihm übertragene Aufgabe daran aus.

Für Mead ist daher der Prozeß der Konstitution des individuellen Selbst ein Vorgang, der bereits die Gruppe beziehungsweise die Gesellschaft voraussetzt. Gesellschaft ist daher ursprünglicher als das Individuum, individuelle Charakteristika wachsen auf der Basis gesellschaftlicher Rollenteilung heran.

Zum Unterschied von Mead jedoch haben wir in unserem Lern(software)modell die Stufe des Rollenspiels (Play) in der Entwicklung zum Expertentum höher angesiedelt. Unsere Überlegung dabei ist, daß – im Unterschied zu der Entwicklung des individuellen Selbst – es Software gibt, deren Rahmenbedingungen (bei Mead ist dies die Gesellschaft) selbst zur Disposition stehen. Gemeint ist damit Software, deren Parameter nicht nur beliebig verstellt und kombiniert werden können, sondern wo die BenutzerInnen auch selbständig immer wieder neue Parameter selbst erfinden beziehungsweise konstruieren können. Die Software gibt ihnen das Zeug in die Hand, mit dem sie beliebig experimentieren („spielen") können. Diesen Softwaretyp wollen wir als Mikrowelt bezeichnen.

5.6 Mikrowelten und Modellbildung

Mikrowelten gehen gegenüber Simulationen noch einen Schritt weiter: Hier wird nicht nur eine vorgegebene, aus einer bestimmten inhaltlichen Domäne entnommene Situation repräsentiert, sondern die Lernenden stehen selbst vor der Aufgabe, eine solche Situation zu schaffen. Gleichzeitig müssen sie sich dazu selbst eigene (Lern)Ziele definieren.

In einer „Welt" mit bestimmten, meist selbst schon veränderbaren Eigenschaften werden „Experimente" konstruiert und angeordnet und danach durchgeführt. Die Objekte und Beteiligten haben wiederum bestimmte Parameter, die verändert werden können. Die Aufgabe besteht nun nicht mehr nur darin, eine komplexe Situation zu bewältigen, sondern sie zu modellieren, das heißt eine Welt zu konstruieren.

5.6.1 Softwarebeispiel

Unser ausgewähltes Programmbespiel *Interactive Physics* ist eine Mikrowelt, in der mit den Gesetzen (Regelwerk) der Newtonschen Mechanik experimentiert werden kann.[18] Die „Welt" wird als ein leeres Arbeitsfenster repräsentiert, in dem mit ähnlichen Werkzeugen wie in einem objektorien-

18. Ein anderes Beispiel für eine Mikrowelt stellt die bereits erwähnte „optische Werkbank" (*Abbildung 16*, S. 135) dar.

tierten Zeichenprogramm Objekte konstruiert werden können (*Abbildung 28*, S. 168).

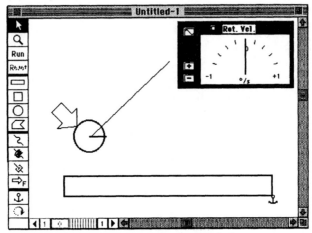

Abb. 28: *Interactive Physics*, Arbeitsfenster

Diese Objekte verhalten sich wie feste Körper, deren physikalische Eigenschaften festgelegt werden können (vgl. *Abbildung 29*, S. 168). Auch die

| Mass Name: | Circle #1 |
| Mass Type: | Circle |

Position			Velocity		
X:	-1.91000	m	X:	0.00000	m/s
Y:	0.84000	m	Y:	0.00000	m/s
Rot:	0.00000	°	Rot:	0.0	°/s

density:	10.0	kg/m²
area:	0.181	m²
mass:	1.80956	kg

Cancel   OK

Abb. 29: *Interactive Physics*, Dialogfenster für einen Festkörper

Gesamteigenschaften der Welt (wie Schwerkraft, Elastizität usw.) können festgelegt werden (*Abbildung 30*, S. 169).

Die Auswahl an verfügbaren Objekten (feste Körper, Seil, Feder, Kräfte) macht es möglich, aus dem Alltag bekannte Situationen stark vereinfacht zu modellieren (z.B. Autounfall, die fallenden Dominosteine,

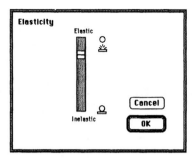

Abb. 30: *Interactive Physics,* „Welt"-Parameter (Elastizität)

chaotische Pendel usw.). Als zusätzliche Instrumente können „Meßgeräte" für die Objekte eingeblendet werden, die nach Wahl verschiedene Parameter „digital" oder „analog" anzeigen.

In der *Abbildung 28,* S. 168 wurde bereits ein einfaches Experiment aufgebaut: Eine Kugel an einem Seil wird zusätzlich zur wirkenden Schwerkraft auch noch von einer Kraft angestoßen und prallt gegen einen (verankerten) Balken, der als Boden fungiert. Das Meßgerät zeigt die jeweilige Rotationsgeschwindigkeit der Kugel an. Einmal angeordnete Experimente können als Dateien gespeichert und wieder aufgerufen werden und bilden so Szenarien wie in einer Simulation, die den Schritt der Modellbildung auslassen und es ermöglichen, sich ganz auf die Durchführung und Beobachtung des Experiments zu konzentrieren. Während der Durchführung wird das Experiment auch als Animation aufgenommen und kann daher beliebig oft unter genau gleichen Bedingungen wieder abgespielt werden.

Ebenso wie diese vorgefertigten Situationen bedeutet die Voreinstellung der Parameter eine Komplexitätsreduktion. Man kann mit *Interactive Physics* arbeiten, ohne sich um die hier abgebildeten Dialogfenster zur Einstellung von Parametern zu kümmern. Diese vorgegebene, vereinfachende Parametrisierung wird durch Standardwerte (*defaults*) für die Parameter erreicht, die in diesem Programm beispielsweise den auf der Erde geltenden Werten entspricht.

5.6.2 Identifikation versus distanzierte Steuerung

Die angeführten Unterschiede in den Lerninhalten von Mikrowelten und Simulationen sind der Grund dafür, daß wir sie in unserem Lernmodell jeweils als verschiedene Typen von Bildungssoftware aufgenommen haben. Diese Trennung soll auf die enorme Bandbreite in der Komplexität gerade dieser Softwaretypen hinweisen, die sich oftmals durch verschiedene Verwendungsmodi auch in einer einzigen Software realisieren lassen.

Die Abgrenzung einer eigenen Kategorie von „Spielen" halten wir hingegen nicht sinnvoll: Es können nämlich viele Simulationen und Mikrowelten auch als Spiel oder als Spielzeug aufgefaßt werden. Viel wichtiger in diesem Zusammenhang scheint uns die bereits erwähnte Unterscheidung zwischen Nullsummenspiel (Wettkampf, Game) und Rollenspiel (Play).

Außer den von uns betrachteten Eigenschaften zeigt sich darin nämlich auch ein großer Unterschied in der Einstellung des Benutzers. Dies kann große Auswirkungen gerade auf die uns interessierenden Lernzwecke haben, weil sich darin auch eine unterschiedliche motivationale Betroffenheit und damit Engagement der Softwarebenutzer (d.h. der Lernenden) ausdrückt.

Während eine Simulation wie beispielsweise *SimEarth* zwar auch als Spiel aufgefaßt beziehungsweise betrieben werden kann, unterscheidet sie sich doch in einem für uns wesentlichen Faktor etwa von dem weiter unten (S. 171ff.) noch ausführlicher besprochenen Spiel *SimAnt*: Die Spielsituation in *SimEarth* bleibt immer vom Spielenden distanziert, er hat keine „Rolle", ist selbst nicht Figur im Spiel. In *SimAnt* dagegen wie auch in dem einfachen Spiel *NumberMunchers* (vgl. *Abbildung 24*, S. 158) gibt es eine eindeutig definierte Spielfigur, die den Spielenden selbst repräsentiert. Sie ist der zentrale Akteur im Spiel, mit dem sich der Spielende identifizieren und durch die er das Spielgeschehen beeinflussen soll.

Wieder kann hier eine Unterscheidung von Mead sehr hilfreich sein. Er unterteilt das Selbst in ein *I* und ein *Me* (Ich und Mich). Während Handelnde sich des Michs bewußt sind, stellt sich das Ich immer nur nach der Handlung, also *ex eventu* heraus. Das Mich ist jener Teil des Selbst, das die internalisierten gesellschaftlichen Funktionen (in Meads Worten: den Verallgemeinerten Anderen, *the generalized other*) repräsentiert. Es ist jener Teil des Selbst, der die Kräfte der gesellschaftlichen Konformität und Steuerung abbildet. Das Ich hingegen ist die praktische Anwort des Handelnden. Wir werden uns dieses Teils unserer Persönlichkeit immer erst nach vollzogener Handlung gewahr, das heißt in einem gewissen Sinne entsteht das Ich erst, *nachdem* wir gehandelt haben. (Vgl. z.B. folgende nachträgliche Beurteilung einer Handlung: „Daß ich in dieser Situation so und so reagiert habe, hätte ich von mir nie vermutet. – Ich schäme mich meiner selbst.") Das Selbst ist ein dynamisches Produkt zwischen den prägenden gesellschaftlichen Kräften (Mich) und der individuellen Reaktion (Ich) darauf.

Im Gegensatz zum abgehobeneren und distanzierteren Umgehen mit einer komplexen Situation ist der Spielende (Lernende) daher in identifizierenden Spielen aufgefordert, selbst in die Situation einzutauchen und sie von einer „realistischen" Position des Beteiligten aus zu meistern. Es geht nicht mehr nur um das Erkennen und distanzierte Gestalten, sondern um das Handeln in der eigenen Welt, im gerade aktuellen geschlossenen Sinnbereich. Solche Spiele setzen das gewandte Erkennen und Verändern von Mustern und Gestalten daher bereits voraus und bilden in unserem Modell jenen Typ von Bildungssoftware, der dem Lernziel des Expertentums am nächsten kommt.

5.7 Ein zusammenfassendes Softwarebeispiel

Zum Abschluß wollen wir noch kurz eine komplexe Software praxisnäher (nicht idealtypisch) beschreiben. Wir wählen dazu das bereits mehrfach erwähnte *SimAnt*. Es ist ein Spiel(zeug), in dem es darum geht, mit den schwarzen Ameisen und gegen die Konkurrenz der roten Ameisen einen Garten und schließlich das dazugehörige Haus so vollständig zu erobern, daß die darin wohnenden Menschen ausziehen müssen. Das könnte beispielsweise durch eine „distanzierte" Simulation realisiert werden. Es macht aber gerade den besonderen Reiz dieses Spiels aus, daß der Spielende selbst in die Rolle einer (gelb dargestellten) Ameise schlüpft und mit dieser Figur das restliche Volk anleitet und beschützt.

An diesem Spiel läßt sich gut zeigen, was wir zu Anfang dieser Typologie von Bildungssoftware schon angesprochen haben: daß komplexe Software Elemente der verschiedensten Idealtypen von Software in sich vereinigt und unsere Typologie daher in der Praxis eher eine Gliederung nach Software-Komponenten darstellt. Komplexe Software wie *SimAnt* läßt sich zwar insgesamt einem darin vorherrschenden Software-Typ zuordnen, umfaßt aber auch andere Softwarearten:

- *Präsentation*: Informationen über (wirkliche, nicht simulierte) Ameisen, ihr Sozialverhalten und ihre Fähigkeiten sind im Programm in Form eines Hypertexts abrufbar (*Abbildung 31*, S. 172).
- *Tutorial und Übung*: Diese Form von Lernsoftware wird zum Erlernen der Softwarebenutzung im sogenannten Tutorial eingesetzt. Es handelt sich dabei sozusagen um ein „Lernprogramm im Lernprogramm". Dabei soll die Benutzerin nach Anweisung verschiedene typische Benutzungsweisen und Aktionsmöglichkeiten des Spiels erlernen und anwenden (*Abbildung 32*, S. 172).

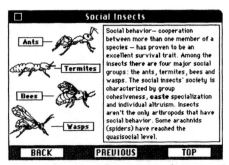

Abb. 31: *SimAnt*, Informationen als Hypertext

Abb. 32: *SimAnt*, Tutorial

- *Simulation*: Wie beispielsweise in *SimEarth* ermöglichen verschiedene Darstellungsformen (Detail, Übersichtskarten usw.) und Kontrollfenster die globale Beobachtung und Steuerung der Simulation. So kann abgesehen von der Aktion der Spielfigur (gelbe Ameise) das gesamte Verhalten der Ameisenkolonie über Parameter verändert werden.

- *Spiel*: Der Spielcharakter zeigt sich, wie schon erwähnt, vor allem in der Figur der gelben Ameise, mit der der Benutzer auf Ameisenebene handelt. Während jedoch in vielen Computerspielen der Erfolg vom Überleben einer einzelnen Figur (evt. mit mehreren „Leben") abhängt, wird die gelbe Ameise nach ihrem Tod sofort wieder geboren. Der Spieler kann auch eine beliebige andere Ameise zu seiner Spielfigur machen.

- *Mikrowelt*: In einem speziellen „Experimentiermodus" wird das Programm *SimAnt* schließlich sogar zu einer Mikrowelt für Ameisen (*Abbildung 34*, S. 173). Hier können beispielsweise in abgegrenzten „Gehegen" Kämpfe zwischen roten und schwarzen Ameisen, Futtersuche oder die Wirkung von Pestiziden beobachtet werden. Im Gegensatz zu Szenarien einer Simulation bleibt hier die Situation auf den gewählten Ausschnitt beschränkt (Komplexitätsreduktion). Allerdings

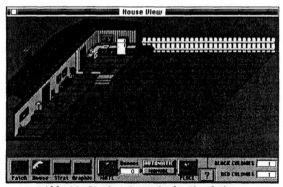

Abb. 33: *SimAnt*, Szenario der Simulation

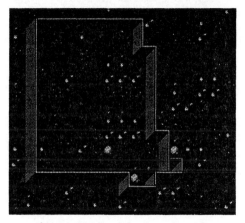

Abb. 34: *SimAnt*, Experimentiermodus

kann der Benutzer jederzeit zum normalen Spielmodus überwechseln. Die Beobachtung des Experiments beziehungsweise der selbst konstruierten „Welt" ist also unter den Bedingungen der Simulation möglich – ganz wie beispielsweise in *Interactive Physics*.

5.8 Softwaretypologie und Lernparadigma

Wir können nun einen groben schematischen Zusammenhang zwischen dem Softwaretyp und dem ihm zugrundeliegenden Lernparadigma herstellen. Die *Tab. 3: Lernparadigmen* auf Seite 110 kann damit um programmspezifische Merkmale ergänzt werden.

173

Kategorie	Behaviorismus	Kognitivismus	Konstruktivismus
Inter-aktion	starr vorgegeben	dynamisch in Abhängigkeit des externen Lernmodells	selbstreferentiell, zirkulär, strukturdeterminiert (autonom)
Pro-gramm-merkmale	starrer Ablauf, quantitative Zeit- und Antwortstatistik	dynamisch gesteuerter Ablauf, vorgegebene Problemstellung, Antwortanalyse	dynamisch, komplex vernetzte Systeme, keine vorgegebene Problemstellung
Para-digma	Lernmaschine	Künstliche Intelligenz	sozio-technische Umgebungen
„idealer" Software-typus	Course-, Teachware, Computer Aided Instruction (CAI)	Tutorensysteme, Computer Based Training (CBT)	Simulationen, Mikrowelten

Tab. 4: Lernparadigmen und Softwaretypologie

Teil III

Fallstudie

6

Fremdspracherwerb
und Lernmodell

In diesem dritten Buchteil wollen wir unseren theoretischen Ansatz an einer konkreten Fallstudie exemplarisch umsetzen. Es geht uns hier jedoch nicht nur darum, die im theoretischen Teil entwickelten Begriffe praktisch anzuwenden, sondern wir wollen dabei auch versuchen, das heuristische Lernmodell weiter zu konkretisieren. Als inhaltliches Sachgebiet für unsere Fallstudie haben wir den Erwerb einer Fremdsprache ausgewählt. Wir glauben, daß gerade dieses Gebiet besonders geeignet ist, die von uns behaupteten lerntheoretischen und didaktischen Zusammenhänge in dreifacher Weise aufzuzeigen:

- Eine Fremdsprache kann sowohl „natürlich" (z.b. durch Aufenthalt in einem fremdsprachigen Land) oder aber „didaktisiert" (z.b. in der Schule, durch Software usw.) gelernt werden.

- Eine Fremdsprache zu beherrschen, ist zweifellos sowohl eine komplexe kognitive Aufgabe als auch eine körperliche Fertigkeit. So ist die Aussprache auf weite Strecken nichts anderes als ein Training der Artikulationsorgane (Mund-, Lippen-, Zungenstellung usw.) sowie des Gehörs.

- Sowohl die linguistische Forschung zum Erwerb von Fremdsprachen als auch die Entwicklung von Software ist relativ weit fortgeschritten. Es lassen sich daher im Sinne einer Validitätsprüfung unserer Ansichten neuere Forschungsergebnisse und Softwarebeispiele referieren, die ganz unabhängig von unseren theoretischen Leitideen gewonnen wurden.

Unsere Vorgangsweise in dieser Fallstudie ist die folgende:

- Zuerst werden wir einen Überblick über Anliegen und Stand der Forschung zum Fremdspracherwerb geben (*Kapitel 6.1, S. 178ff.*). Dabei

177

werden wir einen Standpunkt einnehmen, der das lernende Subjekt in den Mittelpunkt stellt und nach *seiner* Sprache und *seinen* Leistungen fragt. Wir wollen in diesem Teil vor allem aufzeigen, daß der Erwerb einer Fremdsprache zwar ein komplexer dynamischer Prozeß ist, aber für analytische (und didaktische) Zwecke durchaus sinnvoll in Stufen gegliedert werden kann.

- Daran anschließend wollen wir die sprachwissenschaftlichen Forschungsergebnisse konkret auf die einzelnen Lernstufen unseres Lernmodells anwenden und prüfen, ob sie auch für den Fremdspracherwerb gültig sind (*Kapitel 6.2*, S. 196ff.). Ausgehend von einer Beschreibung der Eigenschaften eines „Fremdsprachexperten" versuchen wir, die anderen Stufen im Prozeß des Erwerbs einer Fremdsprache nicht nur abzugrenzen (Lern- bzw. Erwerbsstufen = Y-Achse), sondern auch deren strukturelle Eigenheiten zu charakterisieren (strukturelle Lerninhalte = X-Achse).

- Im dritten Abschnitt dieses Kapitels wollen wir die Rolle der Didaktik beim Erwerb einer Fremdsprache untersuchen (*Kapitel 6.3*, S. 205ff.). Das ist notwendig, um Sinn und Verwendungszwecke von Bildungssoftware beurteilen zu können. Die programmtechnische Entwicklung und der medienpädagogische Einsatz von Sprachlernsoftware (im Unterricht oder im individuellen autonomen Lernen) gründet sich ja schließlich auf Annahmen über den Lernprozeß selbst. Wir wollen dabei auch die bereits implizit unterstellte Behauptung, daß die Lehrstrategie (Z-Achse in unserem Modell) gegenüber der Lernstufe (bzw. Zielgruppe) und den Lernstrukturen eine abhängige Variable ist, erhärten. Das heißt, daß den Lernzielen einer Zielgruppe eigene Gesetzmäßigkeiten innewohnen, denen die Auswahl einer Lehrstrategie (Didaktik) angepaßt werden muß.

- Auf diesen Grundlagen aufbauend beschreiben und analysieren wir dann *Speak Write French* als ein konkretes Beispiel zur Unterstützung für das Erlernen einer Fremdsprache (*Kapitel 7*, S. 215ff.).

6.1 Fremdspracherwerb als Forschungsgebiet

6.1.1 Zweitsprache und Fremdsprache

Die Erstsprache (in der Linguistik oft einfach als L1 bezeichnet) ist jene Sprache, die ein Kind zuerst erwirbt. Jede später dazukommende ist eine Zweitsprache (oder L2).

Die Unterscheidung, die zwischen Zweitsprache und Fremdsprache meist gemacht wird, betrifft vor allem das Wo? dieses Erwerbs: Sind wir zum Beispiel als Flüchtling oder Auslandsstudentin in ein Land geraten, dessen Sprache wir uns im täglichen Umgang mit seinen Menschen anzueignen versuchen, so ist dies ein Fall von Zweitspracherwerb. Lernen wir dagegen hier in Österreich die Sprache eines anderen Landes, so ist dies eine Fremdsprache. Dazu ist meistens geplanter Unterricht die einzig zugängliche Methode (wir könnten z.b. aber auch von einem hier lebenden Ausländer dessen Sprache zu lernen versuchen). Der Unterschied liegt also im wesentlichen darin, daß die Fremdsprache uns nicht im Alltag begegnet und wir sie – meistens – nicht für das „Überleben" in einer Gesellschaft brauchen.

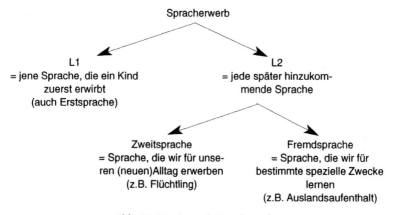

Abb. 35: Zweit- und Fremdsprache

Diese Trennung ist allerdings nicht klar durchzuhalten: Zweitspracherwerb im Ausland kann auch durch formalen Unterricht unterstützt oder eingeleitet werden, und der Fremdspracherwerb im eigenen Land kann später, etwa durch einen Auslandsaufenthalt, in einen Zweitspracherwerb umschlagen.

Fremdspracherwerb, und zwar in der unterrichteten Variante, ist zweifellos die sichtbarste Form, in der uns die Beschäftigung mit einer anderen Sprache entgegentritt. Die meisten von uns haben inzwischen Erfahrungen mit dem mehr oder weniger (meistens weniger) erfolgreichen Fremdsprachenunterricht in unserem Schul- und Bildungswesen. Er hat sich inzwischen mit Sprachschulen, Selbstlernkursen, Privatunterricht und Sprachreisen zu einem eigenen Wirtschaftszweig entwickelt, und natürlich ist auch die Bildungssoftware in diesem Bereich angesiedelt.

Die linguistische Forschung konzentriert sich hauptsächlich auf den Zweitspracherwerb (SLA, *second language acquisition*). Der Grund dafür ist sehr ähnlich dem, der auch uns von der engen Betrachtung des Lehrprozesses mit Software weggeführt hat zu einer weiteren Betrachtung des Lernprozesses: Erst gesichert(er)e Aussagen über den „natürlichen" Prozeß des Zweitspracherwerbs machen es sinnvoll, Empfehlungen und Methoden für den Fremdsprachenunterricht zu entwickeln. Es hat sich sogar im Zuge der SLA-Forschung eine ausgesprochene „Unterrichts-Skepsis" breitgemacht. Zurückzuführen ist diese Skepsis auf die schlechten Erfahrungen, die mit vorschnellen Übergängen von Forschungsergebnissen zu „Kochrezepten" für den Sprachunterricht gemacht wurden, etwa mit der audiolingualen oder der oralen Methode (vgl. Ellis 1992, S. 4): Die jeweils verwendete Methode schien kaum einen Unterschied dabei zu machen, ob eine Fremdsprache erfolgreich gelernt wurde oder nicht.

Die Absage an die Erforschung des Fremdsprachenunterrichts hilft natürlich SprachlehrerInnen nicht gerade in ihrer täglichen Aufgabe, vielleicht mit ihrem Unterricht bei den Lernenden doch etwas zu bewirken. Im Falle des Fremdsprachenunterrichts kann die Frage auch nicht ganz so einfach gestellt werden: Welche realistischen Alternativen gibt es für jemanden, der, etwa in Österreich lebend, Englisch, Französisch oder Kisuaheli lernen will oder muß? Und – so muß der Vollständigkeit halber erwähnt werden – die Zweitspracherwerbsforschung ist sich dieser Verantwortung und dieses „Nachfragedrucks" durchaus bewußt. Der oben zitierte Autor leitet mit einem negativen Rückblick auf die Fremdsprachdidaktik selbst ein Buch ein, das sich gerade wieder mit den Fragen der Sprachvermittlung beschäftigt. Ellis geht von der Annahme aus, daß die Forschung inzwischen bereits so weit fortgeschritten ist, daß sie auch zur Fremdsprachdidaktik wertvolle Beiträge liefern kann.

6.1.2 Lernen und Erwerben

Als der Behaviorismus das vorherrschende Paradigma der Linguistik und der Pädagogik war, wurden zur Fremdsprachvermittlung vor allem kontrastive Untersuchungen durchgeführt (d.h. Beschreibung der strukturellen Unterschiede zwischen L1 und L2). Dahinter stand die Annahme, daß es vor allem die L1 des Lernenden ist, die den L2-Erwerb (negativ und positiv) beeinflußt. Eine Beschreibung der Ähnlichkeiten und Unterschiede zwischen L1 und L2 sollte zu Lehrmaterial führen, das die aus dem Zusammenspiel der beiden Sprachen (Interferenzen) sich ergebenden Lernschwierigkeiten durch geeignete Reize bearbeiten und überwinden hilft (vgl. Larsen-Freeman/Long 1991, S. 53ff.). Die Fremdsprache sollte sich vor allem durch intensives Einüben und Imitieren von Mustern, Formeln und Strukturen vermitteln lassen. Die bereits erwähnten audiolingualen und oralen Methoden basierten im wesentlichen darauf. Der Theorie des Behaviorismus entsprechend lag das Schwergewicht des Unterrichtens dabei auf dem Input, der Umgebung und den von ihr ausgehenden geeigneten Reizen. Die „kognitive Revolution", die in der Linguistik eng mit dem Namen Chomsky verbunden ist (v.a. Chomsky 1965), brachte eine Kehrtwendung weg vom äußeren Reiz hin zum „Mentalismus" (= Kognitivismus). Die erstaunliche Tatsache des Spracherwerbs war einer der Ausgangspunkte für Chomskys Theorie. Seine Schlüsselfragen waren: „What constitutes knowledge of language? How is knowledge of language acquired? How is knowledge of language put to use?" (Chomsky 1986, S. 3). Die „Chomsky'sche Wende" beschreibt er selbst rückblickend so:

> A standard belief 30 years ago was that language acquisition is a case of „overlearning". Language was regarded as a habit system, one that was assumed to be much overdetermined by available evidence. Production and interpretation of new forms was taken to be a straightforward matter of analogy, posing no problems of principle. Attention to the questions quickly reveals that exactly the opposite is the case: language poses in a sharp and clear form what has sometimes been called „Plato's problem", the problem of „poverty of stimulus", of accounting for the richness, complexity, and specificity of shared knowlege, given the limitations of the data available. This difference of perception concerning where the problem lies – overlearning or poverty of evidence – reflects very clearly the effect of the shift of focus that inaugurated the study of generative grammar. (Chomsky 1986, S. 7)

Um die dominierenden Fragestellungen der SLA-Forschung zu verstehen, ist es wichtig, sich vor Augen zu halten, daß sich die Untersuchung des L2-Erwerbs erst aus der entsprechenden Forschung zum L1-Erwerb entwickelte: Der Spracherwerb (von L1 zuerst) als Schlüsselfrage der Linguistik trieb nach dem Programm von Chomsky die Forschung in zwei Richtungen: Einerseits ging es darum, jene Grammatiken zu entdecken, die unter diesen Bedingungen erlernbar sind (bzw. den angeborenen Teil der Grammatik oder Universalgrammatik), und andererseits rückte dadurch auch der Prozeß des Spracherwerbs in den Mittelpunkt des Interesses.

Dabei müssen wir uns allerdings vor Augen halten, daß die Spracherwerbsforschung keine Sprach*lern*forschung war und ist. Gerade die Begriffe „Lernen" kontra „Erwerb" drücken für Chomsky den Gegensatz zwischen dem behavioristischen und dem kognitivistischen Ansatz aus:

Sprache ist, nach Chomsky, nicht lernbar. Der menschliche „Spracherwerbsmechanismus" (LAD, *language acquisition device*) regt vielmehr die Entfaltung einer in Anlage vorhandenen Grammatik an, die aufgrund der spärlichen Hinweise von außen auf genau die Grammatik der L1 des Kindes eingeschränkt wird.

Diese (hier sehr vergröbert dargestellte) Sprachtheorie läßt für den Zweitspracherwerb im Prinzip nur zwei Möglichkeiten offen: entweder der Spracherwerbsmechanismus bleibt auch nach dem L1-Erwerb funktionsfähig und tritt auch bei einer L2 in kraft – oder aber der L2-Erwerb ist nicht möglich, sondern nur ein L2-Lernen. Ein prinzipieller und nicht überbrückbarer Unterschied zwischen Lernen und Erwerben wird etwa in der früher einflußreichen, inzwischen aber stark kritisierten Monitortheorie von Krashen (1976, zitiert nach Larsen-Freeman/Long 1991, S. 240ff.) angenommen.

Würde man dieser begrifflichen Definition folgen, so wäre allein schon der Name „Fremdspracherwerb" ein Widerspruch in sich. Es wäre dann auch von vornherein widersinnig, unser heuristisches Modell auf den Erwerb von Fremdsprachen anzuwenden. Allerdings wollen wir uns dieser spezifisch linguistischen und stark durch Chomsky geprägten Terminologie nicht anschließen. Wir glauben, daß die von uns getroffene Unterscheidung zwischen Erwerben und Lernen handlungstheoretisch und sozialwissenschaftlich äußerst brauchbar ist.

Unter „Erwerb" wollen wir die Aneignung einer körperlichen oder kognitiven Fertigkeit verstehen – unabhängig davon, ob sich das betreffende Subjekt eines Lernprozesses bewußt ist oder nicht. Es ist der umfassendere Begriff und bezieht sich auf das Ergebnis des Aneignungsprozesses. Erwerb schließt damit sowohl die natürliche Aneignung in der Alltagswirklichkeit ein, aber auch das bewußte Lernen (z.B. in der Schule). Wir wollen den Erwerbsbegriff daher weder auf Kinder einschränken noch mit biologischen Annahmen koppeln.

„Lernen" hingegen gründet sich für uns auf einen spezifischen intentionalen und bewußten Geisteszustand des betreffenden Individuums. Lernen kann zwar ebenfalls in der ausgezeichneten Wirklichkeit des Alltags, aber auch in anderen geschlossenen Sinngebieten (z.B. Schule, Mensch-Computer-Interaktion usw.) erfolgen. Lernen schließt jedoch bereits eine aktive Anstrengung mit ein, sei es vom lernenden Subjekt allein (z.B. indem die Lernenden Situationen herbeiführen und fördern, die rasches Feedback bringen) oder auch von außen unterstützt (Lernorganisation, Lehrkraft, didaktische Strategien).

6.1.3 Lernerzentrierte und lernzentrierte Forschung

Im Zentrum der linguistischen Spracherwerbsforschung stand die Sprache, die von den Lernenden verstanden/produziert wird. Diese Forschung verstand sich als Teilgebiet der Linguistik und – wenn überhaupt – erst in zweiter Linie als Lernforschung (und damit der Psychologie zugehörig). Erst in relativ neuerer Zeit wird das Augenmerk auch auf jene Leistungen und Aufgaben der Lernenden gerichtet, die nicht direkt ihrer mentalen Grammatik zuzuordnen sind.

Ellis sieht darin zwei unterschiedliche Orientierungen der Forschung: jene, die sich mit „learning", und jene, die sich mit „learners" beschäftigt (Ellis a.a.O., S. 194f.). Die *lernerzentrierte Forschung* beschäftigt sich nach seiner Gliederung mit den Unterschieden zwischen den Lernenden, ihren individuellen Motiven, Lernstrategien und deren Auswirkungen auf ihre Leistungen, während in der *lernzentrierten Forschung* dem Paradigma der zugrundeliegenden Sprachtheorie entsprechend von einem idealisierten Sprecher/Lerner ausgegangen wird. Die lernerzentrierte Forschung betrachtet das Erlernen einer Zweit- oder Fremdsprache im Rahmen allgemeiner Lern- und Handlungstheorien und legt großes Gewicht auf die selbständige Rolle des lernenden Subjekts. Die lernzentrierte Forschung hingegen geht von einem relativ unabhängigen objektiven Prozeß aus, der das lernende Subjekt nur als Objekt der Forschung einbezieht.

Obwohl wir in diesem Buch durchgehend von einem lernerzentrierten Standpunkt ausgehen (vgl. *Kapitel 2.2.2, S. 56ff.* und *Kapitel 4.1, S. 114ff.*), ist klar, daß auch die Ergebnisse der lernzentrierten Forschung von Bedeutung sind. Wir haben es hier mit einem eigenartigen Wechselspiel zwischen subjektiven und objektiven Faktoren zu tun. Wir betonen mit unserem Würfelmodell die subjektive Seite, indem wir das Subjekt mit seiner Motivation, Zielsetzung und seinem Grad an bereits erworbener Fertigkeit in den Mittelpunkt stellen. Diese subjektive Sicht ist unserer Meinung nach aus zwei Gründen gerechtfertigt:

- Einerseits muß sich das Individuum durch eine aktive Leistung die entsprechende Fertigkeit selbst aneignen. Zwar können wir es dabei unterstützen, doch letztlich ist es eine individuelle schöpferische Eigenleistung. Außer durch Selbstbeobachtung, etwa durch Führen eines Tagebuchs während eines Sprachkurses, ist diesem subjektiven Lernprozeß nicht auf die Spur zu kommen. Sogar die Selbstbeobachtung stößt jedoch an ihre Grenzen, wenn es gilt, „unbewußte", automatisierte Elemente zu untersuchen.

- Andererseits ist die Ich-Perspektive auch deshalb wichtig, weil nur *ich* sagen kann, ob ich mich als Experte *fühle* oder nicht. So ist es beispielsweise möglich, daß ich mich in einer gewissen Situation für andere perfekt ausdrücke und sie mich daher als Experten einschätzen. Ich – und nur ich – weiß aber, daß ich gerne ein anderes Wort, eine andere Intonation ... verwendet hätte, die mir aber in der fremden Sprache nicht zur Verfügung standen. Ich fühle dies als Einschränkung, als Restriktion meiner Ausdrucksfähigkeit.

Selbstverständlich – und das ist die objektive Seite – muß meine jeweilige Einschätzung erst auch von der Allgemeinheit akzeptiert werden (vgl. S. 72). Ob ich mich nur als Experte fühle oder ob dies auch von der Allgemeinheit anerkannt wird, ist daher nicht unabhängig von Maßstäben und Merkmalen, die andere verwenden, wenn sie meine Fertigkeit beschreiben.

Die Beschreibung des Erwerbs einer Fertigkeit setzt also immer zwei Schritte voraus:

1) die Leistung (das Produkt) zu beschreiben und
2) wie es zustandekommt.

Zum Radfahren etwa gehört, sich „im Gleichgewicht zu halten". Das sagt aber noch nichts darüber, wie es ein Radfahrer tatsächlich schafft, sich im Gleichgewicht zu halten: durch das Lösen von mathematischen Gleichungen, durch einen „Gleichgewichtssinn", mit Hilfe des Gesichtssinns oder wie auch immer.

Beim Fremdspracherwerb ist es nicht anders, nur daß hier als zusätzliche Schwierigkeit hinzukommt, daß verschiedene Beschreibungen (d.h. Grammatiken) ein und desselben Produkts möglich sind. Spracherwerbsforschung kann daher nicht auf einem gesicherten und unumstrittenen Fundament aufbauen, sondern dient im Gegenteil auch dazu, dieses Fundament zu errichten. Denn wenn man annimmt, daß der Erwerb vom Einfacheren zum Komplexeren fortschreitet, so können Leistungen von Lernenden auch Aufschluß darüber geben, was nun eigentlich für Sprecher einfach und was komplex ist.

Die Anwendung des Würfelmodells auf den Fremdspracherwerb beziehungsweise das, was wir darüber wissen, kann daher auch nicht als eine formale didaktische Entscheidungshilfe oder gar ein Vorgehensmodell verstanden werden. Vielmehr zeigt sich auch in diesem Zusammenspiel zwischen Forschung und Evaluierung der heuristische Charakter des Würfelmodells: Mit der graphischen Repräsentation des Wechselspiels dreier Variablen in *einem* Würfel soll vor allem daran erinnert werden, daß jede konkrete (lern)didaktische Situation immer in einen größeren Kontext eingebettet ist. Das Würfelmodell kann daher einerseits die Aufmerksamkeit auf kritische Segmente lenken und damit die Untersuchung eines Teilgebiets menschlicher Fertigkeiten leiten. Andererseits kann die Positionierung konkreter Situationen oder Produkte (z.B. Lehrmaterialien wie Bücher, Lernsoftware usw.) innerhalb des Würfelmodells eine pädagogische und didaktische Bewertung erleichtern.

6.1.4 Zwei Arten des Fertigkeitenerwerbs

Die Beschreibung von Expertentum in einer Fertigkeit ist nichts anderes als eine Beschreibung und Abgrenzung dieser Fertigkeit selbst: Was meinen wir, wenn wir sagen, daß jemand das Schifahren, Autofahren, Schachspielen ... beherrscht?

Wir können uns alle getrost als Experten unserer Muttersprache bezeichnen – nicht anders, als wir uns alle, soweit wir nicht gehbehindert sind, als „Geh-Experten" bezeichnen können. Es ist jedoch nicht die körperliche „Verschmelzung" oder das „Verwachsen" einer speziellen Fertigkeit mit dem Körper (vgl. genauer Baumgartner 1993a, S. 291ff.) alleine, die für unseren Begriff des Expertentums entscheidend ist. So fallen uns spontan einige Berufe oder Tätigkeiten ein, die wir weit mehr als den Muttersprachler (*native speaker*) mit dem Begriff „Sprachexpertentum" verbinden: ÜbersetzerInnen, (gute) JournalistInnen und Reporter, SchriftstellerInnen und DichterInnen.[19] Auch ohne diese Extreme zu betrachten, haben wir durchaus unterschiedliche Grade von Sprachbeherrschung, selbst in der Muttersprache: Die einen haben Probleme beim Schreiben, die anderen beim Reden. Wir machen (auch systematisch, nicht nur hin und wieder aus Versehen) „Rechtschreibfehler", „Fallfehler" und das eine oder andere Wort fehlt in unserem Wortschatz.

Sind wir also doch nicht alle Experten, oder gibt es wieder verschiedene Grade und Stufen von Expertentum? Im Sinne der „Sprachkompetenz", wie sie (nach Chomsky 1965) die meisten heutigen Grammatiktheorien verstehen, sind wir allerdings Experten für Alltagssprache: Wir können – außer wir leiden unter einer Sprachstörung – potentiell unendlich viele sinnvolle und verständliche Sätze unserer Muttersprache verstehen und erzeugen. Wir tun das auch dauernd, mühelos und ohne daß wir bewußt über Syntax, Semantik und Pragmatik nachdenken müssen. Es

---

19. Bezeichnenderweise gibt es in unserer von der Schrift geprägten Kultur (vgl. Ong 1982) außer Dolmetschern und Reportern wenige „Sprachprofis" für mündliche Sprache: etwa den Sänger, Redner oder Geschichtenerzähler (z.B. den afrikanischen „griot").

gibt in *diesem* Expertentum – nach der Phase des Spracherwerbs – auch keine wesentlichen Unterschiede, die sozial, geschlechtsspezifisch, altersbedingt oder regional wären.[20]

Wenn wir diese Fähigkeit als Expertentum bezeichnen, dann lassen sich zwei grundsätzlich unterschiedliche Kategorien von Fertigkeiten unterscheiden: Alltagsfertigkeiten und speziell gelernte Fertigkeiten. Beide Arten von Fertigkeiten unterscheiden sich nicht im Niveau ihrer Ausübung (unwillkürliche spontane Äußerungen, die in den Körper „eingesunken" sind), sondern bloß von ihrer Herkunft. Während Alltagsfertigkeiten – wie gehen, essen, sprechen, zählen usw. – in unserer Kultur typischerweise „automatisch" von allen Gesellschaftsmitgliedern im Kindesalter erworben werden, sind andere Fertigkeiten speziellerer Natur. Sie betreffen bloß einen Teil der Gesellschaftsmitglieder und sind durch mühevolle, oft ein spezielles Setting verlangende Einübung (Schulen, Studios ...) erworben worden. Sie heben sich gegenüber den Alltagsfertigkeiten als besondere Fähigkeiten hervor, wohingegen uns die ersteren als so „normal" erscheinen, daß wir sie oft gar nicht als lebensgeschichtlich erworbene Fertigkeiten verstehen.

Es macht unserer Meinung nach wenig Sinn, den „normalen" Alltagsfertigkeiten das Würfelmodell überstülpen zu wollen. Ganz einfach deswegen, weil sie mit hunderten Stunden Übung, durch ständiges Trial-and-Error natürlich angeeignet werden, während die speziellen Fertigkeiten, die wir auch also solche ansehen, meist in einer besonderen „didaktisierten" Umgebung erlernt werden sollen.

Zwar lassen sich die Alltagsfertigkeiten auch mit dem Stufenmodell *beschreiben*, doch bedeutet dies nicht, daß damit ein bestimmter für die Didaktik wichtiger Zusammenhang aufgezeigt wird. So könnte beispielsweise das Gehenlernen eines „Neulings" theoretisch (objektivierende Haltung) auch etwa so beschrieben werden:

- Das Kind muß etwas über Schwerkraft, schiefe Ebenen und Gleichgewichtszustände „wissen", bevor es gehen lernt (Fakten)
- Die Regeln „Einen Fuß vor den anderen setzen" und „das Gewicht auf den vorderen Fuß verlagern" müssen befolgt werden.

---

20. Die frühe soziolinguistische Theorie, die Unterschichtsprachen als „defizitär" auffaßte („Defizit-Theorie" u.a.) wurde inzwischen verabschiedet. Das bedrückende Bild von dumpf und sprachlos brütenden sozial Unterdrückten erwies sich als ein Blick durch die Brille der gebildeten Mittelklasse und des von ihr etablierten Bildungssystems: Die festgestellten Schwierigkeiten vor allem von Schulkindern sind Defizite aus der Sicht der Standard-Sprache und -Verhaltensnormen, nicht aber im eigenen Soziolekt und sozialen Umfeld (vgl. dazu Hudson 1980, S. 214ff.)

- Daß es ein „Anfängerstadium" beim Gehenlernen gibt, wird durch das häufige Hinfallen von Kleinkindern belegt.

Tatsächlich beginnen Kinder in einem bestimmten Altersabschnitt zu gehen, unabhängig davon, wie viele Gehende sie in ihrer Umgebung sehen oder ob sich irgendjemand bewußt darum bemüht, ihnen das Gehen beizubringen. Wir haben es hier wieder mit der bereits erwähnten performativen und objektivierenden Betrachtung zu tun (vgl. *Kapitel 2.2.4.2,* S. 66ff.). Einem Kind unterhalb einer bestimmten Altersstufe das Gehen beibringen zu wollen, indem man es ihm vormacht oder erklärt, führt zu rein gar nichts. Das Kind wird dem Erwachsenen bestenfalls hinterher-*krabbeln* – eine Fertigkeit, die es erwirbt, ohne daß es jemals einen Menschen krabbeln sieht. Mit dem Spracherwerb bei Kindern ist es im Prinzip ähnlich: Es gibt Studien, die zeigen, daß Kindersprache sehr resistent gegen Korrekturen ist und sich recht unabhängig davon entwickelt, wie umfangreich, korrekt und komplex die „Umgebungssprache" ist (vgl. z.B. Slobin 1974, S. 58).

Auch innerhalb der großen Anzahl von Fertigkeiten, die wir als Kinder erwerben, gibt es Unterschiede: Während wir annehmen, daß „essen" (etwas zum Mund führen, zerkauen, schlucken ...) – vielleicht die urtümlichste unserer Fertigkeiten überhaupt – praktisch gar nicht erst erworben werden muß, ist das bei kulturellen Fertigkeiten wie „mit-Besteck-essen" oder „Schuhe anziehen" schon ganz anders: Sie müssen tatsächlich durch Vorzeigen und Hilfen vermittelt und durch Imitieren und Üben erworben werden.

Wir können also biologisch geprägte und kulturell erworbene Fertigkeiten unterscheiden. Gemeinsam dürfte diesen im Kindesalter erworbenen Fertigkeiten aber sein, daß sie nicht explizit „gelehrt" werden, sondern anders erworben werden – etwa durch Imitieren, Versuch und Irrtum, oder auch durch vielleicht angeborene „Erwerbsfähigkeit" wie bei Sprache. Der Versuch, das Modell zum Erwerb der Fertigkeiten über seine Grenzen hinaus anzuwenden, würde in letzter Konsequenz zu ähnlich absurden Annahmen führen wie die vom Eisvogel, der (wegen der Lichtbrechung an der Wasseroberfläche) Gleichungen lösen muß, um einen Fisch unter Wasser fangen zu können (vgl. Boden 1989, S. 128). Das Modell des Erwerbs von Fertigkeiten ist daher nur für solche Fertigkeiten sinnvoll, die durch Instruktion und Erfahrung erworben werden (Dreyfus/Dreyfus 1987, S. 41).

Das wirft natürlich gerade beim (Fremd)Spracherwerb sofort eine kritische Frage auf: Offensichtlich ist die Fertigkeit, die „vermittelt" (unterrichtet, didaktisiert) erworben wird, zumindest ähnlich der „unvermittelt" erworbenen. Ist es also gerechtfertigt, einen so prinzipiellen Unterschied beim Erwerb zu machen? Ohne hier auf diese Diskussion näher einzugehen, wollen wir von der folgenden vorsichtigen Annahme ausgehen: Vermittlung und „spontaner Erwerb" spielen beim unterrichteten Fremdspracherwerb zusammen, die relativen Anteile dieser beiden Strategien wollen wir aber offenlassen.

6.1.5 Lernersprache

Die Erforschung des „natürlichen" Zweitspracherwerbs hat ein wichtiges und inzwischen relativ unumstrittenes Ergebnis erbracht: Lernende verfügen zu jedem Zeitpunkt des Zweitspracherwerbs über eine systematische Variante der zu erwerbenden Sprache. Sie wird als Lernersprache (*interlanguage*) bezeichnet, um zu betonen, daß es sich dabei um eine vom Lernenden konstruierte, aber in sich geschlossene Variante der Zielsprache (*target language*, also die L2) handelt, die nicht einfach an den Fehlern und Mängeln gegenüber der „Eingeborenenvariante" gemessen werden kann (vgl. Vogel 1990). Spracherwerb wird unter diesem Blickwinkel als eine Abfolge verschiedener Lernersprachen vorgestellt, die von einem Nullpunkt weg sich immer mehr dem Ziel – also der zu erwerbenden Sprache, wie sie die Muttersprachler sprechen – nähert.

Der vollständige Zweitspracherwerb gelingt nicht immer – genau genommen sogar nur in den seltensten Fällen. Die besten Chancen, eine zweite Sprache so wie die Muttersprachler erwerben zu können, haben Kinder, die schon früh mit der Zweitsprache konfrontiert sind. Bei Erwachsenen bleibt meistens zumindest ein Akzent übrig, viel häufiger bleiben sie aber schon in einer wesentlich früheren Lernersprache „stecken": Eine Erstarrung (*fossilization*) tritt früher oder später ein, die nicht mehr überwunden wird.

Eine früh erstarrte Lernersprache läßt sich gerade bei Menschen, die die Zweitsprache natürlich, also ohne Unterricht und im fremden Land, erwerben, häufig beobachten: Wenn alle anfallenden Kommunikationsbedürfnisse befriedigt werden können, wenn die erworbene Sprache ausreicht, um sich zu verständigen und im fremden Land halbwegs zurechtzukommen, besteht oft keine Motivation und Notwendigkeit mehr zum Weiterlernen. Das ist etwa der Fall, wenn der Aufenthalt im fremden Land (realistisch, wie bei Gastarbeitern oder Studenten, oder nur im Wunschdenken, wie etwa bei Exilierten oder Flüchtlingen) als zeitlich begrenzt betrachtet wird. Auch Abwehr gegen die Integration und Assimilation können eine Rolle spielen, manchmal zusammen mit der Bildung relativ geschlossener Einwanderergruppen, die weitgehend unter sich bleiben und die Sprache des Gastlandes wenig benötigen.

Das Einfrieren des Spracherwerbsprozesses bei einer bestimmten Lernervariante muß aber nicht nur mit mangelnder Motivation zu tun haben: Ein Problem der Weiterentwicklung der Lernersprache besteht darin, daß Unterschiede zwischen der eigenen Variante und der Muttersprachlervariante von den Lernenden überhaupt erst wahrgenommen werden müssen. Nur dann können sie mehr oder weniger bewußte Anstrengungen unternehmen, einen Schritt weiterzugehen und sich etwas Neues aneignen. Je geringer diese Unterschiede werden, desto schwieriger ist ihre Wahrnehmung: Hier geht es vielleicht nur mehr um einen leichten Akzent, oder um eine grammatikalisch richtige, aber stilistisch nicht ganz passende Form. Da die muttersprachlichen Gesprächspartner das Gemeinte problemlos erschließen können und die Abweichung die Kommunikation nur marginal stört, werden die Lernenden auch keine – direkten oder indirekten (durch Nachfragen, Mißverständnisse, Korrekturen ...) – Hinweise mehr darauf erhalten, daß hier etwas zu verbessern wäre.

6.1.5.1 Erwerbssequenzen

Was die lernzentrierte Auffassung des L2-Erwerbs sehr bestärkte, war die Entdeckung sogenannter „Erwerbssequenzen" (*developmental sequences*), die unabhängig vom Lernenden und von seiner L1 auftreten und auffallend regelmäßig durchlaufen werden. Damit ist gemeint, daß eine bestimmte Struktur immer (oder fast immer) nach einer bestimmten anderen auftritt. Ein Beispiel soll das veranschaulichen.

Im Forschungsprojekt ZISA (Zweitspracherwerb italienischer und spanischer Arbeiter, zit. nach Larsen-Freeman/Long 1991, S. 270 ff., vgl. Pienemann 1989) wurde die Idee der Erwerbssequenz vor allem an der deutschen Wortstellung untersucht und belegt. Es ergab sich eine Implikationsreihe von Wortstellungsregeln: Lernende, die eine „höhere" Regel erworben hatten, beherrschen auch die „darunterliegende", aber nicht umgekehrt. Diese Regeln beziehungsweise Phasen (nach der Phase von Einwort- oder Zweiwort-Konstruktionen) sind in der *Tab. 5, S. 190* aufgelistet.

Zur Erklärung dieser Phasen werden die kognitiven Prozesse herangezogen, die bei der Bildung dieser Wortstellungen immer komplexer werden müssen: Während der „Kern" Subjekt-Verb-Objekt durch die Frontstellung des Adverbs unangetastet bleibt, muß bei den weiteren Regeln ein Element aufgebrochen (Verbendstellung), dann Elemente vertauscht (In-

- *„Kanonische" Wortstellung* (Subjekt-Verb-Objekt), das heißt die typische Wortstellung im Hauptsatz wie in

  (1) die kinder spielen mim ball

- *Adverb-Frontstellung:* ein Adverb wird an den Satzanfang vorgezogen, wie in

  (2) da kinder spielen

- *Verb-Trennung:* Abtrennung des infiniten Teil des Verbs (Infinitiv, Partizip) und Endstellung wie in

  (3) alle kinder muß die pause machen

- *Inversion von Verb und Subjekt,* sodaß das Verb immer an zweiter Stelle bleibt:

  (4) dann hat sie wieder die knoch gebringt

- *Verb-Endstellung in Nebensätzen:*

  (5) er sagte, daß er nach hause kommt

Tab. 5: Erwerbssequenz der Wortstellung im Deutschen

version) und schließlich in bestimmten Fällen die Regel außer kraft gesetzt werden (Nebensatz).

Erwerbssequenzen wurden in der Folge auch für andere Sprachen und Strukturen untersucht. Es wurde versucht, nicht nur *ein* Phänomen der Zielsprache (wie hier die Wortstellung) durch die zunehmende Komplexität der Verarbeitungsprozesse zu erklären, sondern möglichst viele Phänomene einer Spracherwerbsphase zu bündeln und mit einem einzigen kognitiven Prozeß zu erklären (Larsen-Freeman/Long 1991, S. 278f.). Die Details dieser Forschung wie auch die strittigen Fragen würden in diesem Rahmen zu weit führen. Es spielt auch für die Zwecke unserer allgemeineren lerntheoretischen Fragestellung keine bedeutende Rolle, ob die hier dargestellte Erwerbssequenz nun genau so exakt ist oder nicht. Wichtig ist hier vor allem die Systematizität nicht nur der einzelnen Lernervariante, sondern auch des Fortschreitens von einer zur nächsten Variante. Damit wird ein Entwicklungsprozeß im Spracherwerb bestätigt, wie wir ihn im heuristischen Würfelmodell für den Fertigkeitenerwerb allgemein dargelegt haben. Mit der Entdeckung von Erwerbssequenzen und der Tatsache, daß sie in einer gewissen Reihenfolge „absolviert" werden müssen, bestä-

tigt unseres Erachtens die Forschung zum Fremdspracherwerb den hierarchischen und stufenförmigen Aufbau des Würfelmodells.

Von größter Bedeutung sowohl für die Fremdsprachdidaktik als auch
für unsere lerntheoretische Position ist aber das völlig unerwartete – aber
in zahlreichen Untersuchungen belegte – Resultat, daß kein Unterricht die
Erwerbssequenzen umstoßen kann. Es ist vielmehr der jeweilige Entwick-
lungsstand der Lernenden selbst dafür ausschlaggebend, ob angebotene
didaktische Methoden ihnen (zum jeweiligen Zeitpunkt) auf die nächste
Stufe weiterhelfen können oder nicht. Das bedeutet, daß eine ausgewählte
didaktische Strategie für eine bestimmte Zielgruppe erfolgreich sein kann,
für andere Personen jedoch, wenn sie sich auf einer anderen Stufe der jeweiligen Erwerbssequenz befinden, systematisch zum Scheitern verurteilt
ist.

6.1.5.2 Die Leistungen der Lernenden

Die Erläuterung der Erwerbssequenzen könnte zu dem falschen Eindruck
führen, daß der Weg des Zweitspracherwerbs praktisch vorgezeichnet ist
und Lernende eigentlich nicht mehr viel tun können, als die Entwicklung
abzuwarten: So wie eben ein Kind heranwächst, ob es will oder nicht. Dieser Eindruck entspringt der linguistisch orientierten SLA-Forschung und
täuscht darüber hinweg, daß jede/r Lernende für sich immer wieder diese
Entwicklungsschritte erarbeiten und durchlaufen muß und dabei natürlich äußerst aktiv ist.

Unserer Auffassung nach haben wir es hier mit einem eigentümlichen
Verhältnis von subjektiven und objektiven Komponenten zu tun. Auf der
einen Seite ist es die aktive Leistung der Lernenden, deren Motivation,
Aufmerksamkeitsgrad und Erfahrung (z.B. in der Anwendung bestimmter
Lernstrategien), die die Basis für die Erwerbssequenz darstellt. Die Aneignung funktioniert jedoch offensichtlich nicht ganz voraussetzungslos, sondern folgt inhaltlichen Strukturprinzipien. Wäre dies nicht der Fall, so wären zwei falsche (leider immer noch oft anzutreffende) Generalisierungen
möglich:
- Auf der einen Seite die – inzwischen schon weitgehend in Verruf geratene – Suche nach der einen „richtigen", „optimalen" Lehrstrategie.
  Danach müssen alle Zielgruppen einheitlich denselben Lernprozeß
  und die darin vorgesehenen didaktischen Strategien durchlaufen.
- Auf der anderen Seite die – unter kritischen PädagogInnen heute vermehrt auftretende – Haltung, daß möglichst weitgehend auf didakti-
  sierende Situationen verzichtet werden soll und die Lernenden früh-

zeitig der gesamten dynamischen und komplexen Situation ausgesetzt werden sollen.

Es ist zwar richtig, daß man beispielsweise Schwimmen nur im Wasser lernen kann. Daraus läßt sich jedoch nicht schließen, daß die Methode „einfach ins Wasser springen" die einzig richtige und beste Strategie ist. Zwar müssen wir oft in der Alltagswirklichkeit nach dieser Methode improvisieren, doch bedeutet das oft auch, daß wir eine Fähigkeit nur bis zu einem bestimmten Grad beziehungsweise mit groben Fehlern erlernen, oder gar scheitern (ertrinken). Oft brauchen wir dazu auch mehr Energie und Zeit, als es für das Lernen mit Rückgriff auf die generalisierten Erfahrungen anderer (lernerzentrierte Forschung) und allgemeine didaktische Methoden (lernzentrierte Forschung) erfolgen könnte. Wir erwähnen diese scheinbare Trivialität deshalb, weil gerade im Bereich des Fremdspracherwerbs sich unter dem Begriff des „Fremdsprachenwachstums" zum Teil solch eine „natürliche" Haltung durchgesetzt hat.

Die Vorstellung, daß man sich ganz allein plötzlich unter Menschen befindet, deren Sprache man nicht im geringsten versteht, kann einen Eindruck von den gewaltigen Aufgaben geben, die beim „natürlichen" Fremdspracherwerb gelöst werden müssen (vgl. Klein 1986, S. 59ff).

- *Analyse*: Eine komplexe Sequenz akustischer Signale, eingebettet in einen situationalen, vor allem visuellen Kontext, muß zuerst einmal in (richtige!) sprachliche Elemente segmentiert werden. Jeder, der schon einmal einen völlig unverständlichen Radiosender gehört und dabei versucht hat, auch nur ein Wort zu isolieren, weiß, daß diese Aufgabe alles andere als trivial ist. Diese sprachlichen Elemente müssen darüber hinaus auch noch Bedeutung erhalten, vor allem aus dem außersprachlichen Kontext.

- *Synthese*: Die erkannten Elemente (meistens Wörter) der Sprache müssen miteinander kombiniert werden, nicht nur, um selbst etwas Bedeutungsvolles sagen zu können (vielleicht „ich Hunger"), sondern auch um von den Äußerungen der anderen schließlich mehr mitzubekommen als einzelne Wörter. Wenn wir in einer Äußerung die Elemente „Mann", „Hund" und „essen" erkannt haben, so wissen wir doch noch lange nicht, wie sie sich aufeinander beziehen: Ißt der Mann den Hund oder umgekehrt, gibt der Mann dem Hund zu essen oder hilft der Hund dem Mann bei der Jagd = Essen beschaffen?

- *Einbettung* (*embedding*): Je weniger der Lernende die Sprache beherrscht, desto mehr ist er auf den Kontext angewiesen, auf die Einbettung der Sprache in die Situation, um seine spärlichen sprachlichen Mittel wirkungsvoll zum Einsatz zu bringen und effizient kommunizieren zu können. Im Notfall kann er durch Gesten, Mimik, Schauspiel ... die Sprache durch den Kontext ergänzen. Im folgenden Beispiel (Klein 1986, S. 86) verwendet ein spanischer Gastarbeiter, der bereits fünf Jahre in Deutschland lebte, kurze Pausen und Intonation als einziges Mittel, um seine Äußerungen zu strukturieren. Verben kommen in diesem Ausschnitt überhaupt nicht vor:

(6) Heute – vier Schule neu meine Dorf; ich klein Kind – eine Schule vielleicht hundert Kind; heute vielleicht ein Chef o Meister – zwanzig oder fünfundzwanzig Kind; ich Kind – vielleicht hundert Kind.

Mit diesen wenigen Mitteln gelingt es dem Sprecher, eine komplexe Struktur aus Gegenüberstellungen aufzubauen: Gegenwart versus Vergangenheit und große versus kleine Schulklassen.

• *Anpassung (matching)*: Das ist das bereits oben erwähnte Problem des Vergleichs zwischen der eigenen (Lerner)Variante und der Zielvariante der fremden Sprache, das umso schwieriger wird, je kleiner die Unterschiede sind. Selbst die Wahrnehmung eines Unterschiedes braucht noch nicht die Lösung zu sein: Ich kann zwar bemerken, daß beispielsweise meine englischen Vokale nicht ganz „richtig" klingen, aber nicht imstande sein, meine Aussprache zu ändern.

Um von einer Lernersprache zu einer anderen zu gelangen, muß der Lernende eigene Strategien entwickeln, die an sich nichts mit der gerade erworbenen Struktur zu tun haben: neue Strukturen/Regeln in Erfahrung bringen, alte durch sie ersetzen und das Neue erproben. Klein (a.a.O., S. 145 ff) führt den Begriff der „kritischen Regel" ein, um diesen Prozeß zu charakterisieren. Die Regeln einer Lernergrammatik sind nach dieser Auffassung unterschiedlich stabil und sicher. Zu bestimmten Zeiten – ausgelöst von Mißverständnissen, Feedback oder auch einfach durch einen beliebigen Input – wird die eine oder andere Regel verunsichert und vorerst versuchsweise durch eine neue ersetzt. Dies würde eine Erklärung dafür bieten, warum Lernende oft die alte und die neue Struktur nebeneinander verwenden.

Spracherwerb wird unter diesem Blickwinkel zu einem dauernden aufwendigen und anstrengenden Testverfahren, im natürlichen Zweitspracherwerb auch unter einem beträchtlichen Druck. Die Sprache, die gelernt werden soll, muß gleichzeitig auch zur Kommunikation verwendet werden. Die kognitiven „Kosten" des Spracherwerbs stehen ihrem kommunikativen „Nutzen" gegenüber, und der spontane Spracherwerb ist letztlich auch eine Optimierung dieser beiden Faktoren. Die Erstarrung der Lernersprache wäre dann das Ergebnis dieses Optimierungsprozesses, der für alle Lernenden anders aussehen wird. Wenn ihre Kommunikationsbedürfnisse subjektiv ausreichend befriedigt werden können, wozu weiteren kognitiven Aufwand betreiben?

It may be that fossilized learners know that their rules are deviant; but they still use them for communication, and they satisfy their communicative needs. ... fossilized varieties are perhaps reduced in expressive power, but they are easy to handle. (Klein 1986, S. 151)

Der Spracherwerb erfordert also sowohl eine zunehmende Willensanstrengung durch den Lernenden als auch die Bereitschaft, sich auf stets neue Risiken und Experimente mit neuen, noch ungesicherten Regeln einzulassen. Gleichzeitig kann selbst die größte Willensanstrengung eine allgemeine Stufenfolge und gewisse strukturelle Gesetzmäßigkeiten zwar verkürzen, aber nicht gänzlich außer kraft setzen.

Untersuchungen von Gesprächen zwischen Lernenden und Muttersprachlern (auch Lehrern) haben gezeigt, daß die Lernenden nicht einfach passiv den zweisprachlichen Input „über sich ergehen" lassen, sondern aktiv solche sprachlichen Äußerungen hervorzulocken versuchen, die ihnen gerade nützen. Sie entwickeln „Verhandlungsstrategien", um ihre Lernersprache weiter entwickeln zu können, sei es im Lexikon, sei es im Diskurs. MuttersprachlerInnen ihrerseits sprechen mit Fremdsprachigen anders als mit ihresgleichen, und diese Fremdensprache (foreigner talk) weist Ähnlichkeiten mit der Eltern-Kind-Sprache (motherese) auf.

Die Rolle dieser Sprachvariante beim Spracherwerb ist nicht geklärt. Läßt man unberücksichtigt, daß die Fremdensprache oft (zumindest von muttersprachlichen Beobachtern) als entwürdigend und diskriminierend aufgefaßt wird, so könnte man sich die linguistisch interessante Frage stellen, ob hier nicht Muttersprachler (aufgrund welchen Wissens?) den Lernenden genau jene Formen anbieten, die deren vermutetem Spracherwerbsstand entsprechen. Auf jeden Fall ist man sich inzwischen darüber im klaren, daß etwa die Lernersprache eines Gastarbeiters, in der keine Verben vorkommen, nicht darauf zurückzuführen ist, daß im Gespräch mit ihm die Muttersprachler keine Verben verwenden, also im Stil von „Du andere Baustelle" mit ihm reden. Die Lernersprache beruht nicht auf Nachahmung, sondern auf eigenen, dem Spracherwerb immanenten Gesetzmäßigkeiten. Wird dies nicht gesehen und in der Didaktik nicht berücksichtigt, dann scheint die Frage nach dem Nutzen von Fremdsprachenunterricht oft ungeklärt.

6.1.6 Zyklen des Fertigkeitenerwerbs

Die empirisch belegte Erwerbssequenz der Wortstellung im Deutschen zeigt, daß erst auf der letzten Stufe überhaupt Unterschiede zwischen verschiedenen Satzarten (Haupt- und Nebensatz) gemacht werden. Davor wird die jeweils gültige Regel starr angewendet – was ein Merkmal für Neulinge und Anfänger ist. Wenn L2-Lernende so lange Neulinge bleiben, ist dann unser Modell – zumindest in den unteren Stufen – nicht zu grobkörnig?

Statt einer feineren Gliederung auf den unteren Stufen schlagen wir eine Sichtweise des Modells vor, die uns durch Erfahrungen und Beobachtungen beim Erwerb auch anderer Fertigkeiten plausibel erscheint: Die Stufen des Modells werden nicht linear, sondern zyklisch durchlaufen. Das bedeutet nicht, daß eine Fertigkeit immer wieder von der Stufe des Neulings aus erworben wird, sondern daß die meisten Fertigkeiten sich aus vielen Elementen zusammensetzen, die mehr oder weniger unabhängig voneinander sein können: jemand kann vielleicht ganz ordentlich Autofahren, aber das Einparken macht noch Schwierigkeiten. Oder: Jemand kann blind maschinschreiben, außer die Zahlen.

Wir müssen also Unterschiede in der Komplexität von Fertigkeiten annehmen – auch das scheint intuitiv einleuchtend, wenn wir an so verschiedene Dinge denken wie radfahren (das man im Prinzip in einem Tag erlernen kann), Zehn-Finger-System (für das man vielleicht ein paar Monate braucht) oder eben eine Fremdsprache (die man nie wirklich „kann").

Daß wir beide bis heute das Zehn-Finger-System nicht in all seinen Teilbereichen beherrschen, liegt weniger an der Zeit des Lernens, sondern an der Erstarrung, die eingetreten ist. Trotzdem betrachten wir uns als gewandt in dem Teil des Maschinschreibens, den wir täglich brauchen (Buchstaben) – ganz ähnlich wie beim Autofahren (ohne Einparken). Dieser Zustand ist also tatsächlich vergleichbar mit erstarrten Lernersprachen (vgl. *Kapitel 6.1.5, S. 188ff.*), deren Sprecher sich dementsprechend ebenfalls als gewandt in ihrer Sprachbeherrschung betrachten werden.

Auch die Vielzahl der Varianten und Ebenen von Lernersprachen zeigt, daß es sich bei einer Fremdsprache um eine sehr komplexe Fertigkeit handelt. Eine Rolle des formalen Fremdsprachenunterrichts auf den oberen zwei Stufen kann dann vor allem darin gesehen werden, solche Erstarrungszustände zu verhindern oder sogar wieder aufzulösen. Ein Experte ist also kein „absoluter Könner", kein „Gott in Weiß", der nichts mehr zu lernen hätte. Im Gegenteil: Als Gefahr auf dieser Stufe können wir nun gerade die Erstarrung ausmachen, die den Experten daran hindert, ein noch nicht beherrschtes Element der Fertigkeit wahrzunehmen und sich bei diesem, wenn notwendig, wieder auf die Stufe des Neulings zu begeben.

Bei komplexen Fertigkeiten, wie es der Spracherwerb ist, können wir daher immer nur einzelne, möglicherweise zufällige Elemente aus der äußerst komplexen Fertigkeit der Fremdsprachbeherrschung herausnehmen, um unser Modell zu illustrieren. Dies zeigt nochmals, daß das Würfelmodell keine objektive, empirisch fundierte Definition von Lernphasen darstellt. Vielmehr stellt es den Erwerb eines Elementes einer Fertigkeit in einen dynamischen Zusammenhang dreier Variablen und erleichtert damit didaktische Überlegungen.

6.2 Fremdspracherwerb als Fertigkeitenerwerb

6.2.1 Expertentum

Wenn wir nun versuchen, die einzelnen Stufen unseres Modells für den Fremdspracherwerb zu konkretisieren, so müssen wir aus den bisherigen Überlegungen zwei methodische Bemerkungen voranstellen:

- Als Maßstab für den Fremdspracherwerb wollen wir nicht den Experten in der Muttersprache (*native speaker*, vgl. *Kapitel 6.1.4*, S. 185ff.) und auch nicht das bilingual aufgewachsene Kind, sondern den speziellen „Fremdsprachexperten" untersuchen.
- Worin dieses Expertentum besteht und die Unterschiede liegen, läßt sich letztlich nur aus einer Ich-Perspektive beschreiben. Im Rahmen einer Dolmetscherausbildung verbrachte Sabine zweimal mehrere Monate in Frankreich und später, bereits in Ausübung dieses Berufs, ein Jahr in Brüssel. Das war unter anderem auch ein Grund dafür, daß wir die Fallstudie auf dem Gebiet des Fremdspracherwerbs durchführten. Viele der subjektorientierten nachfolgenden Beschreibungen gründen sich auf diese persönlichen Erfahrungen.

Fremdsprachenexperten sind meistens Personen, die neben, beziehungsweise nach, einer meist langen und intensiven formalen Ausbildung auch zeitlich ausgedehnte Aufenthalte in Ländern der L2 hinter sich haben. Vorwiegend finden wir sie daher im professionellen Bereich der „Fremdsprachberufe": unter Übersetzern, Dolmetschern, Lehrenden, Diplomaten oder Auslandskorrespondenten.

Die Sprachbeherrschung dieser Experten kommt manchmal der von Muttersprachlern schon recht nahe. Trotz dieser Ähnlichkeit bestehen aber unserer Auffassung nach wesentliche Unterschiede in der Natur dieser Fertigkeit.

Es heißt nicht nur – was oft als Merkmal angeführt wird – in der fremden Sprache zu denken, sondern, pointiert ausgedrückt, auch in ihr zu träumen. Die Fremdsprache wird also tatsächlich verinnerlicht und als Deutungs- und Ausdrucksschema sogar im „inneren" Diskurs angenommen. Spontane Äußerungen und Reaktionen erfolgen ohne Verzögerung in der Fremdsprache. Expertentum in einer Fremdsprache geht aber weit über die Sprachbeherrschung hinaus: Sie umfaßt auch kulturelle Fertigkeiten wie Tonfall, Stimmlage, Gestik und Mimik und soziales Verhalten (zur Vielfalt dieser außersprachlichen kulturellen Unterschiede vgl. Hall 1969, 1973, 1981).

Dieses Hereinnehmen von Fertigkeiten geht nicht ohne eine Veränderung der Persönlichkeit vor sich, da diese kulturellen Fertigkeiten, die wir in der eigenen Kultur als Kind erwerben, auch identitätsstiftend sind. Expertentum in einer Femdsprache heißt daher auch Konstruktion einer neuen Identität, die mit anderen Mitteln der eigenen Persönlichkeit entspricht und daher nicht mehr als „fremd" und beeinträchtigend empfunden wird.

Die Fertigkeit der Fremdsprachbeherrschung umfaßt daher auf Expertenebene alle Mittel, die für diese Rekonstruktion notwendig sind: sprachliche wie außersprachliche.

6.2.2 Gewandtheit

Von dieser Rekonstruktion her läßt sich auch der Unterschied zwischen Expertentum und der „bloßen" Gewandtheit beschreiben. Es gibt ein Stadium vor dem Fremdsprach-Expertentum, auf das man die dieser Stufe innewohnende Gefahr der Tunnelperspektive (vgl. *Kapitel 3.2.4*, S. 84ff.) anwenden könnte: Es ist dies das ungewollte und ungebremste „Aufgehen" in der anderen Sprache und Kultur. Gewandte werden getragen von der Fertigkeit – auch dorthin, wo sie nicht unbedingt hinwollten. Anders als beim Experten weist die Rekonstruktion der Persönlichkeit Mängel auf, die als Entfremdung empfunden werden und einer noch fehlenden Kontrolle der sprachlichen und kulturellen Mittel entspringen: Man kann beispielsweise an Gesprächen „gekonnt" teilnehmen – für die Gesprächspartner wird kein Unterschied zum Experten fühlbar. Trotzdem hinterläßt ein Gespräch das Gefühl, daß man dem Fluß und der Anpassung zuliebe nicht alles so gesagt und sich selbst nicht so dargestellt hat, wie man wollte. Der Gewandte ist noch nicht perfekt im *face-work* als „the way in which a person maintains his ‚face'"(Goffman 1955, zit. nach Hudson 1980, S. 115). Sprache – in diesem Fall also die Fremdsprache – ist eines der wichtigsten Mittel dazu, sowohl in dem, was man sagt, als auch, wie man es sagt.

In dieser Phase der Überanpassung und der leichten Überbetonung des Flußerlebens fällt auch das Umschalten von der fremden Sprache und Kultur zurück in die eigene schwerer als dem Experten: Wo der Experte den Wechsel zwischen (Alltags)Welten bewältigt, kommt es beim Gewandten zu Überschneidungen; er beginnt eine spontane Äußerung in der fremden Sprache, es rutscht ein L2-Wort in seine Rede, oder es fällt ihm etwas nur mehr in der Fremdsprache ein.

6.2.3 Kompetenz

Der Kompetenzbegriff im Stufenmodell muß deutlich unterschieden werden vom linguistischen (Chomsky), aber auch vom soziolinguistischen Kompetenzbegriff („kommunikative Kompetenz", vgl. Hymes 1974). Während die linguistische Kompetenz die abstrakte sprachliche Fertigkeit des idealen Sprechers, unabhängig von den situationalen und sozialen Umständen ihrer Ausübung bezeichnet (und damit den rein sprachlichen Teil des Muttersprach-Expertentums), meint „kommunikative Kompetenz" in unserem Modell das Expertentum selbst in seiner Ausübung. Wir hingegen wollen als „Kompetenz" eine intermediäre Stufe des Fertigkeitenerwerbs verstehen. Sie ist gerade nicht durch gekonnte, flüssige Ausübung gekennzeichnet, sondern durch die „distanzierte, reflektierende und manchmal quälende Wahl zwischen Alternativen" (Dreyfus/Dreyfus 1987, S. 51).

6.2.3.1 Markiertheit

Um diese Stufe anhand des Fremdspracherwerbs erläutern zu können, müssen wir uns allerdings von einer herkömmlichen Auffassung von Grammatik trennen. Nach ihr ist Sprache immer ein Befolgen von Regeln, wie es sich etwa in der automatischen Sprachverarbeitung in klassischen Algorithmen und Produktionen zur Analyse von Sprache (Parser) ausdrückt. Solche Algorithmen arbeiten nach einem Alles-oder-Nichts-Prinzip und nach Wenn-Dann: Ein Wort ist entweder ein Substantiv oder es ist keines. Wenn das Verb an zweiter Stelle steht (im deutschen Hauptsatz), dann und nur dann handelt es sich um einen Aussagesatz. Steht es an erster Stelle, ist es ein Befehlssatz oder eine Frage und so weiter.

In den letzten Jahren setzen sich jedoch Auffassungen von Grammatik durch, die ein differenzierteres Bild dieser Kategorien zeichnen. Sie arbeiten mit dem zentralen Begriff der „Markiertheit" und betrachten grammatische Kategorien nach den Grundsätzen der Prototypen-Theorie (vgl. Rosch 1977 und 1978, Lakoff 1987).

Eine grammatische oder lexikalische Kategorie (z.b. Hauptwort) hat danach einen eindeutigen „Kern", der durch gute oder zentrale Beispiele verdeutlicht wird: Das prototypische Hauptwort bezeichnet konkrete, zählbare Gegenstände (z.b. „ein Tisch, drei Tische"). Andere Typen von Hauptwörtern entfernen sich mehr oder weniger weit von diesem Prototyp. So ist eine Substanz (z.b. „Sauerstoff") nicht zählbar, das Hauptwort hat daher keine Mehrzahl. Oder aber Hauptwörter entfernen sich in ihrem syntaktischen „Verhalten" von diesem Prototyp und verlangen nach „Argumenten" (Ergänzungen, Objekten), wie beispielsweise „die Zerstörung *der Stadt*", worin sie den Verben ähnlich werden („Die Armee zerstört *die Stadt*"). Die Hauptwörter an der Peripherie dieser Kategorie sind immer noch Hauptwörter, aber eben nicht mehr so typisch. Sie sind „markiert", das heißt in irgendeiner Weise abgehoben und hervorstechend, während der zentrale Vertreter der Kategorie „unmarkiert" ist.

Markiertheit ist gegenüber der klassischen Regel und ihrer Ausnahme ein gradueller Begriff. Mit diesem Instrumentarium kann man nun auch viele Fälle tatsächlich vorkommender und sogar häufiger Äußerungen erfassen, die den Regelapparat entweder überfordern oder nur mit zahlreichen Ausnahmeregeln faßbar würden. Nehmen wir als Beispiel dazu wieder die deutsche Wortstellung her, als gut untersuchtes Beispiel zum Fremdsprachenerwerb (vgl. *Kapitel 6.1.5.1*, S. 189ff.).

Die deutsche Wortstellung im Hauptsatz (und spezieller: Aussagesatz) ist, allgemein ausgedrückt, XV: das heißt eine Konstituente (Satzglied, X) und dann das Verb (V, bzw. sein flektierter Teil = die „Personalform"; mit diesen Feinheiten brauchen wir uns aber nicht weiter zu beschäftigen). Also:

(7) (Die Sonne) (scheint)

(8) (Am Morgen) (scheint) (die Sonne)

Dazu nun als Gegenstück ein Teil eines Witzes in einer für diese Textsorte häufigen Erzählweise:

(9) Trifft der Breitmaulfrosch ein Krokodil. Sagt der Breitmaulfrosch: „Was frißtn du?" Sagt das Krokodil: „Breitmaulfrösche!" und so weiter.

Alle drei Sätze in diesem Beispiel sind zweifelsfrei Aussagesätze und werden von Hörern ohne weiteres verstanden und akzeptiert. Nach starrer Anwendung der „Verb-Zweit-Regel" wären sie aber ungrammatikalisch.[21] Eine Theorie, die diese Wortstellung als „markiert" erklären kann, kommt aus diesem Dilemma heraus und kann gleichzeitig noch mehr sagen: nämlich, daß diese Wortstellung selbst Bedeutung hat, indem sie hier bereits auf die Textsorte „Witz" hinweist. (Sie kann das natürlich weder allein, noch bedeutet sie ausschließlich „Witz", vgl. z.b. die gebräuchliche Erzählweise: „*Geh* ich doch heut übern Neuen Platz, und wen, glaubst du, treff ich da?")

6.2.3.2 Entscheidung und Risiko

Ein Problem von Lernenden auf der Kompetenzstufe einer Fremdsprache besteht in der Entscheidung zwischen dem unmarkierten und dem markierten Fall. Gerade die markierten Gebrauchsweisen sind für Lernende eine große Hürde: Nicht nur müssen sie die „sichere" Regel abschwächen, sondern auch wissen, unter welchen Umständen sie außer kraft gesetzt werden kann. In den „falschen" Situationen wird die markierte Form seltsam und im Extremfall ungrammatikalisch klingen.

Andererseits – und das bemerken bereits Anfänger – ist ein stures Festhalten an den Regeln auch keine Lösung. Um etwa die Pointe eines Witzes wirklich wirkungsvoll zu plazieren, wäre die Verwendung der markierten Wortstellung von Vorteil. Schon damit wird die Erwartung der Hörer, daß es sich um einen Witz handelt und eine Pointe folgt, geweckt. Die Kommunikationssituation ist definiert und der Erfolg damit schon zu einem guten Teil gesichert.

Kompetente begeben sich also auf eine Gratwanderung zwischen text- und situationsangemessener Markiertheit und Ungrammatikalität. Auf dieser Ebene müssen tatsächlich bewußte Entscheidungen getroffen werden, und sie sind durchaus nicht einfach. Viel hängt von der Risikobereitschaft der Lernenden ab, aber auch von den Muttersprachlern (oder vom Unterricht), mit denen sie zu tun haben. Manche sozialen Umfelder lassen weniger Risiko zu als andere, manche Lernenden verkraften es weniger leicht, etwas Falsches zu sagen als andere.

Aus der SLA-Forschung können wir hier der Charakterisierung dieser Stufe einen Aspekt hinzufügen. Die Risikobereitschaft ist für die Weiter-

---

21. Das Prinzip ließe sich auch beispielsweise mit der englischen Wortstellung belegen, wo das – ansonsten strengere – Prinzip von SV (Subjekt-Verb) ebenfalls durchbrochen werden kann: beispielsweise „so does he", „There goes my supper" oder „In the clearing stands a boxer ..." (Simon & Garfunkel)

entwicklung der Fertigkeit wichtig. Der Verzicht auf Risiken und das Festhalten an starren Regeln bedeutet Erstarrung der Fremdsprachbeherrschung: Man macht schließlich zwar keine Fehler mehr, die durch Miß- oder Nichtverstehen eine Änderung der Lernersprache unbedingt erfordern würden, denn man kommt bereits „ganz gut zurecht". Allerdings gibt es keine Entwicklung mehr und die Feinheiten der Sprache werden nie erworben.

6.2.4 Anfänger und Neuling

6.2.4.1 Was sind Fakten der Sprache?

Neulinge lernen nach unserem Modell kontextfreie Regeln und Fakten, die ihnen von der konkreten Situation entkleidet als feste, „objektive" Gegebenheiten entgegentreten. Gerade das „Faktenlernen" hat in der heutigen Pädagogik einen schlechten Beigeschmack, erinnert es doch an stures Auswendiglernen und sinnloses „Pauken", etwa von Vokabeln. FremdsprachenlehrerInnen wollen daher nichts davon hören, daß sie „Fakten" vermitteln, und noch weniger davon, daß dies die Voraussetzung für weitere Lernschritte sein soll. Wenn wir uns aber von der unseligen Assoziation mit dem Auswendiglernen befreien, erkennen wir sofort, was mit dieser Behauptung gemeint ist.

Der Wortschatz (Lexikon) ist – auch in der Muttersprache – nichts anderes als eine Ansammlung von Fakten, die irgendwann gelernt und dann erinnert werden müssen: Es gibt keinerlei „natürliche" Beziehung zwischen dem Ding und seinem Namen, einem willkürlichen Zeichen. Natürlich lernen wir in der Muttersprache keine Vokabellisten auswendig, und wir lernen auch nicht „Wörter" an sich: Im Erstspracherwerb lernen wir quasi das Ding zusammen mit seinem Namen, den Gebrauch des Stuhls zusammen mit dem Wort „Stuhl". Gerade dieses „Faktenlernen" gelangt auch in der Muttersprache eigentlich nie zu einem Ende: Der Lehrling erwirbt die Fachsprache zusammen mit seinem Beruf, die Studentin muß ihre Disziplin (mehr oder weniger) auch sprachlich bewältigen –, und der Studienerfolg hängt in nicht geringem Maß auch von der (wissenschafts-) sprachlichen Gewandtheit ab.

In der Fremdsprache wird uns die Aneignung des Lexikons als Vokabellernen bewußt, weil wir uns die Dinge dazu ja zum Großteil schon erworben haben. Ohne daß wir irgendein Wort in der Fremdsprache kennen, macht es eben wenig Sinn, einen Satz bilden zu wollen (also eine Grammatikregel anzuwenden). Der Erwerb solcher „Fakten" ist daher tatsächlich die Voraussetzung für alles weitere. Über die Didaktik, wie diese Fakten vermittelt werden, machen wir damit noch keinerlei Aussage: Die Bandbreite der Methoden reicht vom tatsächlich lähmenden Auswendiglernen bis zum spannenden Entdecken, vom Nachschlagen in Wörterbüchern bis zum Erfragen „vor Ort" (im Land).

6.2.4.2 Komplexitätsreduktion beim Lexikon

Typisch für Neulinge ist dabei die Frage „Was heißt X auf ...?" und die Erwartung einer lexikalischen 1:1-Entsprechung (*one-to-one-principle*):

> Perhaps what is a general principle regarding learning both L2 form and function is that initially, at least, learners attempt to maintain a relationship between one invariant surface linguistic form and a single function ... They are motivated to do so in order to keep their IL [interlingua = Lernersprache] system internally consistent. (Larsen-Freeman/Long 1991, S. 68)

Die meisten Lehrbücher gehen auf dieses Bedürfnis ein und vermeiden am Anfang Vokabeln, die nicht dieser einfachen Gleichung („Katze = cat") entgegenkommen. Da das nur in wenigen Fällen möglich ist, wird die Mehrdeutigkeit (Polysemie) am Anfang verschwiegen und nur die häufigste oder konkreteste Bedeutung vermittelt.

Natürlich ist diese Erwartungshaltung bei Neulingen, die bereits Erfahrung mit anderen Fremdsprachen haben, weniger ausgeprägt. Sie wissen im Prinzip, daß solche 1:1-Entsprechungen trügerisch sein können. Anfänger unterscheiden sich von Neulingen auf diesem Gebiet gerade durch das Wahrnehmen der Vielfalt von Bedeutungen und durch die praktische Anwendung von Alternativen.

Der Begriff „Neuling" hat daher zwei Aspekte: Neuling nur in der speziellen Materie (Inhaltslernen) und Neuling in Materie und Methode (Inhalts- und Strukturlernen). Lernende mit wenig Fremdspracherfahrung haben oft große Probleme, das 1:1-Prinzip zu überwinden und sich mit der lexikalischen Mehrdeutigkeit der Fremdsprache abzufinden. Trotzdem hat auch der „Inhaltsneuling", also der Neuling mit anderen L2-Lernerfahrungen, angesichts der unübersichtlichen Situation, mit der er konfrontiert ist (eine neue, unverständliche Femdsprache) ein Bedürfnis nach Komplexitätsreduktion, auch wenn er sie nur als vorläufig ansieht.

Aus der Sicht unseres Modells ist das 1:1-Prinzip eine kontextfreie (strukturelle) Regel, etwa der Form: X in L1 heißt Y in L2. Erst später wird sie ersetzt durch die kontextabhängige Regel: X in L1 heißt Y in L2 im einen Fall (= Kontext) und Z im andern Fall. Die Tendenz von Neulingen, spontan nach der kontextfreien 1:1-Regel zu handeln, scheint uns ein weiterer Hinweis auf die Sinnhaftigkeit unseres Modells.

6.2.4.3 Kontextabhängige und kontextfreie Regeln

Der Begriff der „Regel" ist in der Sprachwissenschaft zentral: Ziel der linguistischen Forschung ist eine Grammatik der Sprache, und das ist nichts anderes als ein System von Regeln, mit denen alle Sätze einer Sprache gebildet werden können. Die zugrundeliegende Annahme ist, daß Menschen diese Regeln beherrschen müssen, da sie potentiell unendlich viele verschiedene und neue Sätze ihrer Sprache bilden können. Die Erforschung dieser Regeln ist das Forschungsziel der Linguistik, aber es ist bei weitem nicht erreicht.

Deshalb gibt es eine Vielzahl verschiedener Grammatiken, die alle Erklärungsversuche für die menschliche Sprache darstellen. Sie operieren mit vielen verschiedenen Arten von Regeln (Phrasenstrukturregeln, Transformationsregeln, Bewegungsregeln ...), die sich teils historisch abgelöst haben, teils die verschiedenen konkurrierenden Theorieansätze widerspiegeln. Zugespitzt formuliert, ist eine Regel in der Linguistik daher

* entweder ein Instrument zur adäquaten Beobachtung und Beschreibung einer Sprache
* oder eine Regel, die SprecherInnen einer Sprache in Ausübung ihrer Sprach-Fertigkeit verwenden.

Möglicherweise haben einzelne der von SprachwissenschafterInnen verwendeten Regelarten wirklich etwas zu tun mit den von Sprechenden verwendeten – aber das ist keineswegs sicher und nicht einmal sehr wahrscheinlich. Die Fremdsprachdidaktik verwendet Regeln der ersten Sorte – die Grammatik der Fremdsprache – und wandelt sie in Anweisungen um, von denen vermutet wird, daß Lernende sie sich aneignen und ihrer (mentalen) Grammatik hinzufügen. Wenn wir daher unser Lernmodell auf den Fremdspracherwerb anwenden, müssen wir unterscheiden zwischen den didaktisch vermittelten Regeln und den von den Lernenden konstruierten Regeln, die davon abweichen können. Ein Beispiel für eine solche konstruierte Regel ist etwa das oben besprochene 1:1-Prinzip, dem Lernende folgen, auch ohne daß es ihnen explizit vermittelt wird.

Regeln müssen nicht unbedingt explizit (d.h. metasprachlich) *vermittelt* werden, etwa in der Form „Subjekt vor Verb". Eine andere Möglichkeit wäre, die Lernenden ohne jede Vorbereitung Sätze bilden zu lassen und die (vielleicht zufällig) regelgemäßen Erzeugnisse zu akzeptieren, die anderen nicht: Die Regel dahinter wird dann von den Lernenden selbst konstruiert werden müssen, auch wenn ihnen vielleicht die Fachausdrücke fehlen, um sie richtig zu formulieren.

Die SLA-Forschung beschäftigt sich schon seit einiger Zeit mit der Frage, wieviel sprachliches „Metawissen" zum Erwerb einer Fremdsprache notwendig ist beziehungsweise welche Wirkung es hat. Obwohl es hier noch keine eindeutigen Ergebnisse gibt, läßt sich unseres Erachtens doch schon jetzt sagen, daß ein didaktischer Gegensatz (sprachlich vermitteltes Metawissen versus selbständige Konstruktion und Finden der Regeln) nicht existiert. Selbst unter einem konstruktivistischen Gesichtspunkt, wie wir ihn vertreten, läßt sich kein einfaches Werturteil für die Konstruktion abgeben. Letztlich lebt nämlich jede Didaktik, wenn sie sich an Menschen über dem Kleinkindalter richtet (und das ist beinahe jede), von der symbolischen Vermittelbarkeit ihrer Inhalte, und jede Regel (die per definitionem nicht nur auf einen Einzelfall zutrifft) von der Einführung „höherer" Abstraktionsebenen.

Die Begriffe „Talschi" und „Innenkante" als Abstraktionen von den wechselnden Einzelfällen „rechte Kante/linke Kante" und „rechter Schi/ linker Schi" haben sich in Schilehrplänen als brauchbar erwiesen, und erst sie erlauben es, das ganze Anfänger-Schifahren praktisch auf die einzige (von Schilehrern tausendfach wiederholte) Regel „Talschi belasten" zu reduzieren. Diese ausgeklügelte Komplexitätsreduktion zusammen mit der notwendigen Abstraktion ermöglicht es immerhin Jahr für Jahr vielen absoluten Schifahr-Neulingen, in erstaunlich kurzer Zeit normale Pisten zu bewältigen.

In der Linguistik haben die Begriffe „Kontextabhängigkeit" und „Kontextfreiheit" auf Regeln bezogen eine sehr spezifische und formal definierte Bedeutung: Eine Phrasenstrukturregel etwa, die einen Satz „generiert", indem ein Symbol durch andere ersetzt wird, heißt kontextfrei, wenn auf der linken Seite nur das zu ersetzende Symbol steht. Die Regel

(10) S -> NP V PP

(11) [er]$_{NP}$ [kommt]$_V$ [nach Hause]$_{PP}$

besagt, daß ein Satz (S) entsteht, wenn eine Nominalphrase (NP, hier das Subjekt „er") und daran anschließend ein Verb (V, „kommt") und eine Präpositionalphrase (PP, „nach Hause") erzeugt werden – und das in jedem Fall und ohne einschränkende Bedingungen (= kontextfrei). Eine entsprechende kontextabhängige Regel könnte so aussehen:

(12) daß S -> daß NP PP V

(13) daß [er]$_{NP}$ [nach Hause]$_{PP}$ [kommt]$_V$

Diese Regel gibt an, daß sich im Kontext „daß" (als Beispiel für einen Nebensatz) die Abfolge der Konstituenten (Satzglieder) ändert, und ist daher nur beim Auftreten dieser Bedingung anzuwenden.

Kontextabhängigkeit besagt also, daß das „Umfeld", die Umgebungsbedingungen erkannt hat und diese mitberücksichtigt werden müssen. Damit verbunden ist aber auch notwendig das Wissen um eine Alternative, die Möglichkeit, mehrere Regeln anzuwenden und zwischen ihnen zu wählen.

Wenn wir uns erneut die vermutete Erwerbssequenz zur deutschen Wortstellung ansehen (*Kapitel 6.1.5.1*, S. 189ff.), so lassen zumindest die ersten beiden Stufen die Vermutung zu, daß sie mit einer kontextfreien Regel erzeugt werden: Es gibt nur eine Wortstellung, die für alle Sätze verwendet wird (Subjekt-Verb). Aber auch eine generalisierte „Verb-Zweit-Regel" ist kontextfrei. Erst am Ende tritt überhaupt die Alternative Hauptsatz – Nebensatz mit verschiedenen, kontextabhängigen Wortstellungen auf.

Wenn in unserem Lernmodell kontextfreie Regeln mit der Stufe des Neulings und kontextabhängige mit der Stufe der (fortgeschrittenen) Anfängerin assoziiert sind, so würde das auf diese empirischen Ergebnisse umgelegt bedeuten, daß Fremdsprachenlernende sehr lange Neulinge bleiben. Wir müssen jedoch wiederum die Komplexität von Sprache im Auge behalten: Die Wortstellung ist ja nur ein winziger Teil dessen, was dabei gelernt wird, neben Aussprache (Phonetik), Wortschatz (Lexikon), Flexion (Morphologie) und so fort. Ein so vereinzelter Befund wie jener über die Erwerbssequenzen der Wortstellung (Syntax) reicht daher nicht aus, um allgemein über die Art der von den Lernenden angewendeten Regeln Aussagen zu machen. Es könnte durchaus sein, daß auf einer Ebene kontextfreie und auf einer anderen kontextabhängige Regeln zum Tragen kommen.

6.3 Didaktische Konzepte

6.3.1 Die Rolle des Fremdsprachenunterrichts

Zusammenfassend können wir aus den bis hierher gemachten Überlegungen ableiten, daß Unterricht gegenüber dem spontanen Zweitspracherwerb (abgesehen davon, daß dieser nicht jedem möglich ist) folgende Vorteile haben kann:

• Verhindern oder Hinausschieben der Erstarrung einer Lernersprache: Korrekturen und Anreize von außen können die Schwelle, ab der eine

Lernersprache nicht mehr weiterentwickelt wird, hinausschieben oder überwinden helfen. Ein Problem der Erstarrung besteht ja darin, daß Unterschiede zwischen L2 und der eigenen Lernersprache nicht mehr wahrgenommen oder analysiert werden können. Lehrer können diese Analyse von außen vornehmen und Unterschiede deutlicher machen. Ob der Lernende sie dann auch als Anlaß zu einem weiteren Lernschritt nimmt, ist ihm – und möglicherweise den herrschenden äußeren Zwängen – überlassen.

- Beschleunigtes Durchlaufen der Erwerbssequenzen: Daß Erwerbssequenzen nicht umgangen werden können, bedeutet nicht, daß Unterricht keinen Einfluß auf sie haben kann. Er kann vielmehr den Übergang beschleunigen.

Von diese beiden Hypothese können wir eine starke Bestätigung unseres Lernmodells ableiten. Sie betonen nicht nur seinen hierarchischen Stufenbau, sondern auch die mögliche (lern)psychologische Fundierung dieser Annahme. Die Stufen wären demzufolge nicht ein didaktisches Programm und aus der Sicht der Lehrenden entstanden, sondern spiegeln vielmehr die aktive Rolle der Lernenden wider, die sich jeweils jene (strukturellen) Lerninhalte aneignen, für die sie gerade bereit sind und die sie sinnvoll in ihr Wissenssystem integrieren können. Der erste Punkt deutet darauf hin, daß eine Lernsequenz letztlich nur von den Lernenden selbst initiiert werden kann.

Im Zusammenhang mit einer Sichtweise der 1. Person, wie wir sie von der Verstehenden Soziologie kommend auch für die Lernstufen postuliert hatten, ergeben die beiden Thesen jedoch bezüglich des Gruppenunterrichts einen kritischen Aspekt. Wichtig in diesem Zusammenhang ist vor allem die Lernbarkeitshypothese (Pienemann 1989), die besagt, daß der Unterricht nur dann etwas „nützt", wenn die Lernenden sich in Phase n befinden und der Unterricht genau die Phase n+1, also die nachfolgende Stufe einer Sequenz, vermittelt.

Da sich Lernende kaum alle gleichzeitig auf dem gleichen Niveau befinden werden, wird mit der Lernbarkeitshypothese der Nutzen des Gruppenunterrichts stark bezweifelt. Ellis (1992) versucht zwar, diese Skepsis mit der Vermutung abzuschwächen, daß Unterricht auch „auf Vorrat" nützen kann, also daß das Gelernte zum geeigneten Zeitpunkt seine Wirkung zeigen könnte. Ob eine derartige, sonst wenig erfolgreiche „Bankiersmentalität" (Freire 1982) aber ausgerechnet beim Fremdspracherwerb von Nutzen sein kann oder ob es sich dabei bloß um einen schwachen Trost für Lehrende handelt, bleibt dabei offen.

Obwohl wir an der subjektiven Betonung des Lernprozesses festhalten wollen, glauben wir trotzdem, daß der Gruppenunterricht wesentliche Vorteile haben kann – nur liegen die nicht in erster Linie in der Vermittlung (bzw. Transfer) von Inhalten. Die Vorteile des Gruppenunterrichts sehen wir eher in den folgenden drei Punkten:

- Bei einem guten didaktischen Setting (z.b. Gruppenspiel, Projektunterricht) kann die individuelle Motivation und damit der Aufmerksamkeitsgrad erhöht werden.
- Bestimmte soziale Kompetenzen und Fertigkeiten (wie z.b. Kommunikationsstrategien) können überhaupt *nur* in der Gruppe gelernt, praktiziert und erworben werden.
- Selbst wenn im Gruppenunterricht sich die einzelnen Individuen auf unterschiedliche Stufen (Erwerbssequenzen) befinden, so bedeutet das noch nicht, daß nicht jeder Teilnehmer am Gruppenunterricht (zwar etwas anderes, aber doch) lernt beziehungsweise Fähigkeiten erwirbt.

Für die reine Vermittlung von Inhalten (z.b. Vortrag) eignet sich die Gruppe jedoch sicherlich nicht. Gerade darin können audiovisuelle Medien (beliebiger Zugang, beliebige Wiederholbarkeit usw.) ihre Vorteile ausspielen. Diese Skepsis gegenüber dem traditionellen Gruppenunterricht (z.b. in der Schule) wollen wir aus den unterschiedlichsten Blickwinkeln für den Fremdspracherwerb näher konkretisieren.

6.3.2 Fehler als Fortschritt

Die meisten von uns werden den schulischen Unterricht mit seinen Leistungsanforderungen in Erinnerung haben: Grammatikübungen müssen dort „richtig" sein, Vokabel müssen „gewußt" werden. Nicht selten wird an die Umformung von Sätzen (z.b. „bilde Fragen mit ‚what'") herangegangen wie an eine Mathematikaufgabe, durch bewußte Anwendung auswendig gelernter Regeln: Was hat das mit dem natürlichen Spracherwerb zu tun, mit dem wir uns oben beschäftigt haben?

Wenn wir uns das Beispiel der Erwerbssequenz für die deutsche Wortstellung genauer ansehen, ist alleine das Ziel, „richtige" Strukturen zu bilden, ein Paradoxon: Während auf der ersten Stufe (SVO) eigentlich nur „richtige" Sätze produziert werden, bewirkt der Fortschritt des Lernenden eine Zunahme an „falschen", also für Muttersprachler ungrammatikalischen Sätzen (die Verbzweitstellung fehlt und kommt erst durch die – spätere – Subjekt-Verb-Inversion wieder, vgl. *Kapitel 6.1.5.1*, S. 189ff.).

In einem an Richtigkeit orientierten Fremdsprachenunterricht sieht dieser Fortschritt also wie ein fataler Rückfall aus. Die Konsequenz für die

Lernenden müßte also sein, besser gar keine Sätze mit der eigenen Lerner-grammatik zu produzieren, sondern sich an vorgefügte, noch gar nicht vollständig analysier- und produzierbare Muster zu halten (oder zu schweigen). Ihre Ziele sind damit völlig andere als die der spontan Lernen-den und eigentlich nur sekundär auf die Fremdsprache gerichtet – primär aber auf das schulische Fortkommen.

Ein solcher von der Alltagswelt losgelöster Sprachunterricht läßt sich natürlich nur sehr schwer mit dem Zweitspracherwerb unter natürlichen Bedingungen, der immer Kommunikation zum Ziel hat, vergleichen. Wir müssen also aus unserer Perspektive, in der die Lernenden im Mittelpunkt stehen, von solchen dem Spracherwerb äußerlichen Motivationen und Notwendigkeiten abstrahieren.

Dieses scheinbare Paradoxon – Fortschritt bedeutet Fehler – weist auch auf eine Komponente des Spracherwerbs hin, die eng mit der Persön-lichkeit des Lernenden und dem Umfeld des Lernprozesses zusammen-hängt: Lernen ist nur durch das Eingehen von Risiken möglich, durch das „Wagnis", auch Fehler zu machen und dadurch eventuell auch Mißver-ständnisse und Ablehnung zu erfahren.

6.3.3 Übung

In der Sprachdidaktik wird „Übung" (*practice*) mit folgenden Eigenschaf-ten charakterisiert (Ellis 1992, S. 233):
- Isolation eines bestimmten grammatischen Merkmals
- Produktion von Äußerungen mit diesem Merkmal durch die Lernen-den
- Wiederholungsmöglichkeit
- Korrektheits-Anspruch
- (unmittelbares oder verzögertes) Feedback

Diesem Szenario von Übungen liegen Annahmen zugrunde, wie Gramma-tik gelernt wird. Daß solche Annahmen auf unsicherem Boden stehen, ha-ben wir oben (*Kapitel 6.2.4.3*, S. 203ff.) bereits erläutert. Konkret wird an dieser Art von Übungen kritisiert:
- Übungen und formaler Unterricht allgemein können Erwerbssequen-zen nicht verändern.
- Übungen zeigen, was ein Lernender sowieso bereits weiß – oder aber er ist auch in der Übung nicht imstande, das Geforderte zu produzie-ren (vgl. Ellis 1992, S. 113).

- Die Lernenden können außerhalb der „kontrollierten" Übung, in der sie sich nur auf die formalen Aspekte konzentrieren, das Geübte nicht anwenden, etwa in frei(er)er Kommunikation.

Diese Skepsis wird von vielen modernen SprachdidaktikerInnen geteilt, vor allem, wenn es sich um „strukturorientierte" Übungen handelt (vgl. Fischer 1992, Buttaroni/Knapp 1988). Ellis räumt dabei immerhin noch die Möglichkeit ein, daß mit Übungen vielleicht etwas anderes gelernt wird als geplant (was auch nicht schadet), oder aber daß sie mit „Zeitverzögerung" wirken. In einigen wenigen Bereichen, wie bei der Aussprache oder beim Memorisieren von neuem lexikalischen Material einschließlich Redewendungen und Formeln wird den Übungen immerhin ihre Bedeutung zugestanden.

Ein erstes Problem liegt unserer Meinung nach darin, daß „Übung" hier bereits sehr spezifisch verstanden wird. Sie erscheint *per definitionem* als formorientiert, auf Produktion, Wiederholung und Richtigkeit ausgerichtet und entspricht damit ziemlich genau dem Begriff des Drill. Wir haben in unserer Software-Typologie bereits den für einen bestimmten Typ von Lernsoftware häufig verwendeten Begriff „drill & practice" kritisiert und „practice" als zu allgemein daraus weggelassen (*Kapitel 5.3*, S. 154ff.). In bezug auf den Fremdspracherwerb werden wir „practice" generell als aktive Beschäftigung mit der Fremdsprache auffassen. Darunter fallen zwar auch Drills, aber „practice" erstreckt sich bis hin zum „Praktizieren" von ExpertInnen. Den Fremdsprachenlernenden kann eben jede Kommunikation in der L2 als Übung dienen. Vom Standpunkt der Lernenden aus gesehen gibt es in der Alltagswirklichkeit keinen Unterschied zwischen Übung und *Aus*übung einer Fertigkeit. Dieser Unterschied entsteht erst in einer besonderen Sprachlernsituation als einem von der Alltagswelt getrennten geschlossenen Sinnbereich.

Aber auch in solchen Situationen beschränkt sich Übung nicht auf Drill. Sie umfaßt beispielsweise auch jene Aktivitäten, die Ellis (ebd., S. 234ff) als „bewußtseinshebend" bezeichnet und als Alternative zum Drill präsentiert:

- Isolation bestimmter sprachlicher Merkmale (s. oben)
- Präsentation von Daten, die das Merkmal – beziehungsweise eine explizite Regel – illustrieren
- Verständnis-Orientierung
- Klärung von Un- oder Mißverständnissen

Der wesentliche Unterschied zum Drill liegt im Verzicht auf die Produktion des Merkmals durch die Lernenden und auf die eher deduktiv und explorativ ausgerichtete Erarbeitung der Grammatik anhand von Daten.

Das Ziel ist, das Verständnis der Lernenden für dieses Merkmal zu vertiefen und sie bei der Entwicklung eines mentalen Modells, einer „L2-Grammatik im Kopf" zu unterstützen. Das weist uns darauf hin, daß diese Konzeption von Praxis im kognitivistischen Lernparadigma beheimatet ist: Sie versucht Erkenntnisse über das menschliche (erwachsene) Problemlösungsvermögen für den Spracherwerb zu deuten und zu nutzen (Buttaroni/Knapp 1988, S. 103).

Dieses Konzept von „bewußtseinshebender" Praxis läßt sich ohne weiteres auch auf inhaltsorientierte Aktivitäten ausdehnen, wie sie etwa Buttaroni/Knapp (a.a.O, S. 20ff) für explorative Arbeiten mit Texten vorschlagen, zum Beispiel Isolieren von Wörtern eines bestimmten semantischen Feldes, von bestimmten Diskursstrategien und so weiter.

6.3.4 Formeln und Muster

Da ein großer Teil der Sprachlernsoftware sich unter die Kategorie der Drills einordnen läßt, möchten wir die Frage nach ihrem Stellenwert und nach den Bereichen ihrer sinnvollen Anwendung explizit diskutieren. Nach Ellis (a.a.O.) sind dies

• Aussprache beziehungsweise Artikulation
• Lexikon und
• Redewendungen beziehungsweise „Formeln"

Nach Aufgabe der behavioristisch inspirierten Methode des (rein) audiolingualen Unterrichts ist das Trainieren von Formeln – also feststehenden, vorgefertigten Bausteinen – in Verruf geraten. Neuere Einsichten der Linguistik und der SLA-Forschung scheinen es aber wieder in begrenztem Umfang zu rehabilitieren. In der Lernersprache von spontanen L2-Lernern treten nämlich formelhafte Ausdrücke in verschiedenen Formen auf (vgl. *Tab. 6, S. 211, Larsen-Freeman/Long S. 66ff.).*

Die Bedeutung solcher memorisierter Formeln dürfte von Lerner zu Lerner individuell verschieden sein und von der biographisch geprägten Lernstrategie abhängen. Ihr Auftreten in Lernersprachen, das im Widerspruch zu stehen scheint mit der Annahme der „Regelbasiertheit" jeder Sprache, hat aber die L2-Forschung auf die Möglichkeit hingelenkt, daß vielleicht auch Muttersprachler viel mehr Routinen und Formeln „automatisch" verwenden als bislang angenommen wurde, und daß Formeln einen weiteren Bereich umfassen als nur Grüße, Floskeln oder Rituale. Die Analysierbarkeit einer Äußerung mit linguistischen Regeln impliziert nicht, daß sie auch notwendig mit diesen Regeln produziert wird:

Formeln und Muster in Lernersprachen treten auf
- als unanalysierte „chunks", feste Blöcke, die nicht flektiert und variiert werden, beispielsweise

  (14) See you tomorrow

- mit „slots", in die Wörter nach Bedarf eingesetzt werden, beispielsweise

  (15) Do you saw ...

  (16) Do you bought ...

- und oft übergeneralisiert, das heißt eine Wendung wird undifferenziert für mehr Funktionen verwendet als in der Muttersprach-Variante der L2, beispielsweise

  (17) Waduyu come from? (where)

  (18) Waduyu come? (why)

Tab. 6: Formeln und Muster in Lernersprachen

In fact, it would seem plausible that a good deal of native speaker linguistic behaviour is quite as routinized as the „formulaic" language of learners. (Johnston 1985, S. 58, zit. nach Larsen-Freeman/Long 1991, S. 69)

Diese Befunde können natürlich nicht als Rechtfertigung von Sprachlehrmethoden herhalten, die nur oder wesentlich auf dem Training von Formeln beruhen. Sie könnten aber das Bedürfnis von Lernenden, Elemente zum Beispiel des *small talk* oder bestimmter Alltagsdiskurse bis zur flüssigen Beherrschung einzuüben, auch theoretisch untermauern. Je nach Zielgruppe und Lernziel sind diese Bedürfnisse mehr oder weniger stark ausgeprägt: Wer als Tourist im nächsten Urlaub in das Land der Fremdsprache fahren will, oder wer berufliche Gründe für den Fremdspracherwerb hat, wird eher empfänglich sein für solche Formeln sein als eine Schülerin, die vielleicht außerhalb der Schule nie mit der Fremdsprache konfrontiert ist.

Es scheint uns allerdings in Hinblick auf die Rolle dieser Bausteine in Bildungssoftware wichtig, hier zwischen „Formeln" und „Mustern" zu unterscheiden.

- Als *Formeln* bezeichnen wir feste, nicht variierte Blöcke in der Lernersprache (feste Redewendungen, Grußformeln, Standardfragen und Antworten darauf usw., vgl. *Beispiel* (14))

- *Muster* haben dagegen zumindest eine Leerstelle (vgl. *Beispiel* (15)), in die ein variierbares lexikalisches Element eingefügt werden kann oder muß.

Die Beschreibung der spezifischen Leistungen, die auf verschiedenen Stufen des Fertigkeitenerwerbs erbracht werden, legt diese Unterscheidung nahe: Während eine Formel nur *nachgeahmt* und reproduziert wird, muß ein Muster bereits kontextabhängig *angewendet* werden, indem es mit sinnvollen Elementen aufgefüllt wird.

6.3.5 Komplexitätsreduktion

Eine Frage, die in der Fremdsprachdidaktik eine zentrale Rolle spielt, lautet: Soll Unterricht vom Einfachen, für die Lernenden Verständlichen, zum Komplexeren hin aufgebaut werden, oder sollen Lernende mit der natürlichen Komplexität der Fremdsprache konfrontiert werden? Fischer (1992, S. 304 f.) verwendet für diesen Gegensatz zwischen den verschiedenen Ansätzen der Fremdsprachdidaktik die Bezeichnungen „strukturorientiert" versus „erfahrungsorientiert": Strukturorientierter Fremdsprachenunterricht legt das Hauptgewicht auf die Erlernung von Fakten und Regeln und ist im Strukturalismus begründet:

> Der Erwerb der Grundstruktur der Grammatik ist Voraussetzung für den Spracherwerb und für die richtige Sprachanwendung. Daher ist explizites Lernziel der Erwerb der Sprachstrukturen. Man kann von einem definierten grammatischen Wissenskanon sprechen. (ebd. S. 304)

Diesem Ansatz stellt er den erfahrungsorientierten gegenüber:

> Sprachenlernen ist nicht gleichzusetzen mit dem Erwerb von Regeln und Fakten, Spracherwerb ist immer interkulturelles Handeln, aktive Auseinandersetzung mit der eigenen und mit fremden Kulturen, Gesellschaften und Sprachen. (ebd. S. 306)

Auch im erfahrungsorientierten Spracherwerb wird Grammatik gelernt, sie soll aber aus der „Reflexion über gemachte sprachliche Erfahrungen" (vgl. *Kapitel 6.3.3*, S. 208ff.) entwickelt werden. Primäres Ziel ist die „Entwicklung der sprachlichen Intuition". Es werden folgende Gegensätze im Fremdsprachenunterricht daraus abgeleitet:

- synthetische Texte versus authentische Texte
- explizite Grammatikregeln versus implizite Grammatik
- Taylorisierung des Lernprozesses versus ganzheitlicher Lernprozeß
- Lehrer als Autorität versus Verantwortlichkeit des Lerners
- drill & practice, Problemlösen versus Verstehen und Produzieren

Dieser Ansatz widerspricht scheinbar der These, daß nur verständlicher Input das Lernen der L2 ermöglicht und daß es die wichtigste Rolle des Fremdsprachenunterrichts ist, solchen Input zu liefern (die sogenannte Input-Hypothese im Rahmen der Monitortheorie, vgl. *Kapitel 6.1.2, S. 180ff.*). Das scheint intuitiv einleuchtend: Wenn wir ohne jede Kenntnisse der L2 in einem fremden Land landen, so verstehen wir von den Gesprächen und Mitteilungen um uns herum rein gar nichts und können sie daher noch nicht einmal zum Ausgangspunkt nehmen, um uns die Sprache anzueignen. Genau so verständnislos stehen wir im Prinzip auch einem „authentischen" Text gegenüber, der uns in einem so konzipierten Fremdsprachenunterricht in welchem Medium auch immer angeboten wird.

Der Widerspruch löst sich allerdings auf, wenn man bedenkt, daß es sowohl in so einem Fremdsprachenunterricht wie auch im fremden Land unsere Aufgabe ist, uns das sprachliche Material um uns herum verständlich zu machen: im fremden Land durch bestimmte Kommunikationsstrategien (z.B. Hinzeigen, mimische und gestische Ausdrucksmittel, Bestätigung einholen, intensive Erschließung aus dem Kontext usw.), im Fremdsprachenunterricht durch Wiederholungen, Fragen, Austausch, Raten und so fort. Das Ziel dieser Art von Fremdsprachenunterricht ist es daher, nicht nur die L2 zu vermitteln, sondern auch Kommunikations- und Lernstrategien, wie man sich diese L2 allmählich selbst erschließen kann. Diese Kommunikationsstrategien des Sprachlerners sind in der letzten Zeit immer mehr in den Mittelpunkt der Forschung gerückt (vgl. z.B. Bialystok 1990).

Irreführend wird die Konstruktion einer Dichotomie aber dort, wo „Grammatiklernen" mit „explizitem Grammatiklernen" gleichgesetzt wird und strukturorientierter Unterricht mit dem Andressieren von Sprachstrukturen. Diese Parallelen mögen zwar in der Praxis vieler Formen des Sprachunterrichts ihre Berechtigung haben, sind aber theoretisch nicht begründet.

Zur Klarstellung: Es geht im einen wie im anderen Sprachunterricht um den Erwerb von Sprachstrukturen, von Grammatik – ohne diese kann eine fremdsprachliche Äußerung weder verstanden noch produziert werden. Auch in Sprachlernkonzepten, die auf dem erfahrungsorientierten Ansatz beruhen, gibt es daher strukturelle Übungen und Beschäftigung mit der Sprache auf einer Meta-Ebene, wo auch explizites linguistisches Wissen etwa über Wortarten und Konstituenten vermittelt wird (vgl. Buttaroni/Knapp 1988). Damit wollen wir aber derartige Ansätze nicht der Falschmünzerei überführen, sondern nur deutlich machen, daß trotz der –

scheinbaren – Gegensätze das Ziel im einen wie im andern Fall das gleiche ist: Expertentum oder die Annäherung daran in der Fremdsprache. Die Gegensätze, die hier dargestellt werden, betreffen einzig und allein die didaktische Seite – *wie* diese Fertigkeit zu vermitteln ist. Sie berührt nicht, *was* vermittelt wird. Die Natur der Fertigkeit ist allemal dieselbe, und – wie sich inzwischen die Linguisten gleich welcher Schule einig sind –, sie muß auf Strukturen und Regeln beruhen, die in irgendeiner Weise das Verstehen und Produzieren potentiell unendlich vieler neuer Äußerungen in der betreffenden Sprache ermöglichen.

Ein wichtiger Unterschied zwischen den sogenannten „strukturorientierten" und „erfahrungsorientierten" Ansätzen des Fremdsprachenunterrichts liegt unserer Ansicht nach gerade in der Verantwortung für die Komplexitätsreduktion (vgl. *Kapitel 6.2.4.2*, S. 202ff.). Während der strukturorientierte Ansatz die Komplexitätsreduktion durch Kontrolle des Inputs (durch Lehrbücher, Lehrende) quasi vorwegnimmt, müssen die Lernenden in eher erfahrungsorientierten ganzheitlichen Lernmethoden diese Reduktion für sich selbst vornehmen. Die Vereinfachung kann im ersten Fall zur oft kritisierten „Verdummung" des Lernenden führen, im zweiten Fall zu einer Überforderung.

Es gibt zahlreiche Fertigkeiten, die wir ohne Komplexitätsreduktion gar nicht, nur sehr schwer oder unter unzumutbaren Gefahren für uns und andere lernen könnten: Autofahren oder Fliegen etwa, aber auch Reiten und Radfahren. Die notwendige Komplexitätsreduktion wird hier durch (technische) Hilfsmittel und „geschützte" Laborsituationen (virtuelle Welten) erreicht, die zumindest einen Faktor ausschalten oder arbeitsteilig etwa an den Lehrer oder Tutor übertragen: die erste Autostunde auf einem Übungsparcours (= Straßenverkehrsproblem), der Flugsimulator mit verschiedenen Realitätsstufen, die Stützräder am Kinderfahrrad (= Gleichgewichtsproblem), oder die Longe, die dem Reitanfänger die Zügel abnimmt.

Alle diese Hilfsmittel werden praktisch „von außen" dem Lernenden gegeben, sind fester Bestandteil der jeweiligen „Didaktik" und als solche auch den Lernenden willkommen. Man muß sich daher fragen, ob eine Sprachdidaktik, die auf Komplexitätsreduktion „von außen", also durch Material und Lehrende, verzichtet, sich nicht aus einer ihrer Aufgaben davonschleicht.

7

Software-Kritik

Da es uns in der Fallstudie nicht nur darum geht, Unterrichtsmethoden zu beurteilen, sondern vor allem darum, unseren theoretischen Ansatz auf eines der vielen Hilfsmittel und Medien, die dabei verwendet werden – Bildungssoftware – anzuwenden, müssen wir ein Softwarebeispiel aus der Nähe betrachten und einer kritischen Prüfung unterziehen.

Wir wollen in diesem Abschnitt den Begriff „Sprachlernsoftware" sehr vorsichtig verwenden: Sprachlernen ist unseres Erachtens – wie hoffentlich aus dem vorigen Kapitel deutlich geworden ist – ein äußerst komplexer Prozeß, in dem die jeweils verwendete Lernsoftware nur eine marginale Rolle spielt. Den Anspruch einer Software, den gesamten Prozeß des Sprachlernens – vom Neuling zum Expertentum – abdecken zu wollen, halten wir für überzogen. Tatsächlich wird dies von vielen Firmen auch gar nicht mehr explizit behauptet –, wenn sie auch oft aus marktpolitischen Gründen die spezielle zielgruppenspezifische Ausrichtung nicht besonders betonen. Gerade diese eingeschränkte Bedeutung von Sprachlernsoftware ist es, die wir unter Anwendung unseres heuristischen Würfelmodells deutlich aufzeigen werden (vgl. *Kapitel 7.3*, S. 248ff.).

Das hier besprochene Programm *Speak Write* macht davon keine Ausnahme, auch wenn es für das Selbststudium konzipiert ist. Wir haben es für diese Fallstudie nach einer intensiven Beschäftigung mit Sprachlernsoftware ausgewählt. Dafür waren vor allem zwei Gründe maßgebend:

- Einerseits wollen wir eine Software beschreiben, die weder ein extrem gutes noch ein sehr schlechtes Beispiel darstellt und gleichzeitig doch einen Anspruch vertritt, der über das Üben (Drill & Test-Software) hinausgeht. Wir glauben, daß *Speak Write* solch eine Durchschnittssoftware ist, die ein gewisses ausgewogenes Verhältnis von Vor- und Nachteilen aufweist, dabei aber – für bestimmte Zwecke – insgesamt relativ brauchbar sein kann.

- Andererseits wollen wir mit diesem Buch medienpädagogische Überlegungen darlegen, die keine Firma bevorzugen oder ihr umgekehrt Schaden zufügen. Wir haben daher eine Software ausgewählt, die für den deutschsprachigen Bereich, auf den wir mit diesem Buch abzielen, keine Bedeutung hat. *Speak Write* hat Englisch als Ausgangssprache und ist auf dem Kontinent unseres Wissens kaum verbreitet.

Bei der Untersuchung von *Speak Write* werden wir folgendes Vorgehensmodell verfolgen:

- Zuerst geben wir eine illustrierte Beschreibung aller Teile der Software (*Kapitel 7.1*, S. 216ff.). Damit sollen LeserInnen auch ohne die tatsächliche Benutzungsmöglichkeit einen Eindruck von den Inhalten und dem strukturellen Aufbau der Software erhalten. Wir halten diese Softwarebeschreibung bereits selbst für eine eigenständige wichtige mediendidaktische Qualifikation, die etwa dem Stellenwert einer Buchrezension gleichkommt.

- Als nächsten Schritt gehen wir auf das Interface der Software näher ein (*Kapitel 7.2*, S. 225ff.). Wie wir bereits erwähnt haben, stellen die Symbole der Benutzeroberfläche in unserem Ansatz eine Brücke zwischen zwei geschlossenen Sinnbereichen dar (vgl. *Kapitel 4.1.7*, S. 123ff.) und geben bereits wichtige Hinweise zur Funktion der Software und den in ihr vorgesehenen (steuernden) Interaktionsformen.

- Im dritten Abschnitt dieses Kapitels werden wir die Aspekte der didaktischen Interaktion genauer untersuchen (*Kapitel 7.3*, S. 248ff.). Unsere erkenntnisleitende Fragestellung wird dabei das in der Software verborgene Lern- und insbesondere Sprachlernmodell sein. Um das Lern- und vor allem das Lernermodell dieser Software explizit zu machen, werden wir die bisherige Diskussion über den Erwerb von Fertigkeiten (vgl. *Kapitel 6.2*, S. 196ff.) heranziehen.

7.1 Beschreibung

7.1.1 Die Zielgruppe

Speak Write wurde in England von Nostik Learning Systems Ltd. auf *HyperCard*-Basis für *Macintosh* entwickelt. Es gibt diesen Sprachkurs für verschiedene Zielsprachen – unseres Wissen derzeit für Deutsch, Spanisch und Französisch – immer mit Englisch als Ausgangssprache. Die Software beschränkt sich auf Schwarzweiß-Darstellung und auf die Standard-Fenstergröße von *HyperCard* und ist daher auch auf „kleinen" *Macintosh*-Geräten lauffähig. Um die Möglichkeit der Spracheingabe nutzen zu kön-

nen, wird allerdings ein *Macintosh* der neueren Generation mit eingebau-
ter Tondigitalisierung und Mikrofon oder, bei einem älteren Gerät, ein
MacRecorder (ein externes kleines Digitalisierungsgerät) benötigt.
SpeakWrite umfaßt zehn Lektionen, die mit den Tonressourcen insgesamt ca. 10 MB Speicherplatz benötigen, allerdings auch einzeln zu den
Rahmen-Modulen (Auswahlmenü, Hilfe, Grammatik) auf die Festplatte
kopiert werden können. Wir hatten eine französische Demoversion zur
Verfügung. In dieser Demoversion ist nur eine einzige Lektion zugänglich.
Obwohl die Lektionen sich vom Thema her unterscheiden, sind sie im
strukturellen Aufbau gleich, und da sie nicht als aufbauender Kurs gedacht sind, gibt diese eine Lektion durchaus ein ausreichendes Bild vom
gesamten Programm.

SpeakWrite wurde für diese Besprechung ausgewählt, weil es ein Beispiel für eine derzeit vermehrt auf den Markt kommende Kategorie von
Sprachlernsoftware ist. Andere Beispiele wären (alle für Französisch mit
Ausgangssprache Englisch): *Target French* (wobei die Tonaufnahmen getrennt von einer Kassette abgespielt werden müssen) oder *Hotel Europe*
(ein Sprachlehrpaket mit Buch, Kassetten und CD-ROM; die CD-ROM ist
sehr ähnlich wie *SpeakWrite* aufgebaut, beschränkt sich aber auf die Bearbeitung von Dialogen, da es Begleitmaterial dazu gibt). Auf welche Stufe
und Art von Fremdsprachbeherrschung zielen diese Programme ab?

Das explizite Ziel dieser Programme ist es, Leuten, die beruflich in
Frankreich zu tun haben, das erfolgreiche Kommunizieren im Alltag und
in – einfachen – geschäftlichen Verhandlungen zu vermitteln. Alle diese
Programme gehen von einem gewissen Maß an Vorkenntnissen aus, richten sich also nicht an Neulinge im herkömmlichen Sinn. Wesentliche Annahme dabei ist: Lernende werden mit realen, komplexen Kommunikati-
onssituationen konfrontiert (jetzt oder in naher Zukunft) und sind daher
hoch motiviert (z.B. Manager). Die Software soll ihnen ein individuelles
kommunikatives Hilfsmittel für die Bewältigung von Alltagssituationen in
die Hand geben. Es wird Erfahrung im autonomen Lernen zu einem gewissen Grad erwartet, das heißt der Strukturierungsgrad der Programme ist
relativ gering. Die Lernenden müssen letztlich selbst entscheiden, wann sie
zur nächsten Lektion übergehen. Dieser Programmtyp verzichtet auf
kleinliche Kontrollen und Abfragen. Eigene Zeitverwaltung am compute-
risierten Arbeitsplatz beziehungsweise ein eigener Rechner zu Hause werden vorausgesetzt.

Es wird bei all diesen Programmen eine Stufe im Erwerb der Fremd-
sprachenfertigkeit angenommen, die zwar ein gewisses Maß an Fakten
(Wortschatz, Formeln) und Regeln (Wortstellung, Kongruenz, Flexions-

formen usw.) annimmt, aber gleichzeitig einen Mangel an Geläufigkeit, das heißt, daß diese Regeln und Fakten (bestenfalls) auf der Stufe der Kompetenz durch bewußtes Auswählen angewendet werden, um Sätze, Fragen, Kommunikationsbeiträge zu formulieren. Das Ziel wäre also eine (wenn auch auf bestimmte Situationen) beschränkte Gewandtheit.

7.1.2 Dialoge: Simulations-Elemente

Jede Lektion in *Speak Write* besteht aus zwei Hauptteilen:
- einem *Dialog*, der schriftlich und akustisch angeboten wird, mit unterstützenden Materialien und
- *Übungen* auf der Grundlage dieses Dialogs.

Vom Umfang und den Intentionen der Entwickler her ist der Dialog zweifellos der zentrale Teil jeder Lektion. Die erste Grafik (*Abbildung 35*, S. 218) zeigt das Fenster (= Karte in *HyperCard*), in dem der Dialog zur Bearbeitung präsentiert wird.

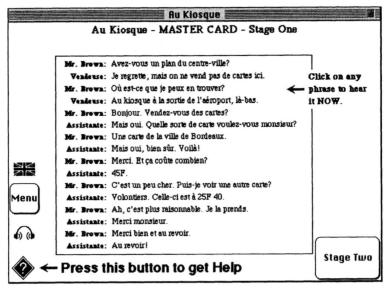

Abb. 36: *SpeakWrite*, Dialog „Au Kiosque"

Der Dialog kann fortlaufend angehört werden oder in einzelnen „turns" (Gesprächsbeiträgen). Die digitalisierten Sprachaufnahmen wurden von französischen MuttersprachlerInnen zwar deutlich und als einzelne Sätze aufgenommen, aber doch relativ nahe am normalen Sprechtempo und an der alltagssprachlichen Intonation.

Der Übungsteil jeder Lektion enthält einen „offenen" Dialog (*Abbildung 36*, S. 220). In dieser Übung wird mit einfachen Mitteln ein ähnlicher Dialog wie in der Lektion simuliert. Einer akustischen Passage kann die Benutzerin mit Multiple-Choice eine Antwort geben. Durch Auswahl eines Gesprächsbeitrags verzweigt das Programm zu einer kohärenten Fortsetzung des Dialogs. Die beiden letzten Optionen stehen bei jedem Schritt zur Verfügung, führen aber nicht weiter: „Comment?" führt zu einer (akustischen) Wiederholung des turns, mit „Voudriez-vous m'écrire cela?" erhält man den *turn* schriftlich dargestellt.

Der Dialog tritt als eine Repräsentation einer dem (möglichen) wirklichen Leben entnommenen komplexen Situation auf: eine Handlung im fremden Land, die kommunikativ durchgeführt werden muß, hier beispielsweise die Beschaffung eines Stadtplans (oder allgemeiner: Einkaufsgespräch). Im Dialog sind allerdings die notwendigen Elemente für zwei generalisierbare Situationen angelegt: fragen, wo man etwas bekommt, und ein Verkaufsgespräch.

Es wird also versucht, eine reale Situation anzudeuten. Trotzdem würde man aber diese Software spontan wohl kaum als eine Simulationssoftware bezeichnen wollen. Zwei Gründe sind dafür ausschlaggebend:

- die Vorgabe der Repräsentationsform als schriftlicher und auditiver Text; damit wird zwar eine multiple Repräsentation erreicht, die aber nicht der realen Situation entspricht (= visuell und auditiv). Möglich wäre beispielsweise auch ein Modus, in dem der Dialog nur gehört, aber nicht mitgelesen werden kann.
- die Beschränkung auf einen vorgegebenen Ablauf und Text. Die komplexe reale Situation ist damit schon im vorhinein auf eine ihrer zahlreichen Möglichkeiten reduziert.

Im „offenen" Dialog sind ebenfalls wieder Elemente einer Gesprächssimulation enthalten. Die möglichen Wege sind für den Benutzer jedoch auf wenige Auswahlmöglichkeiten für Gesprächsbeiträge beschränkt, die auch nicht selbst produziert werden können (zumindest nicht, wenn der Benutzer mit der Software interagieren will).

7.1.3 Lexikon und Grammatik: Hypertext-Elemente

In einem anderen Modus der Dialogbearbeitung verzweigt das Klicken auf ein Wort zu einer Wortschatz-Karte (*Abbildung 37*, S. 221). Hier kann das

Abb. 37: *SpeakWrite*, „Offener" Dialog

Wort isoliert angehört werden, aber auch im Kontext des ganzen Satzes (aus dem Dialog). Darunter erscheint die englische Übersetzung. Das Sternchen vor dem Schlüsselwort ist eine Taste: Durch Anklicken gelangt man zur Grammatik. Demgemäß haben nur grammatisch „interessante" Dialog-Elemente (z.b. Modalverben wie in der Abbildung gezeigt) ein solches Sternchen.

Abbildung 38, S. 221 zeigt das Grammatik-Fenster, zu dem Benutzer durch die „Sternchen-Taste" gelangen. Technisch gesehen handelt es sich hier um einen eigenen *HyperCard*-Stapel, in dem eine bestimmte Karte aufgesucht wird, der aber eine in sich geschlossene, auch für sich allein verwendbare französische Kurzgrammatik darstellt.

Die Buch-Ikone im unteren Teil dieses Fensters ist ebenfalls eine Taste und bedeutet einen Querverweis innerhalb der Grammatik (hier zum Thema der Frageform). Der „go back"-Button (schwarz, rechts unten) führt die Benutzerin schrittweise zur jeweils zuletzt gesehenen Karte und schließlich wieder zum Wortschatz-Fenster zurück.

Zur Bearbeitung der Dialoge werden in *Speak Write* also über Hypertext-Funktionen Referenzmaterialien verfügbar gemacht. Die Vernetzung der Dialog-Einheit mit den Karten zu einzelnen Ausdrücken und dieser wiederum mit dem Grammatik-Stack (der auch interne Verbindungen aufweist) soll dem Benutzer einen freien und bedarfsorientierten Zugriff auf

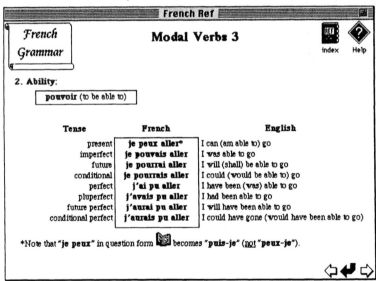

Au Kiosque

C'est un peu cher. Puis-je voir une autre carte?

* puis-je

may I

Phrases

Abb. 38: *SpeakWrite*, Wortschatz-Bearbeitung

French Ref

French Grammar

Modal Verbs 3

index   Help

2. Ability:

pouvoir (to be able to)

Tense	French	English
present	je peux aller*	I can (am able to) go
imperfect	je pouvais aller	I was able to go
future	je pourrai aller	I will (shall) be able to go
conditional	je pourrais aller	I could (would be able to) go
perfect	j'ai pu aller	I have been (was) able to go
pluperfect	j'avais pu aller	I had been able to go
future perfect	j'aurai pu aller	I will have been able to go
conditional perfect	j'aurais pu aller	I could have gone (would have been able to go)

*Note that "je peux" in question form becomes "puis-je" (not "peux-je").

Abb. 39: *SpeakWrite*, Grammatik-Karte

die Fakten und Regeln der Fremdsprache ermöglichen. Es werden entdeckende Methoden und Zugänge gefördert: Die analytische Bearbeitung des Materials ist nirgends erforderlich, aber auf Wunsch leicht zugänglich.

Es besteht ein grundsätzliches Problem mit solcherart vordefinierten *links* (Verknüpfungen) in Hypertexten: Auch sie beruhen – wie eine Bildungssoftware insgesamt – auf impliziten Annahmen über den Lernenden und seine Lernbedürfnisse. Die Grammatik-Verknüpfung im gezeigten Beispiel (*Abbildung 37*, S. 221) führt beispielsweise zu einer Karte mit der Verbkonjugation (*Abbildung 38*, S. 221). Möglicherweise ist es aber die Frageform (Inversion von Verb und Personalpronomen), die den Benutzer dazu veranlaßt, in der Grammatik nachzuschlagen.

Übersichten in Hypertexten – oft Diagramme oder Indexkarten, über die Themen beziehungsweise Karten erschließbar sind – dienen gerade dazu, entweder die Notwendigkeit von Vor-Auswahlen für den Benutzer zu umgehen (völlig „freie" Navigation) oder aber die unvermeidlichen Irrtümer der Vor-Auswahlen wieder gut zu machen und den Schaden zu minimieren.

Allgemein sind unseres Erachtens Hypertexte mit und ohne multimediale Elemente immer durch eine Kombination von Softwaretyp und Lehrstrategie – nämlich Präsentation und Entdecken von Information – gekennzeichnet. Das gegenwärtige Interesse an Hypertext und Hypermedia unterstreicht unsere Forderung nach differenzierter Betrachtung von Bildungssoftware: Unter diesem Blickwinkel unterscheidet sich Hypertext von Lernprogrammen „der ersten Stunde" nicht im Softwaretyp, sondern nur in der Lehrstrategie (vgl. *Kapitel 5.1.4*, S. *140ff.*).

7.1.4 Rollenspiel: Drill

Das Trainieren der Aussprache und der Artikulation von Äußerungen ist eine zentrale Zielsetzung von *Speak Write*. Es ist dies auch tatsächlich ein Gebiet, auf dem – bei aller Skepsis Drill gegenüber – Übung nützlich ist. Diese Fertigkeiten sind am ehesten körperlichen Fertigkeiten zu vergleichen, bei denen eine große Kluft zwischen „know-how" und Können nur durch Praxis überwunden werden kann.

Im Rollenspiel (*Abbildung 39*, S. 223) übernimmt die Benutzerin die Rolle eines der beiden Gesprächspartner aus dem Dialog (die Rolle kann auch beliebig gewechselt werden).

Die wichtigste Funktion des Rollenspiels ist zweifellos die Aufnahme des eigenen Texts durch die Benutzerin. Ein einzelner aufgenommener Satz kann beliebig oft wieder abgehört und mit dem Vorbild verglichen werden. Mehrere – immer expliziter werdende – Stufen an Hinweisen (*prompts*, in der Abbildung die 1. Stufe) sollen schrittweise zur richtigen (d.h. dem Dialog entsprechenden) Äußerung hinführen.

Abb. 40: *SpeakWrite*, Rollenspiel

7.1.5 1:1-Prinzip

Die Karten, die bei der Erarbeitung von Wörtern und Grammatik verwendet werden (*Abbildung 37*, S. 221 und *Abbildung 38*, S. 221), zeigen ein auf weite Strecken durchgängiges Prinzip von *Speak Write*: die Gegenüberstellung von französischem Text und englischer Übersetzung. Diese Gegenüberstellung ist auch im Dialog möglich, wo der eine Text jeweils durch den anderen ersetzt werden kann.

Die Software gehorcht damit weitgehend dem 1:1-Prinzip (vgl. *Kapitel 6.2.4.1*, S. 201ff.), das wir als eine Strategie von Neulingen beschrieben haben.

7.1.6 Formeln und Muster

Die Empfehlungen zur Benutzung der Software schlagen vor, den Dialog wiederholt zu hören und nachzusprechen. Vor allem die Übung des Rollenspiels baut auf einer wörtlichen Wiedergabe des Dialog-Textes auf. Der zentrale Inhalt dieses Programms kann daher im Erwerben und Einüben von Formeln und Mustern gesehen werden. Darauf deutet auch die Gestaltung des Dialogtextes hin, die eine ganze Reihe gebräuchlicher Formeln (Grüße, Dank, Interjektionen usw.) zusammenstellt.

Solche feststehenden Formeln werden memorisiert und spielen ebenfalls gerade bei Neulingen, wahrscheinlich aber auch auf späteren Stufen bis hin zum Muttersprachler (vgl. *Kapitel 6.2.4*, S. 201ff.) eine nicht zu unterschätzende Rolle. Aus diesem Merkmal allein kann daher noch nichts darüber ausgesagt werden, für welche Fertigkeitsstufe das Programm konzipiert wurde.

Anders ist es, wenn wir uns neben den festen Formeln auch die variablen Muster ansehen, also Konstruktionen mit Leerstellen (*slots*), die nach Bedarf mit lexikalischem Material gefüllt werden. Solche Muster werden etwa in dem Übungsteil, der als „Erweiterung" bezeichnet wird, bearbeitet. Eine häufige Formulierung/Struktur wird mit weiteren Beispielen erklärt, wiederholt (akustisch und schriftlich) und kann geübt werden. In der hier dargestellten Lektion sind es die Muster „Quelle sorte de ... voulez-vous?" und die Frage mit „puis-je ... une carte de la ville", die mit verschiedenen Wörtern gefüllt werden sollen. Die dritte dieser Übungen, die das Einsetzen von „celle-ci" oder „celui-ci" verlangt, hat unserer Meinung nach nichts mit dem Einüben von Mustern zu tun, sondern mit der Regelanwendung. Auch in diesem Übungsteil wird mit dem 1:1-Prinzip gearbeitet und eine feste Verbindung zwischen dem Gemeinten und dem jeweiligen Ausdruck angestrebt.

7.1.7 Komplexe Grammatik

Im Kontrast zu diesen einfachen Strategien steht jedoch der Dialog selbst beziehungsweise die Formen und Strukturen, die er enthält (z.B. die in *Abbildung 37*, S. 221 dargestellte Form „puis-je" oder etwa die Vielzahl verschiedener Typen von Pronomen wie „celle-ci", „la" oder das für Französischlernende bekannt schwierige „en"). Hier wurde relativ wenig an Komplexität reduziert. Im Prinzip lassen sich zwei mögliche Strategien unterscheiden:

• Die entsprechenden Kenntnisse werden beim Lernenden bereits vorausgesetzt: Man geht also beispielsweise davon aus, daß die Lernenden im Gebrauch (bei der Produktion) Regeln für die Wahl und Stellung aller Arten von Pronomen bereits anwenden können. Dann bleibt die Frage offen, ob sie durch das Trainieren von Dialogteilen als festen Formeln in dieser Fertigkeit weiterkommen. Unserer Auffassung nach vermutlich nicht, da Muster und Formeln unanalysiert erinnert und verwendet werden.

• Die entsprechenden Kenntnisse werden nicht vorausgesetzt: In diesem Fall ist der Text allerdings sehr komplex, und es läßt sich fragen, ob die angebotenen Hilfen (Übersetzung ganz und wortweise, (vor)ausgewählte Grammatik-Links) es dem Neuling ermöglichen, sich diese Strukturen anzueignen. Wiederum sind wir hier eher skeptisch, denn es werden nur einzelne Beispiele zusammen mit expliziten Regeln angeboten und nicht eine „systematische Variation", die die Struktur überhaupt erst als relevantes Phänomen in den Mittelpunkt rückt. Es gibt zwar noch die dritte Variante, daß beide Annahmen nicht konsequent verfolgt werden. Doch handelt es sich dabei nicht um eine didaktische Perspektive, sondern schlicht um eine interne Inkonsistenz der betreffenden Software.

7.1.8 Lückenfüllen: Technische Machbarkeit

Bei dieser Übung werden Lücken im Dialog zufällig und damit jedesmal anders generiert und müssen ausgefüllt werden (*Abbildung 40, S. 226*). Auch hier gibt es mehrere Stufen von Tips. In den allgemeinen Optionen können verschiedene Genauigkeitsgrade des Lückentexts selbst eingestellt werden, wie Groß-/Kleinschreibung und Akzentsetzung. Damit wird das Problem der Akzeptanz solcher Interaktionen (zu genauer Vergleich kann den Benutzer leicht frustrieren, ungenauer Vergleich ist rechnerisch schwieriger zu realisieren) umgangen. Die Lücken können in beliebiger Reihenfolge ausgefüllt werden.

Diese Lückenfüllertests können unseres Erachtens auf der didaktischen Ebene gar nicht diskutiert werden. Die Tatsache, daß die Lücken nicht fest vorgegeben sind, sondern durch das Programm jedesmal erzeugt werden, liegt auf einer Ebene der technischen Beschreibung dieses Programms.

Das Ausfüllen beliebiger Lücken (schriftlich) trainiert in dieser Software, wo der Dialog immer auch als Text präsent ist, höchstwahrscheinlich das visuelle Gedächtnis, nicht aber die Fremdsprache. Die sich zufällig ergebenden Lücken zielen sprachlich auf völlig beliebige Inhalte hin. Außer der zufälligen Abwechslung liegt dieser Übung kein didaktischer Gedanke zugrunde. Damit haben wir hier einen der in Bildungssoftware leider häufigen Fälle, wo technische Machbarkeit vor oder sogar statt der Didaktik steht.

7.2 Die Benutzeroberfläche

Bevor wir nun von der Beschreibung der einzelnen Komponenten dieser Software zu ihrer Diskussion in Hinblick auf das heuristische Lernmodell

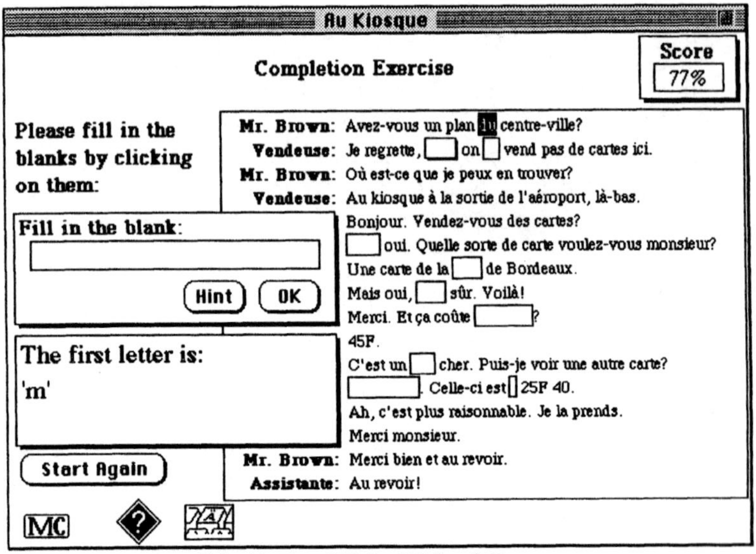

Au Kiosque

Completion Exercise

Please fill in the
blanks by clicking
on them:

Fill in the blank:

(Hint) (OK)

The first letter is:

'm'

(Start Again)

MC ◆ 🔼

Mr. Brown: Avez-vous un plan ▨ centre-ville?
Vendeuse: Je regrette, ☐ on☐ vend pas de cartes ici.
Mr. Brown: Où est-ce que je peux en trouver?
Vendeuse: Au kiosque à la sortie de l'aéroport, là-bas.
Bonjour. Vendez-vous des cartes?
☐ oui. Quelle sorte de carte voulez-vous monsieur?
Une carte de la ☐ de Bordeaux.
Mais oui, ☐ sûr. Voilà!
Merci. Et ça coûte ☐ ?
45F.
C'est un☐ cher. Puis-je voir une autre carte?
☐ . Celle-ci est☐ 25F 40.
Ah, c'est plus raisonnable. Je la prends.
Merci monsieur.
Mr. Brown: Merci bien et au revoir.
Assistante: Au revoir!

Abb. 41: *SpeakWrite*, Lückenfüllen

übergehen, können wir anhand der bis hierher gezeigten Beispiele und Il-
lustrationen die Realisation der didaktischen Interaktionen in der Benutzeroberfläche kommentieren. Dieser Abschnitt fällt im Verhältnis zu den
übrigen in diesem Kapitel relativ umfangreich aus, weil wir

- zuerst allgemein die Elemente von WIMP-Oberflächen darstellen.
Das geschieht anhand der Benutzeroberfläche des *Macintosh*, da auch
Speak Write für diese Plattform entwickelt wurde und sich dadurch direkte Vergleichsmöglichkeiten mit den Standards und Gebräuchen
dieser Plattform anbieten.

- und dann, darauf aufbauend, die Benutzeroberfläche von *Speak Write*
kritisieren. Erst durch den allgemeinen Überblick wird es beispielsweise möglich, festzustellen, welche Elemente in dieser Software *nicht*
verwendet wurden.

Es wird sich dabei nicht verhindern lassen, daß wir auch auf das Entwicklungswerkzeug, mit dem diese Software produziert wurde (*HyperCard*),
zu sprechen kommen: Es zeigt sich nämlich an diesem Programm sehr
deutlich, wie sehr die Grenzen und Möglichkeiten der Entwicklungsumge-
bung von vornherein die Gestaltung der Interaktion beeinflussen, meistens
wahrscheinlich, ohne daß sich EntwicklerInnen dessen bewußt sind, da sie
geneigt sind, diese Grenzen quasi als „natürliche" Bedingungen hinzuneh-
men.

7.2.1 WIMP-Oberflächen

Der Name WIMP steht als Akronym für Elemente, die diese besondere Art von Benutzeroberflächen ausmachen: Windows, Icons, Menus, Pointers (Fenster, Ikonen, Menüs und Zeigegeräte). Die meisten grafischen Benutzeroberflächen (GUIs, *graphical user interfaces*) verwenden diese Elemente, sodaß die beiden Bezeichnungen praktisch synonym sind. Der Grundgedanke von WIMP ist die „direkte Manipulation", deren Eigenschaften Shneiderman (1983, zit. nach Rubin 1988, S. 95) wie folgt beschreibt:

- Kontinuierliche Repräsentation von Objekten (Repräsentation)
- Physische Aktion statt komplexer Syntax (Aktion)
- Schnelle, inkrementale und reversible Operationen, deren Wirkung auf das Objekt sofort sichtbar ist (Feedback)
- Stufenweise Erlernbarkeit, die die Verwendung mit minimalen Kenntnissen und die schrittweise Erweiterung des Wissens ermöglicht (inkrementales Lernen)

„Direkte Manipulation" am Computer bedeutet nichts anderes, als daß der Umgang mit Daten, Programmen ... dem Hantieren mit Gegenständen der Alltagswelt nachempfunden ist. Daraus ergibt sich auch die Grundstruktur einer Aktion in WIMP-Oberflächen: So wie wir einen Gegenstand zuerst nehmen, um dann etwas mit ihm zu tun, so wird in WIMP-Oberflächen zuerst ein Objekt ausgewählt und dann bestimmt, was damit geschehen soll.[22]

Das klassische Beispiel für eine WIMP-Oberfläche ist das Betriebssystem des *Macintosh* selbst, das wiederum auf die von *Xerox* PARC entwickelte Oberfläche für den *Xerox*-Rechner *Star* (Smith/Irby et al. 1987) zurückgeht. Neuere Betriebssysteme und Betriebssystem-Oberflächen folgen fast ausnahmslos diesem Gedanken (etwa *OS/2* oder *Microsoft Windows*), obwohl sie in den Details der Ausführung erheblich voneinander abweichen.

Im Idealfall soll jedes Element von WIMP-Oberflächen sämtliche Anforderungen – Repräsentation, Aktion, Feedback und inkrementales Lernen – erfüllen. Wir werden bei der Erläuterung der einzelnen Elemente daher wiederholt auf die Umsetzung dieser Kriterien zurückkommen.

Am Anfang jeder WIMP-Oberfläche steht die Metapher – eine (im Gegensatz zur sprachlichen Metapher im wahrsten Sinne des Wortes) bild-

---

22. Diese „Syntax" ist in Befehlssprachen genau umgekehrt: Hier wird zuerst der Befehl definiert und dann das Objekt, auf das er anzuwenden ist.

liche Umsetzung eines abstrakten Inhalts. Für die PCs stammt diese Metapher aus ihrem erwarteten und von den Entwicklern angepeilten Anwendungsbereich als vielseitige Büromaschinen. Daher zieht sich der Schreibtisch (*desktop*) als Bild durch diese Benutzeroberflächen wie ein roter Faden und lenkt als „Leitmetapher" einen möglichst weiten Bereich der grafischen Benutzeroberfläche: Da gibt es Dokumente und Ordner, Papierkörbe und „Bände" (volumes), da wird „kopiert", „abgelegt" und „versendet". Allerdings sind einige Elemente wie Menübalken oder Fenster als Konzepte nicht darin integrierbar und schaffen ihre eigenen, unabhängigen metaphorischen Bezüge.

Ob sich nun ein Benutzeroberflächen-Element innerhalb der Leitmetapher bewegt oder einer eigenen Metapher folgt, in jedem Fall wird die Metapher irgendwo an ihre Grenzen stoßen: Wenn man sich bei der Entwicklung der Benutzeroberfläche streng an die „Kraft" der Metapher halten würde, so müßte man meistens gerade auf jene Funktionen verzichten, die der Computer der „natürlichen" Quelle voraus hat. Würde man sich beispielsweise in einem Textverarbeitungsprogramm streng an die Schreibmaschinenmetapher halten, so müßte diese Software logischerweise auf alles verzichten, was Textverarbeitung eigentlich ausmacht, wie beispielsweise nachträgliches Zuweisen und Ändern von Schriften, Rändern oder Seitenspiegeln, Suchen und Austauschen, Löschen, Einfügen und Verschieben von Textteilen und so fort.

Am Ende der Metapher wird die Erlernbarkeit von Software zum wichtigen Faktor. Sie ist nun aber nicht mehr nur abhängig von der Gestaltung der einzelnen Benutzeroberfläche, sondern beruht auch auf der Konsistenz der Oberflächen von einem Programm zum nächsten. Es kann daher ein Element zwar für die gerade zu entwickelnde Software als das „ideale" erscheinen, aber so neu und ungewöhnlich sein, daß man dem Benutzer nicht zumutet, es ganz speziell für diese Software zu erlernen. Stattdessen wählt man vielleicht ein weniger ideales, aber dafür mehr dem Standard anderer Programme entsprechendes, bei dem das Erlernen durch die Übertragung bereits vorhandener Kenntnisse und Fertigkeiten erleichtert wird. Das Abschauen von Benutzeroberflächen ist daher weder Plagiat noch bequemer Schwindel, sondern eine notwendige Anpassung. Neuerungen im Bereich der Benutzeroberflächen werden durch Standards zwar gebremst, aber nicht unmöglich: Gute Ideen werden gerade durch diesen Vergleich aufgegriffen und verbreiten sich, bis sie zu neuen Standards werden.

Dabei spielen gerade die Neuerungen im Betriebssystem oder der Betriebssystem-Shell die größte Rolle. Hier werden viele neue Funktionen, die dann von der Anwendungssoftware genutzt werden, zusammen mit entsprechenden Bedienungselementen eingeführt. Ihre Kenntnis kann daher beim Benutzer vorausgesetzt werden und neue Software-Entwicklungen können auf diesen Grundlagen aufbauen.

Ebenso gibt es Familien von Anwendungssoftware (z.b. Zeichenprogramme, Bildbearbeitungsprogramme, Tabellenkalkulationen usw.), innerhalb derer sich „ungeschriebene" Standards durchgesetzt haben. Von einem beliebigen Zeichen- oder Malprogramm wie auch von anderen Programmen mit Grafikfunktionen unter einer grafischen Benutzeroberfläche beispielsweise erwartet sich der Benutzer schon ganz selbstverständlich eine bestimmte Art, in der die interaktiven Werkzeuge dargeboten werden: die „Werkzeugpalette" (vgl. *Abbildung 48*, S. 238).

Es wäre zwar übertrieben zu behaupten, daß diese Konstanz von einer Software zur anderen den Griff zum Handbuch überflüssig macht, sie erleichtert aber zweifellos den Einstieg und den ersten Überblick über die Funktionalität der Software.

7.2.2 Fenster

7.2.2.1 Typen und Elemente von Fenstern

Durch die Fenstertechnik können mehrere Objekte gleichzeitig am Bildschirm dargestellt werden. BenutzerInnen können sich damit selbst verschiedene An- und Aussichten auf die Arbeitsumgebung schaffen. Ein Fenster ist selbst eine komplexe Benutzeroberfläche mit mehreren Elementen, die für Repräsentation, Statusanzeige (Feedback) und Aktionen verwendet werden (*Abbildung 41*, S. 230). Das dargestellte Fenster ist der komplexeste Fenstertyp und verfügt über alle in einem Fenster am *Macintosh* möglichen Elemente.[23] Andere Typen von Fenstern unterscheiden sich davon durch das Fehlen einer oder mehrerer Funktionen, die sie für bestimmte Zwecke prädestinieren. Die *Abbildung 42*, S. 230 zeigt alle Standard-Fenstertypen am *Macintosh*, die wir nachfolgend kurz beschreiben.

- *Dokumentfenster mit Rollbalken (scrolling)*: Der „Zweck" dieses Fenstertyps erklärt sich aus den Rollbalken, die ein Verschieben des Fensterinhalts vertikal und horizontal ermöglichen. Damit ist es vor allem als Arbeitsfenster für Dokumente gedacht, die größer als das Fenster oder auch größer als der Bildschirm sind (v.a. Texte, Grafiken,

---

23. Unter *Windows* hat beispielsweise jedes Dokumentfenster auch den Menübalken der jeweiligen Anwendung, der am *Macintosh* immer am oberen Bildschirmrand, unabhängig vom Fenster, zu finden ist.

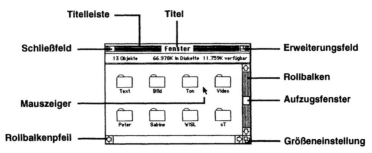

Abb. 42: Fensterelemente am Beispiel eines Dokumentfensters

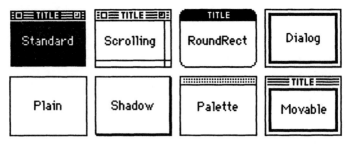

Abb. 43: Standard-Fenster am *Macintosh*

Tabellen ...). Darüber hinaus ist es auch – als einziges Fenster – in der Größe variabel (Größeneinstellung, *size box*), sodaß der Benutzer den sichtbaren Dokumentausschnitt frei einstellen kann.

• *Dokumentfenster (Standard)*: Dieses Dokumentfenster ist in der Größe nicht variabel und daher nur für Dokumente geeignet, die einen vordefinierten Bildschirmausschnitt benutzen. Als Fensterelemente sind hier nur mehr die Titelleiste (mit der das Fenster verschoben werden kann) und das Schließfeld übrig. Es ist daher etwa für Präsentationen, vernetzte Informationsangebote (Hypertext) oder Datenbank-Masken geeignet, bei denen das Layout des Bildschirms Teil der Entwicklung ist. Das Entwicklungswerkzeug *HyperCard* verwendet beispielsweise diesen Fenstertyp standardmäßig für alle Dateien.

• *Zubehör-Fenster (Round Rectangle)*: Dieses Fenster hat die gleichen Elemente wie das Standard-Dokumentfenster (Titelleiste und Schließfeld). Ursprünglich sollte es einen bestimmten Typ von Software kennzeichnen, nämlich sogenanntes „Schreibtischzubehör". Das sind kleinere Programme, die Hilfsfunktionen erfüllen, wie beispielsweise

Uhr, Taschenrechner oder Fernsteuerung des CD-Players. In einigen Anwendungen wird es aber statt des Dokumentfensters oder der Palette verwendet, meistens einfach wegen des gerade besser passenden schwarzen Balkens.

* *Palette*: Im Gegensatz dazu ist eine Palette in der Funktion genau definiert. Es ist eine Ansammlung von Steuerelementen für die jeweilige Anwendung. Danach richtet sich das „Verhalten" dieses Fensters, das verschwindet, wenn die betreffende Anwendung nicht aktiv ist, und immer *vor* den Dokumentfenstern liegt (zu Paletten vgl. auch *Kapitel 7.2.3.5*, S. 237ff.).

* *Rahmen mit und ohne plastische Wirkung (Shadow und Plain)*: Diese beiden Fenstertypen haben keine der bisher beschriebenen Fensterelemente. Sie sind als Rahmen gedacht, etwa um Bilder, Videos oder zusätzlichen Text darzustellen. Da sie standardmäßig den Benutzer völlig „entmachten" (keine Aktionen möglich), muß der Entwickler alle Aktionen – selbst das Verlassen dieser Fenster – vorsehen (z.b. durch Tasten im Fenster, Warten auf Mausklick oder nach einer festgelegten Zeitspanne).

* *Dialogfenster und bewegliches Dialogfenster (movable)*: Auch diese beiden Fenstertypen nehmen dem Benutzer in gewisser Weise die Steuerung aus der Hand, hier aber mit einem bestimmten Zweck. Ein Dialogfenster ist „modal", das heißt der Benutzer befindet sich bei seinem Erscheinen in einem bestimmten, spezifischen Modus. Es ist nicht möglich, mit „normalen" Aktionen fortzufahren, bis nicht dieser Modus abgeschlossen wurde. Typische Fälle für modale Dialoge sind Rückfragen und Warnungen. Diese Fenstertypen werden aber auch für Hilfesysteme oder für die Anzeige von längeren Systemoperationen (z.b. Kopiervorgänge) verwendet. Das bewegliche Dialogfenster hat als zusätzliches Element einen Titelbalken, an dem es verschoben werden kann, beispielsweise um den Blick auf darunterliegende, für die Beantwortung der Rückfrage wichtige Informationen freizugeben.

Die Wahl eines Fenstertyps ist in Entwicklungssystemen, die diesen Standard unterstützen, im Prinzip den Entwicklern überlassen. Sie müssen entscheiden, welche Funktionen und Elemente sie dem Benutzer in die Hand geben wollen beziehungsweise welche für die geplante Anwendung geeignet und angemessen sind.

7.2.2.2 Verwendung von Fenstern in Speak Write

Wie die Abbildungen zeigen, wird in *Speak Write* ein einziges Fenster von der Größe des eingebauten *Macintosh*-Bildschirms (9 Zoll) verwendet.

Wird zwischen den verschiedenen Dateien gewechselt (z.B. zwischen Dialog und Grammatik), so schließt sich das jeweils nicht aktive Fenster. Es ist damit jeweils nur eine „Karte" (Bildschirm) sichtbar. Vor allem für die inkrementalen Hinweise in einzelnen Übungsformen (*Abbildung 39*, S. 223 und *Abbildung 40*, S. 226) wird ein Rahmen mit plastischer Wirkung verwendet. Im Lückenfüller-Test wird ein solches Fenster auch für die Eingabe der Antwort benützt. Der Form dieser Interaktion entsprechend wurde hier ein Fenstertyp gewählt, der dem Benutzer keine Handlungsmöglichkeiten gibt wie etwa Verschieben oder Schließen. Das Verhalten des Fensters hängt allein von der didaktischen Interaktion ab.

Das jeweils aktive Kartenfenster entspricht keinem der Standard-Fenstertypen am *Macintosh*: Es ähnelt zwar einem Dokumentfenster, hat aber kein Schließfeld (vgl. *Abbildung 42*, S. 230). Das wohl vorhandene Erweiterungsfeld hat nicht die standardmäßige Funktion: Es wechselt nicht zwischen zwei benutzerdefinierten Fenstergrößen (oder zwischen einer Fenster- und einer „full screen"-Darstellung) sondern verschiebt nur das Fenster zwischen den letzten zwei Positionen am Bildschirm.

Das Programm macht also von der am *Macintosh* prinzipiell möglichen Fenstertechnik so gut wie keinen Gebrauch. Die Darstellung entspricht weniger dem „Fenster" in grafischen Benutzeroberflächen als vielmehr der „Bildschirmseite" in älteren Betriebssystemen und Lernprogrammen.

Bestimmte Verwendungsformen dieser Lernsoftware und bestimmte Interaktionen werden mit diesem Verzicht auf die Fenstertechnik von vornherein ausgeschlossen, beispielsweise die Bearbeitung des Dialogs bei gleichzeitig geöffneter Sicht auf die Grammatik, oder die Suche nach einzelnen Vokabeln und Phrasen.

Die mangelhafte Fenstertechnik geht zum großen Teil auf das Konto des hier verwendeten Entwicklungswerkzeugs *HyperCard*, das zwar von *Apple* selbst entwickelt wurde, aber nicht den eigenen Standards und Richtlinien der Firma gerecht wird. Die Kritik an *Speak Write* trifft daher auf sehr viele in *HyperCard* entwickelten Anwendungen zu. Diese Mängel sind zwar schon oft kritisiert worden, doch viele *HyperCard*-Benutzer haben sich so daran gewöhnt, daß es ihnen gar nicht mehr auffällt. Wir erwähnen sie hier, denn eigentlich müssen wir bei der Kritik von Bildungssoftware davon ausgehen, daß es die BenutzerInnen (Lernenden) nicht interessiert, mit welchem Entwicklungswerkzeug die Software geschrieben wurde. Sie sollen am besten gar nichts davon wissen und lernen müssen und sich auf die Lernsoftware selbst beziehungsweise ihren Inhalt konzentrieren können.

7.2.3 Ikonen

7.2.3.1 Repräsentation von Objekten

Ikonen sind Repräsentationen von Objekten am Bildschirm. Das wichtigste Merkmal, das Ikonen von bloßen Namensschildern, Symbolen oder Piktogrammen unterscheidet, ist, daß sich diese Repräsentationen direkt manipulieren lassen. Ikonen können aus Text oder aus Grafik bestehen. Beides hat Vor- und Nachteile:

Ikonen-Typ	Vorteile (+)	Nachteile (-)
Text-Ikonen	eindeutig	Erkennen schwieriger (muß gelesen werden)
Bild-Ikonen	oft mehrdeutig	schnelles Erkennen

Tab. 7: Text- und Bild-Ikonen im Vergleich

Eine gute Lösung besteht darin, beide Repräsentationsformen zu kombinieren. So werden beispielsweise Dateien im *Macintosh*-Betriebssystem dargestellt (vgl. *Abbildung 21*, S. 151).

Es ist zwar der Grundgedanke der Ikone, daß sie das Objekt abbildet und ihm ähnlich ist (vgl. den Ikonizitätsbegriff der Semiotik, z.b. Peirce 1991, S. 181, Trabant 1989, S. 35). Die Ähnlichkeit eines Bildes mit seiner Quelle beruht aber sehr oft auf Konventionen, Sehgewohnheiten, Erwartungen und so weiter. Dazu kommt noch, daß Ikonen ja in den seltensten Fällen physische Gegenstände abbilden (oder wenn, dann nur metaphorisch verwendete, wie z.b. den „Papierkorb"), sondern „virtuelle" Gebilde wie Datenstrukturen oder Programmcode. Der bildlichen Repräsentation sind damit enge Grenzen gesteckt.

Obwohl es keine Normen für Ikonen gibt, haben sich inzwischen einige konstante Merkmale und Symbole durchgesetzt, die das Erkennen der Funktion erleichtern. So gibt es etwa Empfehlungen, wie die Grundform von Ikonen für Anwendungen und Dokumente aussehen sollen (eine auf der Spitze stehende Raute und ein Rechteck mit eingeklapptem Eck). Sie bilden beinahe so etwas wie eine „Syntax" der symbolischen Darstellung, da Entwickler innerhalb dieser Grundform individuelle Ikonen entwerfen können (*Abbildung 43*, S. 234).

Abb. 44: Ikonenpaare für Anwendungen und Dokumente;
Standard und Variationen

7.2.3.2 *Repräsentation von Funktionen: Tasten*

Ikonen symbolisieren aber nicht nur Objekte (wie Dateien), sondern auch Funktionen und mögliche Aktionen, wenn sie für Tasten (*buttons*, Schaltflächen) verwendet werden. Die Taste ist das typische Steuerelement von Entwicklungswerkzeugen wie beispielsweise *HyperCard*. Es hat sich daraus so etwas wie das „klassische" Interface von *HyperCard*-Stacks entwickelt, für das es zahlreiche Beispiele anzuführen gäbe (vgl. z.B. *Abbildung 44*, S. 234). Diese Tasten sind fester Bestandteil des Fensters, das auch für Eingabe und Darstellung (von Text, Grafik ...) benutzt wird.

Abb. 45: Typische Steuerungs-Tasten eines *HyperCard*-Stapels

7.2.3.3 *Ikonen in SpeakWrite*

Bei dem oben abgebildeten Beispiel (*Abbildung 44*, S. 234) hat man sich bemüht, Stil und Größe der Tasten möglichst einheitlich zu halten und sie gleichmäßig am unteren Rand des Fensters in einer Leiste anzuordnen.[24] Das wird – vor allem von unerfahrenen Entwicklern – oft nicht berücksichtigt, und oft genug kann man daher in *HyperCard*-Stapeln auch Ansammlungen von beliebig zusammengewürfelten Tasten finden. Leider gehört das Programm *SpeakWrite* zu dieser Art von Software (vgl. *Abbildung 45*, S. 235).

Die Abbildungen in *Kapitel 7.1*, S. 216ff. zeigen, daß sich die Willkür sowohl bei der Gestaltung als auch bei der Anordnung der Tasten durch weite Teile des Programms zieht: Es wechseln Ikonen mit Text-Tasten, um-

24. Er wurde mit dem *HyperCard*-Zusatzprogramm *Textbook Toolbox* erzeugt, das die Erstellung neuer Stapel vor allem für Hypertext-Dokumente interaktiv ermöglicht. Der einheitliche Stil wird durch dieses Autorenwerkzeug erzwungen, da der Autor nur einen Stil für den gesamten Button-Satz wählen kann.

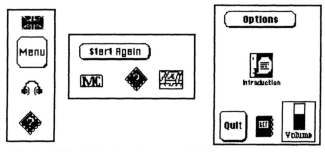

Abb. 46: Willkürliche Anordnung und Stil der Tasten in *SpeakWrite*

randete Ikonen mit freien Grafiken, und die Tasten finden sich an praktisch allen Rändern der jeweiligen Karte. Es entsteht der Eindruck, daß hier bei der Entwicklung eben immer wieder die eine oder andere Funktion dazugeflickt und durch eine gerade passende, ungeplante Ikone repräsentiert wurde.

Bei einigen Tasten wurde versucht, Konsistenz zu erreichen: bei den Pfeilen zum Blättern etwa, der Hilfetaste (Fragezeichen) und bei der Taste, die die Rückkehr zur Ausgangskarte einer Lektion („Master Card", MC) ermöglicht. Hätte man bei der Entwicklung diese Ansätze zur konsistenten Oberflächengestaltung weitergetrieben, so wäre man vermutlich mit wenig Aufwand zu einer homogenen, immer am selben Ort auftauchenden Leiste oder gar zu einer Palette gelangt.

Die Benutzeroberfläche macht gerade dadurch den Entwicklungsprozeß sichtbar: Es scheint, daß hier der letzte, aber wohl wichtigste Schritt der Software-Entwicklung – aus Zeit- oder Geldgründen, oder aber schlicht aus Unwissenheit – nicht mehr vollzogen wurde: nämlich die gründliche Überarbeitung und das „Finish" der bereits vollständig in allen Teilen geschriebenen und gestalteten Software.

Andersherum besteht eine Möglichkeit der Entwicklung auch darin, von der Benutzeroberfläche auszugehen und zuerst alle geplanten Teile und Funktionen passend zu repräsentieren. Diese vom Benutzer und seinen Erwartungen ausgehende Gestaltung zwingt durch die Anforderungen der grafischen Benutzeroberfläche von vornherein zur strukturierten Entwicklung. Da beispielsweise Ikonen nur einen geringen Grad an Differenzierung zulassen, legt ihre Verwendung eine „top-down"-Strategie nahe. Zum Beispiel kann eine Ikone für „Üben" erst ein – wie immer realisiertes – Menü aktivieren, aus dem einzelne Übungen ausgewählt werden. Diese Entscheidung zwingt zu einer geeigneten Strukturierung der gesamten Software, da die Repräsentation ihrer Funktionen ja immer gleichzeitig dem Benutzer ein – wenn nicht das einzige – Bild und Modell ihres Inhalts und ihrer Struktur verschafft. Diese Strukturierungsversuche sind in *SpeakWrite* wohl bemerkbar, folgen aber zu wenig den Bedürfnissen und Erwartungen der Benutzer. So enthält die Karte mit dem Dialog (*Abbildung 35*, S. 218) zwar eine Taste, die zu „Stage Two" der Lernsoftware führt, aber umgekehrt enthält „Stage Two" (gemeint ist der Übungsteil mit Rollenspiel, Lückenfüllen, offenem Dialog und Erweiterung) keinen Verweis auf ein „Stage One", sondern nur auf die „Master Card". Für den Benutzer wird die intendierte Strukturierung in einen ersten Teil (Erarbeitung des Dialogs, der Vokabeln und Phrasen) und einen zweiten (Übung, Vertiefung, Selbsttest o.ä.) nicht deutlich.

Die Steuerung in *SpeakWrite* erfolgt hauptsächlich über die in diesem Abschnitt diskutierten Symboltasten (Ikonen) im Arbeitsfenster. Das sind jedoch für Tasten nicht die einzigen Möglichkeiten.

7.2.3.4 Standard-Tasten

Neben den eingebürgerten Ikonen gibt es auch genormte, standardmäßige Tasten mit festgelegten Funktionen (*Abbildung 46*, S. 236):

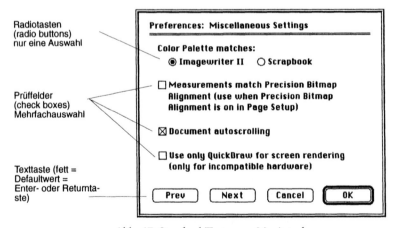

Abb. 47: Standard-Tasten am *Macintosh*

- *Texttasten* in vorgegebener Größe; die fett umrandete Taste stellt den „Default-Wert" dar, das heißt jene Aktion, die bei Drücken der Return- oder Enter-Taste ausgeführt wird. Als Default sollte immer die häufigste und/oder gefahrloseste Variante angeboten werden, also beispielsweise Sichern vor Beenden eines Programms, Abbrechen vor dem Initialisieren einer Diskette.

- *Radiotasten (radio buttons)* stellen mehrere Alternativen zur Wahl, von denen nur eine ausgewählt werden kann. Das Anklicken einer Taste deselektiert eine andere.

- *Prüffelder (check boxes)* repräsentieren zusätzlich wählbare Optionen, wobei eine Mehrfachauswahl möglich ist und das Anklicken einer Taste den Status der anderen nicht beeinflußt.

In Entwicklungswerkzeugen, die diese Funktionsweise nicht schon vorsehen, muß der Entwickler für das richtige „Verhalten" der Tasten sorgen. Vorher hat er aber die oft schwieriger zu lösende Aufgabe, eine Reihe von Optionen und Entscheidungen in eine Form zu bringen, die der Logik dieser Tastentypen folgt. Tognazzini (1992) beispielsweise beschreibt den schwierigen Fall eines Dialogs, in dem mehrere Elemente ausgewählt werden können, aber mindestens eines ausgewählt werden muß. Er versuchte, diesen Fall durch die Entwicklung einer „Mischlings-Ikone" zwischen Prüffeld und Radiotaste zu lösen. Möglicherweise wäre aber das Problem bereits auf einer anderen Design-Ebene zu lösen gewesen, sodaß es gar nicht zu dieser Kreuzung hätte kommen müssen.

Radiotasten werden in der Dialogübung von *SpeakWrite* verwendet (*Abbildung 36*, S. 220). Sie zeigen richtigerweise an, daß hier nur jeweils eine Auswahl getroffen werden kann, nach der das Programm sofort verzweigt. Es ist allerdings nicht einsichtig, warum für diesen typischen Anwendungsfall von Radiotasten nicht auch vom Erscheinungsbild standardmäßige Tasten verwendet wurden. Texttasten kommen ebenfalls fallweise zum Einsatz (vgl. *Abbildung 39*, S. 223), aber ohne Auszeichnung einer Default-Taste, was wieder auf einen Mangel des Entwicklungswerkzeugs zurückgeht.

7.2.3.5 Ikonen-Paletten

Eine Alternative zu den direkt im Arbeitsfenster liegenden Tasten bieten die schon oben erwähnten Paletten: Hier werden Steuerungsfunktionen in eigenen Fenstern zusammengefaßt.

Der große Vorteil von Paletten ist neben ihrer Beweglichkeit (der Benutzer kann sie an einen beliebigen Platz auf dem Bildschirm stellen) vor allem die gegenüber den Tasten „saubere" Funktionstrennung in der Anwendung (Payr 1991). Die Steuerung wird auch visuell klar von der Arbeitsfläche getrennt – wie es eben in Anwendungsprogrammen (siehe Beispiele von Paletten *Abbildung 48*, S. 238) zum Standard gehört. Die Palette ist unabhängig von der Seite oder Karte, die gerade gezeigt wird. Die-

237

ses Element ist daher geradezu eine Herausforderung, die Steuerungsfunktionen einer solchen Anwendung über das ganze Programm hinweg konstant und konsistent zu halten (*Abbildung 47*, S. 238).

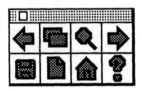

Abb. 48: Steuerungsfunktionen eines *HyperCard*-Stapels als Palette

In vielen Anwendungsprogrammen werden Paletten für Werkzeuge, Formate, Schriften und so weiter verwendet. Dabei haben sich ebenfalls gewisse Standards entwickelt, die über viele Anwendungen hinweg in ähnlicher Form anzutreffen sind (vgl. *Abbildung 48*, S. 238).

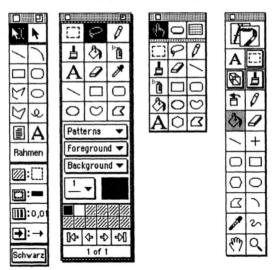

Abb. 49: Paletten mit Zeichen-Werkzeugen aus den Programmen (von links nach rechts) *FrameMaker* (Desktop Publishing), *ProMotion* (Animation), *HyperCard* (Entwicklungswerkzeug), *SuperPaint* (Mal- und Zeichenprogramm)

7.2.4 Menüs

7.2.4.1 Typen von Menüs

Menüs sind eine andere Form, in der die Funktionen eines Programms mit einer grafischen Benutzeroberfläche angeboten werden. Im Gegensatz zu Ikonen sind sie verbal, das heißt die Funktionen werden nach ihren Bezeichnungen gewählt. Vor den GUIs waren Menüs der erste Schritt weg von der reinen Befehlssprache: Gegenüber Befehlen haben sie bereits den einen entscheidenden Vorteil, daß die verfügbaren Funktionen und Befehle nur wiedererkannt und nicht erinnert werden müssen (Rubin 1988, S. 57).

Was mit Menüs ausgewählt wird, kann sehr unterschiedlicher Natur sein. Eine grobe Unterscheidung gliedert Menüs in „Informationsmenüs" und „Befehlsmenüs" (Rubin a.a.O., S. 53), die verschieden benutzt werden. Theoretisch sollten sich solche inhaltlichen Unterschiede in der Benutzeroberfläche niederschlagen – zumindest am *Macintosh* ist das aber nicht vorgesehen.

Nach der Sichtbarkeit könnte man sie in „temporäre" und „permanente" unterscheiden: Während permanente Menüs (z.b. Menüzeilen unterhalb der Arbeitsfläche etwa in alten Versionen von *Microsoft Word*, aber auch die Menüzeile am oberen Rand des *Macintosh*-Bildschirms) in jeder Situation zugänglich sind, erscheinen temporäre nur nach entsprechenden Benutzeraktionen (mit Tastenkombinationen wie z.B. in *WordPerfect* unter *DOS* oder durch Mausklick in *Windows* oder *Finder*). Dabei gibt es die zwei Unterarten „Pull-Down" und „Pop-up". Das Pull-Down-Menü wird (wie der Name sagt) meistens von einer Menüleiste „heruntergezogen", das Pop-up-Menü erscheint an einer beliebigen Stelle des Bildschirms (s. *Abbildung 49*, S. 239).

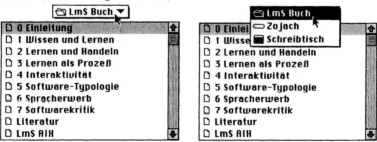

Abb. 50: Ein Pop-up-Menü vor und nach dem Aufklappen

Mit dieser Positionierung haben Pop-up-Menüs ähnliche Vor- und Nachteile wie Menüleisten in Fenstern (wie z.b. in *Windows*): Zwar ist die Zuordnung des Menüs zu den Objekten, auf die es sich bezieht, eindeutiger als bei einer weit entfernten Menüleiste, dafür ist aber die Treffsicherheit mit dem Zeigegerät geringer als bei einer Position beispielsweise am oberen Bildschirmrand, der die Mausbewegung auffängt (wie z.B. am *Macintosh*). Es gibt dazu zahlreiche Untersuchungen und eine schon lang andauernde Diskussion, die einen Entwickler aber nur insofern zu kümmern brauchen, als er sich über die vorgegebenen Standards und Gebräuche der jeweiligen Plattform hinwegsetzen will oder muß.

Auch für Menüs gibt es Richtlinien und Standards, die wir hier am Beispiel des *Macintosh* zusammenfassen:[25]

- *Menüzeile:* Die Menüzeile beginnt links mit dem „Apfelmenü", das außerhalb der Anwendung steht. Jede Anwendung hat als nächstes ein Ablage- *(file)* und ein Bearbeiten-Menü *(edit)*. Die weiteren Punkte der Menüzeile variieren dann je nach Art der Anwendung. Das rechte Ende wird wieder von Menüs des Betriebssystems eingenommen (Hilfe, Finder).

- *Menüpunkte:* Auch die Punkte, die sich innerhalb der standardmäßigen Menüs finden, sind mehr oder weniger stets die gleichen. Unter „Ablage" finden sich Befehle, die Dateiverwaltung (Neu, Öffnen, Sichern ...) und Druck (Papierformat, Drucken ...) betreffen, vor allem aber auch – immer als letztes – der Befehl „Beenden" *(quit)*. Das hat den unschätzbaren Vorteil, daß ein Benutzer eine völlig unbekannte Applikation zwar vielleicht nicht verwenden, auf jeden Fall aber wieder verlassen kann (und das sogar, wenn es ihn in eine kyrillische Variante des Betriebssystems verschlägt, die er nicht lesen kann). Ähnlich enthält das Edit-Menü immer (wenn vorgesehen) als erstes den Befehl „Undo" (Rückgängig) und die Befehle zum Kopieren, Ausschneiden und Einsetzen (Cut, Copy, Paste).

- *Untermenüs und Dialoge:* Jeder Menüpunkt gibt durch seine Gestaltung Hinweise darauf, was nach der Auswahl „passiert": Steht der Befehl allein, so folgt unmittelbar die entsprechende Aktion. Ist er von drei Punkten gefolgt, so öffnet er ein Dialogfenster. Steht am Ende der Menüzeile ein Dreieck, so weist dies auf ein Untermenü hin (*Abbildung 50*, S. 241).

---

25. Auch unter *Windows* sind diese Richtlinien ganz ähnlich und damit ein wichtiger Schritt in Richtung auf die Vereinheitlichung von Benutzeroberflächen verschiedener Plattformen.

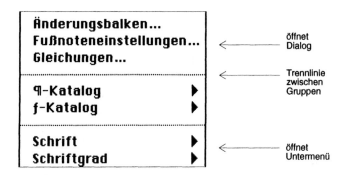

Abb. 51: Standardelemente eines Menüs

7.2.4.2 Statusanzeige in Menüs

Am Beispiel der Menüs läßt sich gut darstellen, wie Repräsentationen von Objekten/Funktionen gleichzeitig auch Feedback geben können. Zum einen handelt es sich dabei um unmittelbares Feedback (Anzeige des gerade selektierten Menüpunktes), zum andern um statische Hinweise (*Abbildung 51*, S. 241):

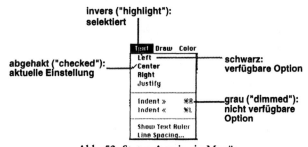

Abb. 52: Status-Anzeige in Menüs

- „Graue" Menüpunkte (*greyed out, dimmed*) bedeuten, daß diese Befehle im momentanen Zustand des Systems nicht verfügbar sind. Das ist beispielsweise der Fall, wenn eine Aktion ein Objekt betreffen soll, aber noch keines ausgewählt wurde.

- Ein „abgehakter" oder markierter Menüpunkt (*checked*) zeigt an, daß dieser Punkt angewählt ist. Diese Anzeige ist sinnvoll, wenn beispielsweise über Menüs ein Modus ein- und ausgeschaltet, ein Fenster gezeigt/versteckt oder eine Darstellungsart gewählt wird.

7.2.4.3 Menüs in SpeakWrite

Die Möglichkeit, Funktionen der Software über Menüs anzuwählen, besteht in *SpeakWrite French* nicht. Es wurde darauf verzichtet, die vom Entwicklungswerkzeug her vorgegebenen Menüs zu verändern und für die Steuerung zu benutzen. Beim Starten des Programms wird der Menübalken ausgeblendet. Diese Möglichkeit ist im Entwicklungswerkzeug *HyperCard* vorgesehen, aber unserer Meinung nach ein schwerer Verstoß gegen das Prinzip des Betriebssystems, zu dem die Menüleiste am oberen Bildschirmrand ebenso gehört wie etwa die Maus. Der Tastenbefehl, der die Menüleiste wieder einblendet, ist *HyperCard*-BenutzerInnen vertraut. Dadurch kann es aber zu Inkonsistenzen zwischen der Software und den Menüs führen.

So sieht das Standardmenü „Gehe/Go" der *HyperCard* das sequentielle Blättern zwischen den Karten eines Stapels (= Datei) vor. Das erleichtert die Navigation in datenbankartigen Anwendungen (persönliche Adreß- und Terminverwaltungen, Archive usw.), für deren Entwicklung *HyperCard* auch konzipiert ist.

Wo aber, wie hier in *SpeakWrite*, eine andere Struktur eines Stapels beabsichtigt wird, kann die Möglichkeit des Blätterns zu Verwirrungen des ungeübten Benutzers führen. Die hier verfolgte hierarchische Struktur mit Menükarten kann durch Verwendung der *HyperCard*-Menüs völlig umgangen werden. Durch Blättern gelangt der Benutzer möglicherweise zu unerwarteten Karten, die seine Strukturvorstellungen durcheinander bringen.

Wie bei den Tasten wird daraus ersichtlich, daß sich zwar im Prinzip in einer Software zwischen der „Repräsentation von Objekten" und der „Repräsentation von Funktionen" unterscheiden läßt (vgl. *Kapitel 7.2.3*, S. 233ff.), daß sich für den Benutzer aber die Objekte über die Funktionen erschließen und sein Modell von Struktur und Inhalt der Software ganz entscheidend von der Repräsentation der ihm offenstehenden Benutzungsmöglichkeiten abhängt.

Eine Konsequenz aus dem Ignorieren der Menüs als Steuerung (durch Ausblenden) muß sein, daß alle wichtigen Funktionen, die sonst über Menüs zugänglich sind, nun auf anderem Wege, in *SpeakWrite* also über Tasten, verfügbar sind. Insbesondere betrifft das das Beenden des Programms. Eine Taste „Quit" existiert in *SpeakWrite* aber nur in dem Menü, aus dem zu den einzelnen Lektionen verzweigt wird. Die Rückkehr dorthin ist teilweise nur über mehrere Schritte, das heißt Menükarten, möglich. Es wurde damit zwar im Prinzip die alte und fast schon triviale Regel für die Gestaltung von Bildungssoftware eingehalten, daß das Aussteigen an jedem Punkt der Software möglich sein muß – das ist aber für die BenutzerInnen nicht ersichtlich, die Funktion ist nicht kontinuierlich repräsentiert.

7.2.5 Pointer

Ursprünglich sind mit dem „P" in „WIMP" die „pointing devices" (Zeigegeräte) wie Maus, Touchscreen oder Trackball gemeint. Natürlich sind diese Geräte geradezu die Vorbedingung für grafische Benutzeroberflächen. Die Diskussion um die Hardware interessiert uns hier aber weniger als die Repräsentation dieses Zeigegeräts (ganz gleich wie es beschaffen ist) am Bildschirm durch den „Mauszeiger" (*cursor*).

Daß dieser Mauszeiger die Bewegung des Zeigegerätes durch eine entsprechende Bewegung am Bildschirm repräsentiert, ist beinahe trivial. Sobald aber die Hard- oder Software zu lange Antwortzeiten hat, fällt das „Nachhinken" des Cursors unangenehm auf.

Wichtig ist vor allem die Form des Cursors, die als Anzeige für einen Status oder Modus verwendet wird. Der Cursor ist zwar klein, aber meistens dort, wo der Benutzer am Bildschirm hinsieht. Diese Statusanzeige ist daher gut sichtbar, ohne störend oder aufdringlich zu sein.

Abb. 53: Eine Auswahl von Cursorformen

In *Speak Write* werden in begrenztem Umfang verschiedene Cursorformen zur Statusanzeige verwendet:
- Im Dialog wechselt der Cursor vom Standardzeiger (Hand) zu einem Kreuz, wenn auf den Modus „Hören" umgeschaltet wird. Damit soll

angezeigt werden, daß man in diesem Modus auf eine beliebige Zeile im Text klicken kann, um den Dialog ab dieser Stelle akustisch wiederzugeben.

- Das Rollenspiel umfaßt die Möglichkeit der Tonaufnahme. Da die maximale Länge der Aufnahme vom Hauptspeicher des Rechners abhängt, ist hier eine Statusanzeige von großer Bedeutung: Benutzer müssen wissen, wieviel Zeit sie zum Sprechen haben. Meist wird das durch einen sich füllenden Balken oder ähnliches repräsentiert (*Abbildung 53*, S. 244). Die Repräsentation in *Speak Write*, wo nur Anfang und Ende akustisch gemeldet werden und dazwischen der Uhr-Cursor erscheint, ist nicht nur ungenügend, sondern nach den in *Abbildung 52*, S. 243 gezeigten Standards auch irreführend: Die Uhr signalisiert, daß der Computer arbeitet, und ist keine Aufforderung für eine Benutzeraktion. Aber auch die Wahl einer anderen Cursorform hätte nicht das Problem beseitigt, daß hier der „Pointer" in seinen Möglichkeiten der Statusanzeige überfordert wird.

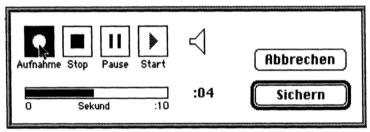

Abb. 54: Statusanzeige bei Tonaufnahme

7.2.6 Tastenbefehle und inkrementales Lernen

Über die eine *kontinuierliche* Repräsentation von Objekten und Funktionen hinaus (vgl. S. 227) geht die Forderung nach ihrer *multiplen* Repräsentation, also einer (gleichzeitigen) Repräsentation in verschiedenen Medien, Modi, Zeichensystemen und so weiter. Einerseits werden dadurch Irrtümer reduziert. Einen wichtigeren und über die WIMP-Oberfläche hinausgehenden Grund für diese Forderung sehen wir aber in der Bedeutung multipler Repräsentationen für das Bewältigen komplexer Situationen (vgl. *Kapitel 5.2.2.3*, S. 150ff.), die durch Wechseln der Perspektive besser erfaßt werden können. So steht die multiple Repräsentation in WIMP-Oberflächen auch im engen Zusammenhang mit ihrer inkrementalen Erlernbarkeit. WIMP-Oberflächen müssen

- dem Neuling einen leichten Einstieg,
- dem Experten ein schnelles Arbeiten und gleichzeitig
- dem Anfänger einen Fortschritt zum Experten ermöglichen. In dieser Funktion sind Benutzeroberflächen selbst Lernumgebungen.

Gerade um dem Experten ein schnell(er)es Arbeiten zu ermöglichen, gibt es auch in WIMP-Oberflächen Steuerungsmöglichkeiten, die die grafische Benutzeroberfläche umgehen und wie Befehle in einer Kommandosprache (z.B. *DOS*) wirken. Vor allem sind das Kombinationen aus Steuerungstasten und Buchstaben, die über die Tastatur eingegeben werden.

Solche Tastaturbefehle sind zwar schneller als die entsprechenden Aktionen mit der Maus, sie haben aber das große Problem, daß sie eben allen Grundsätzen von WIMP widersprechen. Sie müssen gelernt und erinnert werden, die Aktion und ihre Auswirkung werden nicht visualisiert. Sie können also nur zusätzlich zu WIMP-Elementen verwendet werden, und gleichzeitig muß die WIMP-Oberfläche Hinweise auf diese zusätzliche Möglichkeit enthalten. Tastenbefehle müssen also auch repräsentiert sein. Das erfolgt für die wichtigsten durch das Anführen der Tastenkombination im Menü (vgl. *Abbildung 54*, S. 246). Selbst das Betriebssystem am *Macintosh* kann mit einer ganzen Reihe weiterer Tastenkombinationen gesteuert werden, die nicht kontinuierlich (in Menüs) repräsentiert sind, sondern erst gesucht werden müssen (in der Hilfe bzw. im Handbuch): Wie viele *Macintosh*-Benutzer wissen, was die Tastenkombination „Befehl-Wahltaste-Rechtspfeil" bewirkt?[26]

Einige grundlegende Kombinationen sind reserviert, da gerade hier eine Inkonsistenz zwischen verschiedenen Anwendungen fatale Folgen haben könnte. Über diesen Grundstock von Konventionen hinaus variieren hier Anwendungsprogramme in Art und Ausmaß der Tastenkombinationen beträchtlich, und die Erwartungen des Benutzers werden oft enttäuscht, wenn er einen einmal erlernten Befehl in einem anderen Programm probiert. Allein für den Schriftstil „Fett" mußten wir uns bereits drei verschiedene Tastenbefehle merken: Befehl-Umschalt-F, Befehl-Umschalt-B (von „bold") und Befehl-B.

Taste	Bedeutung	Taste	Bedeutung
Cmd-N	Neu	Cmd-Z	Rückgängig (undo)

Tab. 8: **Einige reservierte Tastenbefehle** (*Macintosh*)

26. Lösung: „Alle enthaltenen Objekte des ausgewählten Ordners anzeigen".

Taste	Bedeutung	Taste	Bedeutung
Cmd-O	Öffnen	Cmd-C	Kopieren (copy)
Cmd-S	Sichern	Cmd-X	Ausschneiden (cut)
Cmd-W	Schließen	Cmd-V	Einfügen (paste)
Cmd-Q	Beenden (quit)	Cmd-A	(Alles) auswählen

Tab. 8: (Forts.) Einige reservierte Tastenbefehle (*Macintosh*)

7.2.6.1 Kombination von Repräsentationsformen

Drei Möglichkeiten für die Verteilung von Funktionen in einem Programm stehen prinzipiell offen:

- Menüs
- Ikonen
- Tastenbefehle

wobei jede Kombination möglich und meistens auch mindestens eine davon vorgesehen ist (s. *Abbildung 54*, S. 246).

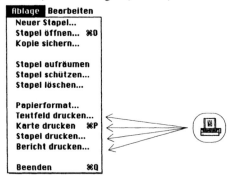

Abb. 55: Multiple Repräsentation der Funktion „Drucken": Ikone, Menü und Tastenbefehl (shortcut)

Die Abbildung zeigt die multiple Repräsentation der Funktion „Drucken" in einem *HyperCard*-Stapel und illustriert auch einige Vor- und Nachteile: Die Ikone ist gegenüber dem Menü weniger explizit und weniger transparent. Sie ist zwar ständig für den Benutzer sichtbar und repräsentiert damit die Druckfunktion kontinuierlich (die sonst erst nach Herunterklappen des Menüs sichtbar wird). Dafür bleibt aber unsichtbar, welche der Druckfunktionen des Menüs (oder vielleicht sonst irgendeine) sie anbietet: Die bildliche Darstellung läßt diesen Differenzierungsgrad nicht zu. Eine

246

„mächtige" Ikone, die mehrere Optionen zur Wahl stellt, muß nach Aktivierung erst recht wieder ein Menü oder einen Dialog (und damit einen speziellen Modus mit allen seinen Problemen) öffnen.

Eine der Druckoptionen kann zusätzlich mit einer Tastenkombination aufgerufen werden. Um diese Tastenkombination benutzen zu können, muß sich der Benutzer sowohl an sie erinnern als auch an die spezielle Funktion, für die sie steht. Hat er das geschafft, steht ihm damit allerdings tatsächlich eine beträchtliche Abkürzung des Weges (Cursor zur Menüleiste – Menü wählen – aufklappen – Cursor zum gewünschten Punkt ziehen – auslassen) zur Verfügung.

Die in diesem Beispiel verwendete Kombination aus allen drei Steuerelementen überläßt es dem Benutzer, welchen Weg er gehen möchte, und macht es außerdem möglich, die Benutzung der Software inkremental zu erlernen: Die Angabe des Tastenbefehls neben dem Menüpunkt wird praktisch als „Draufgabe" immer angeboten, sie kann vom Benutzer nach und nach zur Kenntnis genommen, probiert und schließlich routiniert benutzt werden.

Tastenbefehle finden in *Speak Write* keine Verwendung, aber dies ist nur eine Konsequenz daraus, daß auch die Menüs nicht verwendet werden: Damit entfällt die wichtigste Möglichkeit, Tastenbefehle zu repräsentieren. Dieser Verzicht scheint uns daher gerechtfertigt, auch in Hinblick auf die insgesamt nicht sehr komplexe Benutzersteuerung.

7.2.7 Zusammenfassung

Die Kritik an einzelnen Elementen, die wir hier ausführlich dargestellt haben, ist insofern täuschend, als *Speak Write* insgesamt leicht zu bedienen ist: Ein paar Tasten, deren Bedeutung durch Ikonen oder Text erschließbar ist, sind alles, was Benutzer brauchen. Eine kurze Hilfe erklärt ihre Funktion. Abgesehen von den hier besprochenen irreführenden internen Inkonsistenzen beziehungsweise Abweichungen vom Standard ist die Benutzung schnell erlernbar und steht dem Arbeiten mit der Software nicht ernstlich im Wege.

Der Verzicht auf ganze Gruppen von WIMP-Elementen kann aus diesem Blickwinkel als gewollte Komplexitätsreduktion gerechtfertigt sein. Unsere Kritik richtet sich auch nicht in erster Linie gegen den Verzicht an sich, sondern dagegen, daß die sich daraus ergebenden Konsequenzen nicht durchgehalten wurden (z.B. Funktionen aus Menüs kontinuierlich durch Tasten zu ersetzen).

Von der Vorgangsweise bei der Kritik her hoffen wir gezeigt zu haben, daß es wenig Sinn macht, die Benutzeroberfläche einer Software isoliert und für sich allein analysieren zu wollen. Das hieße nichts anderes, als den Computer als Einzweck-(Lern)Maschine zu betrachten, auf der eine einzige Software läuft. Wir müssen vielmehr den gesamten Kontext der Computerbenutzung heranziehen, da die Grenzen zwischen Lernen und Arbeiten mit dem Computer fließend sind und auch sein sollen.

7.3 Kritik

Nach diesen Kommentaren zu den einzelnen Elementen des Programms sollte es nun möglich sein, sie nach ihrem Typ und der von ihnen geförderten Lernstrategie zu kategorisieren:

Element	Software-Typ	Inhalt	Strategie
Dialog anhören (in versch. Modi)	Präsentation (Text, Ton) Simulation	Aussprache, Artikulation, Formeln, Diskurs	Verstehen Erinnern
Wort-Karte	Präsentation	Wort, Wendung	Entdecken Verstehen
Grammatik-Karte	Präsentation	Struktur, Regel	Entdecken Verstehen
Verständnisfragen	Test	Diskurs	Erinnern
Rollenspiel	Drill	Aussprache, Formeln	Erinnern Anwenden
Erweiterung	Drill	Muster	Anwenden
Lückenfüllen	Drill	Wort, Schriftbild	Erinnern
„offener" Dialog	Simulation	Diskurs, Formeln	Verstehen Anwenden

Tab. 9: Kategorisierung von Software-Elementen

Es wurde bereits beschrieben (vgl. *Kapitel 7.1*, S. 216ff.), auf welche „globale" Fertigkeit die Software *SpeakWrite* abzielt. Die *Tabelle 9*, S. 248 spaltet dieses Gesamtprogramm in eine Reihe von Teilzielen und -fertigkeiten auf.

Es kann nun auch für diese Teile von Fertigkeiten die Frage gestellt werden, welches Lernziel erreicht werden soll, und ob dieses Lernziel mit den eingesetzten (Software-)Mitteln auch erreicht werden kann.

- Der Bereich von *Aussprache und Artikulation* wird in der Software eingehend behandelt. Hier wird vor allem auf Wiederholung (*Imitieren*) und Kontrolle durch den Benutzer gesetzt. Es kann also mit der Software diese Fertigkeit geübt werden, allerdings ausschließlich anhand des Dialogs. Das bringt die Einschränkung mit sich, daß diese Diskurs-Simulation nicht speziell auf diese Fertigkeit hin ausgewählt wurde. Bei der Aussprache ist damit im Material die Komplexität nicht reduziert (es sei denn durch die einzelne Abrufbarkeit von Wörtern als Tonaufnahme). Es ist in diesem Bereich kein „regelhaftes" Lernen vorgesehen. Das heißt nicht, daß es explizite Ausspracheregeln geben sollte. Unserer Meinung nach würde aber beispielsweise die systematische Variation (Angebot mehrerer Beispiele) es dem Benutzer ermöglichen, Regelmäßigkeiten zu entdecken und für eigene Produktionen anzuwenden. Die Aussprache des Französischen wird also zumindest auf der Stufe der Kompetenz bereits (stillschweigend) vorausgesetzt und direkt die Gewandtheit angepeilt.

- Das vernetzte Informationsangebot zur Erarbeitung von *Lexikon und Grammatik* geht hingegen nicht von solchen relativ hohen Voraussetzungen aus: Hier wird im Prinzip entdeckendes Lernen möglich gemacht, das sich an den Neuling richtet. Diese Ausrichtung wird durch das komplexitätsreduzierende 1:1-Prinzip (englische Übersetzung, keine Alternativen) betont. Über diese Stufe geht das Programm allerdings kaum hinaus: Die Verwendung der Fakten und Regeln (auf der Stufe des fortgeschrittenen Anfängers) wird nicht ermöglicht, da die Übungen sich auf wörtliches Wiederholen beschränken.

- Dem Thema der Software nach stehen die Fertigkeiten der *Kommunikation* im Vordergrund, wie sie für häufig vorkommende und mehr oder weniger stark „routinisierte" Alltagsgespräche notwendig sind. Als „Gewandtheit in Alltagssituationen" kann man auch die Erwartung der Zielgruppe bezeichnen, an die sich diese Software richtet. Dieses Ziel ist sehr hoch gesteckt, und die Software kann tatsächlich nur einen kleinen Teil davon abdecken: Der Benutzer kann Gewandtheit in genau diesen Dialogen und Kontexten erreichen. Jede Änderung der Alltagssituation kann zu einem kommunikativen Zusammenbruch führen, da Variationen – in der Präsentation wie in der Anwendung – nur marginal entwickelt werden (in der kleinen „Erweiterungs"-Übung). Die Form dieser Vermittlung – wiederum (wörtliches) Wiederholen und Memorisieren – richtet sich also eigentlich wieder an den Neuling.

Es läßt sich also an der Gegenüberstellung bereits dieser drei Bereiche – Aussprache, Fakten/Regeln, Kommunikation – eine Diskrepanz der programminternen Vorannahmen feststellen, wie sie ja schon oben (vgl. *Kapitel 7.1.7*, S. 224ff.) als Inkonsistenz der Annahmen über die Grammatik-Fertigkeiten diagnostiziert wurde. Gleichzeitig bedeutet dies eine „gestörte" Relation zwischen dem impliziten und dem expliziten Benutzermodell:

- Aussprache-Kompetenz steht dem Grammatik/Lexikon-Anfängertum gegenüber: Selbst wenn wir von der Möglichkeit einer so starken Auseinanderentwicklung einzelner Teilfertigkeiten der L2-Beherrschung ausgehen, wird eher die umgekehrte Konstellation bei Lernenden anzutreffen sein (z.b. durch einen grammatikbetonenden Schulunterricht).

- Der in ihrer weitgehenden Komplexität repräsentierten beziehungsweise ansatzweise simulierten Situation steht eine starre maximale Komplexitätsreduktion bei der Erarbeitung gegenüber. Das entspricht zwar im groben dem „Nutzen", den ein Neuling überhaupt aus einer komplexen Situation ziehen kann, beziehungsweise der Komplexitätsreduktion, die er in einer komplexen Situation selbst vornehmen muß: das Erwerben von Faktenwissen, unter das wir auch Formeln eingereiht haben, und von kontextfreien Regeln (= wörtliche Anwendung, Wiederholung). Eine simulierte komplexe Situation hätte hingegen ein wesentlich „höheres" Potential an Lernmöglichkeiten auf allen Ebenen. Dieses Potential bleibt in *Speak Write* ungenutzt.

7.4 Zusammenfassung

Speak Write weist – wie jede Software – Elemente auf, die nur durch eine Trennung zwischen Inhalt und Ziel beschreibbar und kritisierbar werden: Während wir beispielsweise in den Dialogen die Repräsentation komplexer Situationen erkannten, konnte mit den Methoden zu ihrer Erarbeitung nur das Ziel des Erinnerns und Nachahmens erreicht werden, nicht das ihrer Bewältigung. Dementsprechend konnten wir nach unserer Software-Typologie (vgl. *Kapitel 5*, S. 137ff.) diese Elemente schwerlich als „Simulationen" zu bezeichnen.

An eine Software-Simulation haben wir bereits bestimmte Erwartungen, die sowohl Inhalt als auch Lernziel und nicht zuletzt Lehrstrategie betreffen. Eine offene Lernumgebung sollte im Idealfall in allen drei Dimensionen bis an das mögliche Maximum gehen: Sie sollte mit dem Benutzer kooperieren, eine komplexe Situation intuitiv handelnd zu bewältigen. Das andere Ende würden Visualisierungen bilden, die Fakten so erklären, daß sich der Lernende an sie erinnert.

Gerade für solch eine abschließende Betrachtungweise eignet sich unser Lernmodell hervorragend. Wir können nämlich die in der *Tabelle 9*, S. 248 zusammengefaßten und kategorisierten Elemente in das Würfelmodell eintragen und erhalten damit eine grafische Repräsentation der Softwareleistungen. Besonders die Zusammenhänge zwischen Inhalten, didaktischen Strategien und Lernzielen sollten darin deutlich werden.

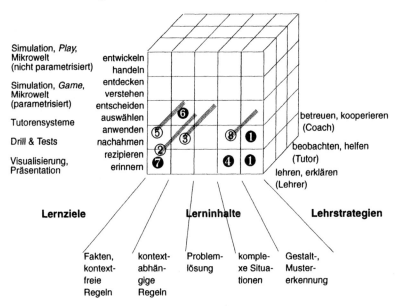

Software-Elemente und ihre Koordinaten(x/y/z):
1 ... Dialog (5/1/1-2))   5 ... Rollenspiel (1/2/2)
2 ... Wort-Karte (1/1-2/3)   6 ... Erweiterungs-Übung (2/3/1)
3 ... Grammatik-Karte (2/2/3)   7 ... Lückenfüllen (1/1/1)
4 ... Verständnisfragen (4/1/1) 8 ... „offener" Dialog (4/2/2)

Abb. 56: Elemente von *SpeakWrite* im Würfelmodell

Um diese leider nicht sehr anschauliche Darstellung lesbar zu machen, haben wir als Hilfsmittel die an der Oberfläche liegenden Kreispunkte fett gezeichnet und in der Legende die Koordinaten dieser Punkte im Würfelmodell angegeben.

Die grafische Positionierung der Elemente von *Speak Write* im Würfel-modell (*Abbildung 55*, S. 251) führt zu keinem geschlossenen „Bild" die-ser Software. Sicherlich ist dies zu einem Teil darin begründet, daß jede komplexere Software eine Bandbreite von Interaktionsformen vorsieht und vorsehen muß. Zum andern manifestieren sich dadurch aber gerade die bereits diskutierten Inkonsistenzen in Benutzermodell und Zielsetzung dieser Software. Am Würfelmodell zeigen sich die genutzten und unge-nutzten Potentiale einzelner Interaktionsformen sehr deutlich.

Die Typen von Bildungssoftware, wie wir sie im *Kapitel 5*, S. 137ff. abgrenzten, würden sich idealtypisch entlang einer Raumdiagonale von links/unten/vorn bis rechts/oben/hinten konzentrieren. Diese Intuition war mit unserem Würfelmodell von Anfang an verbunden. Obwohl eine Bewertung mit dem Würfelmodell verbunden werden kann, darf dies nicht im Sinne einer Konzentration auf die „rechte/obere/hintere" Würfelecke (oft weil sich hier die interessanteren technischen Probleme ergeben), er-folgen. Vielmehr hilft das heuristische Modell, die Konsistenz von Inhalt, Ziel und Methode zu überprüfen, die im idealtypischen Fall eine Bildungs-software in die Nähe der Raumdiagonale rückt.

Die innere Konsistenz der drei Dimensionen wird damit zu einem Faktor bei der Beschreibung und Bewertung von Bildungssoftware. Damit wird auch eine reine „Visualisierungssoftware" wie das bereits erwähnte Chemie-Programm *Balls & Sticks*, das „nur" Moleküle in verschiedensten Darstellungsarten und Ansichten präsentieren kann, in seiner didakti-schen Sinnhaftigkeit differenziert kritisierbar. Vor allem aber wird die mo-derne Anschauung „je komplexer beziehungsweise anspruchsvoller die Software ist, desto besser" relativiert und eine auf den ersten Blick prag-matisch erscheinende Sichtweise theoretisch fundiert.

Es muß hier aber klargestellt werden, daß auf dieser Grundlage keine Bewertung der zugrundeliegenden Theorie gemacht werden kann: Wenn beispielsweise eine Sprachlernsoftware von einer bestimmten Theorie des Spracherwerbs und einer bestimmten Didaktik ausgeht, so kann sie inner-halb dieses theoretischen Rahmens konsistent sein. Wird diese Theorie je-doch für falsch gehalten, so kann die Software gar nicht erst „von innen" mit unserem Lernmodell kritisiert werden, sondern muß von vornherein abgelehnt werden.

Damit wollen wir am Ende dieses Kapitels nochmals betonen, daß das Würfelmodell kein lerntheoretisches Entscheidungsmodell ist. Erst auf der Grundlage einer theoretischen Position kann es für die Bewertung und Auswahl von Software in einem bestimmten didaktischen Setting hilfreich sein.

Literatur

Alessi/Trollip 1991
Alessi, Stephen M./Trollip, Stanley R.: Computer-Based Instruction. Methods and Development. Englewood Cliffs (NJ): Prentice Hall, 1991.

Anderson 1988
Anderson, John R.: Kognitive Psychologie – Eine Einführung. Heidelberg: Spektrum der Wissenschaft, 1988.

Bammé et al. 1983
Bammé, Arno/Feuerstein, Günter/Genth, Renate/Holling, Eggert/Kahle, Renate/Kempin, Peter: Maschinen-Menschen, Mensch-Maschinen. Grundrisse einer sozialen Beziehung. Reinbek b. Hamburg: Rowohlt, 1983.

Bateson 1987
Bateson, Gregory: Geist und Natur. Eine notwendige Einheit. Frankfurt/M.: Suhrkamp, 1987.

Bateson 1988
Bateson, Gregory: Ökologie des Geistes. Anthropologische, psychologische, biologische und epistemologische Perspektiven. 2. Aufl. Frankfurt/M.: Suhrkamp, 1988.

Bateson/Bateson 1993
Bateson, Gregory/Bateson, Mary Catherine: Wo Engel zögern. Unterwegs zu einer Epistemologie des Heiligen. Frankfurt/M.: Suhrkamp, 1993.

Baumgartner 1989
Baumgartner, Peter: Entwicklung und Einsatz neuer Lernmedien am Beispiel der USA. Forschungsbericht im Auftrag des BMWF. Klagenfurt, 1989.

Baumgartner 1991
Baumgartner, Peter: Reflektierendes Handeln. In: Informatik Forum. Fachzeitschrift für Informatik 2/1991. S. 58-71.

Baumgartner 1993a
Baumgartner, Peter: Der Hintergrund des Wissens. Vorarbeiten zu einer Kritik der programmierbaren Vernunft. Klagenfurter bildungswissenschaftliche Beiträge, Bd. 26. Klagenfurt: Kärntner Druck- und Verlagsgesellschaft m.b.H., 1993.

Baumgartner 1993b
Baumgartner, Peter: Grundrisse einer handlungsorientierten Medienpädagogik. In: Informatik Forum. Fachzeitschrift für Informatik 3/1993. S. 128-143.

Baumgartner/Payr 1990
Baumgartner, Peter/Payr, Sabine: Körper, Kontext und Kultur. Explorationen in den Hintergrund des Wissens. In: Informatik Forum. Fachzeitschrift für Informatik 2/1990. S. 62-74.

Baumgartner/Payr 1992
Baumgartner, Peter/Payr, Sabine (Hg.): Computer in der Lehre. Zeitschrift für Hochschuldidaktik 3/4.1992.

Berger et al. 1991
Berger, Wilhelm/Fischer, Roland/Pallank, Franz/Prochazka, Franz (Hg.): Zukunft der Weiterbildung. Versuche, Probleme, Alternativen in Österreich. München: Profil, 1991.

Berger/Luckmann 1980
Berger, Peter L./Luckmann, Thomas: Die gesellschaftliche Konstruktion der Wirklichkeit. Eine Theorie der Wissenssoziologie. Frankfurt/M.: Fischer, 1980.

Bialystok 1990
Bialystok, Ellen: Communication Strategies. A Psychological Analysis of Second-Language Use. Oxford: Basil Blackwell, 1990.

Block 1981
Block, Ned (ed.): Readings in Philosophy of Psychology. Bd.2. Cambridge (MA): Harvard University Press, 1981.

Boden 1989
Boden, Margaret. Artificial Intelligence in Psychology. Interdisciplinary Essays. Cambridge (MA): MIT Press, 1989.

Buttaroni/Knapp 1988
Buttaroni, Susanna/Knapp, Alfred: Fremdsprachenwachstum. Anleitungen und sprachpsychologischer Hintergrund für Unterrichtende. Wien: Verband Wiener Volksbildung, 1988.

Chomsky 1965
Chomsky, Noam: Aspects of the Theory of Syntax. Cambridge (MA): MIT Press, 1965.

Chomsky 1986
Chomsky, Noam: Knowledge of Language. Its Nature, Origin, and Use. New York: Praeger, 1986.

Collins/Gentner 1987
Collins, Allan/Gentner, Dedre: How People Construct Mental Models. In: Holland D./Quinn N.(eds.): Cultural Models in Language and Thought. Cambridge: Cambridge University Press, 1987. S. 243-265.

Csikszentmihalyi 1987
Csikszentmihalyi, Mihaly: Das Flow-Erlebnis. Jenseits von Angst und Langeweile. 2. Aufl. Stuttgart: Klett-Cotta, 1987.

Dörner 1989
Dörner, Dietrich: Die Logik des Mißlingens. Strategisches Denken in komplexen Situationen. Reinbek b. Hamburg: Rowohlt, 1989.

Dreyfus 1985
Dreyfus, Hubert L.: Die Grenzen der künstlichen Intelligenz. Was Computer nicht können. Königstein/Ts.: Athenäum Verlag, 1985.

Dreyfus/Dreyfus 1987
Dreyfus, Hubert L./Dreyfus, Stuart E.: Künstliche Intelligenz. Von den Grenzen der Denkmaschine und dem Wert der Intuition. Reinbek b. Hamburg: Rowohlt, 1987.

Eco et al. 1988
Eco, Umberto/Santambrogio, Marco/Violi, Patrizia (eds.): Meaning and Mental Representation. Bloomington: Indiana University Press, 1988.

Ellis 1992
Ellis, Rod: Second Language Acquisition & Language Pedagogy. Clevedon: Multilingual Matters, 1992.

Eysenck 1979
Eysenck, H.J.: The Structure and Measurement of Intelligence. New York/Berlin: Springer, 1979.

Fischer 1992
Fischer, Gero: Computer in der Sprachdidaktik. Möglichkeiten und Probleme. In: Baumgartner/Payr (Hg.): Computer in der Lehre. Zeitschrift für Hochschuldidaktik 3-4/1992. S. 303-314.

Fortmüller 1991
Fortmüller, Richard: Lernpsychologie. Grundkonzeptionen – Theorie – Forschungsergebnisse. Wien: 1991.

Freire 1982
Freire, Paulo: Pädagogik der Unterdrückten. Bildung als Praxis der Freiheit. Reinbek b. Hamburg: Rowohlt, 1982.

Furth 1981
Furth, Hans G.: Intelligenz und Erkennen. Die Grundlagen der genetischen Erkenntnistheorie Piagets. 2. Aufl. Frankfurt/M.: Suhrkamp, 1981.

Gentner/Stevens 1983
Gentner, Dedre/Stevens, Albert L. (eds.): Mental Models. Hillsdale (NJ): Lawrence Erlbaum Associates, 1983.

Getzinger/Papousek 1987
Getzinger, Günter/Papousek, Boris (Hg.): Soziale Technik. Antworten auf die Technikkritik. Wien: Verlag des Österreichischen Gewerkschaftsbundes, 1987.

Gloor 1990
Gloor, Peter A.: Hypermedia - Anwendungsentwicklung. Stuttgart: B.G. Teubner, 1990.

Goffman 1955
Goffman, Ervin: On face-work: an analysis of ritual elements in social interaction. In: Psychiatry 18/1955. S. 213-231.

Goodman 1973
Goodman, Nelson: Sprachen der Kunst. Ein Ansatz zu einer Symboltheorie. Frankfurt/M.: Suhrkamp, 1973.

Guilford 1967
Guilford J.P.: The Nature of Human Intelligence. Berkeley (CA): Osborne/McGraw-Hill, 1967.

Habermas 1981
Habermas, Jürgen: Theorie des kommunikativen Handelns. 2 Bde. Frankfurt/M.: Suhrkamp, 1981.

Habermas 1984
Habermas, Jürgen: Vorstudien und Ergänzungen zur Theorie des kommunikativen Handelns. Frankfurt/M.: Suhrkamp, 1984.

Haefner 1985
Haefner, Klaus: Die neue Bildungskrise. Lernen im Computerzeitalter. Reinbek b. Hamburg: Rowohlt, 1985.

Hall 1969
Hall, Edward T.: The Hidden Dimension. New York/London: Anchor Press/Doubleday, 1969.

Hall 1973
Hall, Edward T.: The Silent Language. New York/London: Anchor Press/Doubleday, 1973.

Hall 1981
Hall, Edward T.: Beyond Culture. New York/London: Anchor Press/Doubleday, 1981.

Heidegger 1986
Heidegger, Martin: Sein und Zeit. Tübingen: Max Niemeyer Verlag, 1986.

Heine 1985
Heine, Werner: Die Hacker. Von der Lust, in fremden Netzen zu wildern. Reinbek b. Hamburg: Rowohlt, 1985.

Heim 1987
Heim, Michael: Electric Language. A Philosophical Study Of Word Processing. New Haven/London: Yale University Press, 1987.

Hodge/Kress 1988
Hodge, Robert/Kress, Gunther: Social Semiotics. Ithaca (NY): Cornell University Press, 1988.

Hudson 1980
Hudson, Richard A.: Sociolinguistics. Cambridge: Cambridge University Press, 1980.

Hymes 1974
Hymes, Dell: Foundations in Sociolinguistics. An Ethnographic Approach. Philadelphia: University of Pennsylvania Press, 1974.

Inhelder/Karmiloff-Smith 1963
Inhelder, Bärbel/Karmiloff-Smith, Annette: If You Want To Get Ahead, Get A Theory. In: Cognition. Bd.3. 1963. S. 195-212.

IRL 1989
Institute for Research on Learning: The Advancement of Learning. Palo Alto: Institute for Research on Learning, 1989.

Issing 1987
Issing, Ludwig (Hg.): Medienpädagogik im Informationszeitalter. Weinheim: Deutscher Studienverlag, 1987.

Johnson-Laird 1983
Johnson-Laird, Philip N.: Mental Models. Cambridge (MA): Harvard University Press, 1983.

Johnston 1985
Johnston, M.: Syntactic and morphological progressions in learner English. Research report, Department of Immigration and Ethnic Affairs, Commonwealth of Australia, 1985.

Kidder 1981
Kidder, Tracy: Die Seele einer neuen Maschine. Vom Entstehen eines Computers. Reinbek b. Hamburg: Rowohlt, 1981.

Kempton 1987
Kempton, Willett: Two Theories of Home Heat Control. In: Holland D./ Quinn N. (eds.): Cultural Models in Language and Thought. Cambridge: Cambridge University Press, 1987. S. 222-242.

Klein 1986
Klein, Wolfgang: Second language acquisition. Cambridge/New York: Cambridge University Press, 1986.

Krashen 1976
Krashen, S.: Formal and informal linguistic environments in language acquisition and language learning. In: TESOL Quarterly 10/1976. S. 157-168.

Kuhlen 1991
Kuhlen, Rainer: Hypertext. Ein nicht-lineares Medium zwischen Buch und Wissensbank. New York/Berlin: Springer, 1991.

Kuhn 1959
Kuhn, Thomas S. : The Copernican Revolution. Planetary Astronomy in the Development of Western Thought. New York: Vintage Books, 1959.

Kuhn 1970
Kuhn, Thomas S. : The Structure of Scientific Revolutions. 2. Aufl. Chicago/ London: University of Chicago Press, 1970.

Kuhn 1977
Kuhn, Thomas S. : The Essential Tension. Selected Studies in Scientific Tradition and Change. Chicago/London: University of Chicago Press, 1977.

Lakoff 1987
Lakoff, George: Women, Fire, and Dangerous Things. What Categories reveal about the Mind. Chicago/London: University of Chicago Press, 1987.

Langer 1984
Langer, Susanne K.: Philosophie auf neuem Wege. Das Symbol im Denken, im Ritus und in der Kunst. Frankfurt/M.: Fischer, 1984.

Larsen-Freeman/Long 1991
Larsen-Freeman, Diane/Long, Michael H.: An Introduction to Second Language Acquisition Research. London/New York: Longman, 1991.

Maaß 1990
Maaß, Jürgen: Wissenschaftliche Weiterbildung in der Technologischen Formation. Habilitationsschrift an der UBW Klagenfurt. 1990.

Mandl et al. 1990
Mandl, Heinz/Hron, Aemilian/Tergan, Sigmar-Olaf: Computer-Based Systems for Open Learning. Tübingen: DIFF, 1990.

Maturana 1987
Maturana, Humberto R.: Kognition. In: Schmidt, S. (Hg.): Der Diskurs des Radikalen Konstuktivismus. Frankfurt/M.: Suhrkamp, 1988.

Mead 1934
Mead, George Herbert: Mind, Self, and Society. From the Standpoint of a Social Behaviorist. Chicago/London: University of Chicago Press, 1934.

Merton 1973
Merton, Robert K.: The Sociology of Science. Theoretical and Empirical Investigations. Chicago/London: University of Chicago Press, 1973.

Minsky 1985
Minsky Marvin: The Society of Mind. New York: Simon & Schuster, 1985.

Ong 1982
Ong, Walter J.: Orality and Literacy. The Technologizing of the Word. London/New York: Routledge, 1982.

Paulitsch o.J.
Paulitsch, Erich: Mupid Plato Handbuch. o.J.

Payr 1991
Payr, Sabine: Software Design for Computer Assisted Self Study of Languages. In: Hall/Baumgartner(Hg.): Language Learning with Computers. An Educational Challenge. Klagenfurt: WISL, 1991. S. 226-243.

Payr 1992
Payr, Sabine: Das Umfeld des Computers in der Lehre. Organisationsmodelle im internationalen Vergleich. In: Baumgartner/Payr 1992. S.397-408.

Peirce 1991
Peirce, Charles S.: Peirce on Signs. Writings on Semiotics. Edited by James Hoopes. Chapel Hill/London: University of Carolina Press, 1991.

Pellert 1991
Pellert, Ada (Hg.): Vernetzung und Widerspruch. Zur Neuorganisation von Wissenschaft. München: Profil Verlag, 1991.

Petermandl 1991
Petermandl, Monika: Optimierung des Einsatzes von Medien in der beruflichen Weiterbildung. Linz: Erich Schmidt, 1991.

Piaget 1991
Piaget, Jean: Das Erwachen der Intelligenz beim Kinde. 3. Aufl. Stuttgart: Klett-Cotta, 1991.

Pienemann 1989

Pienemann, Manfred: Is language teachable? Psycholinguistic experiments and hypotheses. In: Applied Linguistics 10, 1/1989. S. 52-79.

Polanyi 1962

Polanyi, Michael: Personal Knowledge. Towards a Post-Critical Philosophy. Chicago/London: University of Chicago Press, 1962.

Polanyi 1969

Polanyi, Michael: Knowing and Being. Essays edited by Marjorie Grene. Chicago/London: University of Chicago Press, 1969.

Polanyi 1973

Polanyi, Michael: Science, Faith, and Society. 5. Aufl. Chicago/London: University of Chicago Press, 1973.

Polanyi 1985

Polanyi, Michael: Implizites Wissen. Frankfurt/M.: Suhrkamp, 1985.

Popper 1959

Popper, Karl R.: The Logic of Scientific Discovery. New York: Basic Books, 1959.

Popper 1965

Popper, Karl R.: Conjectures and Refutations. The Growth of Scientific Knowledge. New York: Harper & Row, 1965.

Popper 1979

Popper, Karl R.: Objective Knowledge. An Evolutionary Approach. Oxford: Clarendon Press, 1979.

Rosch 1977

Rosch, Eleanor: Human Categorization. In: Warren N.(ed.): Advances in Cross-Cultural Psychology. New York/San Francisco: Academic Press, 1977.

Rosch 1978

Rosch, Eleanor: Principles of Categorization. In: Rosch, Eleanor/Lloyd, Barbara B. (eds.): Cognition and Categorization. Hillsdale (NJ): Lawrence Erlbaum Associates, 1978. S. 27-48.

Rubin 1988

Rubin, Tony: User Interface Design for Computer Systems. Chichester: Ellis Horwood, 1988.

Rumelhart/McClelland 1986

Rumelhart, David E./McClelland, James L. and the PDP Research Group: Parallel Distributed Processing. 2 Bde. Cambridge (MA)/London: MIT Press, 1986.

Ryle 1969

Ryle, Gilbert: Der Begriff des Geistes. Stuttgart: Philipp Reclam Jr., 1969.

Sapir 1921

Sapir, Edward: Language. An Introduction to the Study of Speech. San Diego/New York/London: Harcourt Brace Jovanovich, 1921.

Schön 1983
Schön, Donald A.: The Reflective Practitioner. How Professionals Think in Action. New York: Basic Books, 1983.

Schön 1987
Schön, Donald A.: Educating The Reflective Practitioner. Toward a New Design for Teaching and Learning. San Francisco: Jossey-Bass, 1987.

Schütz 1971
Schütz, Alfred: Das Problem der sozialen Wirklichkeit. Gesammelte Aufsätze, Bd. 1. Den Haag: Nijhoff, 1971.

Schütz 1974
Schütz, Alfred: Der sinnhafte Aufbau der sozialen Welt. Eine Einleitung in die verstehende Soziologie. Frankfurt/M.: Suhrkamp, 1974.

Schütz/Luckmann 1988
Schütz, Alfred/Luckmann, Thomas: Strukturen der Lebenswelt. Bd. 1. 3. Aufl. Frankfurt/M.: Suhrkamp, 1988.

Schütz/Luckmann 1990
Schütz, Alfred/Luckmann, Thomas: Strukturen der Lebenswelt. Bd. 2. 2. Aufl. Frankfurt/M.: Suhrkamp, 1990.

Searle 1983
Searle, John R.: Intentionality. An Essay in the Philosophy of Mind. Cambridge: Cambridge University Press, 1983.

Searle 1986
Searle, John R.: Geist, Hirn und Wissenschaft. Die Reith Lectures 1984. Frankfurt/M.: Suhrkamp, 1986.

Sens 1982
Sens, Eberhard: Techniksoziologie und Ingenieure. Zu einigen Aspekten von Qualifikation, Beruf und Bewußtsein von Ingenieuren. In: Jokisch, Rodrigo (Hg.): Techniksoziologie. Frankfurt/M.: Suhrkamp, 1982. S. 469-499.

Shneiderman 1983
Shneiderman, Ben: Direct Manipulation. A step beyond programming Languages. Computer, August 1983, IEEE publication.

Shneiderman/Kearsley 1989
Shneiderman, Ben/Kearsley, Greg: Hypertext Hands-On. Reading (MA): Addison-Wesley, 1989.

Simon 1969
Simon, Herbert A.: The Sciences of the Artificial. 5. Aufl. Cambridge (MA)/London: MIT Press, 1969.

Skinner 1938
Skinner, B.F.: The Behavior of Organisms. An Experimental Analysis. New York: Appleton-Century-Crofts, 1938.

Skinner 1953
Skinner, B.F.: Science and Human Behavior. New York: The Free Press, 1953.

Skinner 1957
Skinner, B.F.: Verbal Behavior. New York: Appleton-Century-Crofts, 1957.

Skinner 1968
Skinner, B.F.: The Technology of Teaching. New York: Appleton-Century-Crofts, 1968.

Skinner 1986
Skinner B.F.: Why I Am Not A Cognitive Psychologist. In: Knapp, Terry J./Robertson, Lynn C. (eds.): Approaches to Cognition. Hillsdale (NJ): Lawrence Erlbaum Associates, 1986. S. 79-90.

Slobin 1974
Slobin, Dan: Einführung in die Psycholinguistik. Kronberg/Ts.: Scriptor, 1974.

Smith/Irby et al. 1987
Smith, David C./Irby, Charles/Kimball, Ralph/Verplank, William L./Harslem, Eric: Designing the Star User Interface. In: Baecker, Ronald M./Buxton, William A. S. (eds.): Readings in Human-Computer Interaction. A Multidisciplinary Approach. Los Altos: Morgan Kaufmann, 1987. S. 653-661.

Stillings et al. 1987
Stillings, Neil A./Feinstein, Mark H./Garfield, Jay L./Rissland, Edwina L./Rosenbaum, David A./Weisler, Steven E./Baker-Ward, Lynne: Cognitive Science. An Introduction. Cambridge (MA)/London: MIT Press, 1987.

Tognazzini 1992
Tognazzini, Bruce: Tog on Interface. Reading (MA): Addison-Wesley, 1992.

Trabant 1989
Trabant, Jürgen: Zeichen des Menschen. Elemente der Semiotik. Frankfurt/M.: Fischer, 1989.

Tschiedel 1990
Tschiedel, Robert (Hg.): Die technische Konstruktion der gesellschaftlichen Wirklichkeit. Gestaltungsperspektiven der Techniksoziologie. München: Profil, 1990.

Varela 1988
Varela, Francisco J.: Kognitionswissenschaft – Kognitionstechnik. Eine Skizze aktueller Perspektiven. Frankfurt/M.: Suhrkamp, 1988.

Vogel 1990
Vogel, Klaus: Lernersprache. Linguistische und psycholinguistische Grundfragen zu ihrer Erforschung. Tübingen: Narr, 1990.

von Foerster 1987
Von Foerster, Heinz: Erkenntnistheorien und Selbstorganisation. In: Schmidt, S. (Hg.): Der Diskurs des Radikalen Konstruktivismus. 2. Aufl. Frankfurt/M.: Suhrkamp, 1987. S. 133-158.

von Wright 1986
von Wright, Georg Henrik: Wittgenstein. Frankfurt/M.: Suhrkamp, 1986.

Watson 1930
Watson, John Broadus: Behaviorism. New York: Norton, 1930.

Weizenbaum 1978
Weizenbaum, Joseph: Die Macht der Computer und die Ohnmacht der Vernunft. Frankfurt/M.: Suhrkamp, 1978.

Whorf 1956
Whorf, Bejamin Lee: Language, Thought, and Reality, Selected Writings. Cambridge (MA): MIT Press, 1956.

Winch 1974
Winch, Peter: Die Idee der Sozialwissenschaft und ihr Verhältnis zur Philosophie. Frankfurt/M.: Suhrkamp, 1974.

Winograd/Flores 1987
Winograd, Terry/Flores, Fernando: Understanding Computers and Cognition. A New Foundation for Design. Reading (MA) Addison-Wesley, 1987.

Wittgenstein 1984a
Wittgenstein, Ludwig: Über Gewißheit. Werkausgabe Bd. 8. Frankfurt/M.: Suhrkamp, 1984.

Wittgenstein 1984b
Wittgenstein, Ludwig: Philosophische Untersuchungen. Werkausgabe Bd. 1. Frankfurt/M.: Suhrkamp, 1984.

Wygotski 1988
Wygotski, Lew S.: Denken und Sprechen. 5. Aufl. Frankfurt/M.: Fischer, 1988.

Sachindex

Personenregister

SCHULUNGS-NETZ VN32

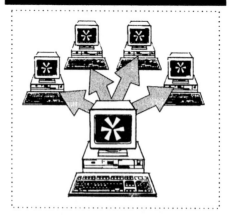

MULTIMEDIA-TRAINING UND PRÄSENTATIONS-SYSTEME

A-4030 Linz,
Franzosenhausweg 49,
Telefon 0732 / 86 0 65-0,
Fax 0732 / 86 0 65-22

IVG-DATA-GMBH